종교개혁 500주년을 맞이하며
개신교 목사가 던지는 질문

개신교는 가톨릭을 이길 수 있을까?

박찬호
지음

기독교문서선교회

기독교문서선교회(Christian Literature Center: 약칭 **CLC**)는 1941년 영국 콜체스터에서 켄 아담스에 의해 시작되었으며 국제 본부는 미국의 필라델피아에 있습니다.

국제 CLC는 59개 나라에서 180개의 본부를 두고, 약 650여 명의 선교사들이 이동도서차량 40대를 이용하여 문서 보급에 힘쓰고 있으며 이메일 주문을 통해 130여 국으로 책을 공급하고 있습니다.

한국 CLC는 청교도적 복음주의 신학과 신앙서적을 출판하는 문서선교기관으로서, 한 영혼이라도 구원되길 소망하면서 주님이 오시는 그날까지 최선을 다할 것입니다.

Can Protestantism Win over Catholicism?

Written by
Chan Ho Park

Korean Edition
Copyright © 2017 by Christian Literature Center
Seoul, Korea

어린 시절 신앙생활을 함께 했던

구로동교회 교우들과

고(故) 김찬호 목사님을 추억하며

이 책을 드립니다.

추천사 1

주도홍 박사
백석대학교 부총장

"개신교는 가톨릭을 이길 수 있을까?"라는 제목이 마음에 와 닿는다. 호기심이 인다. 주제가 무엇인지가 쉽게 떠오른다. 저자가 무엇을 말하려고 하는지 금방 알 수 있다. 무엇보다도 실질적이고 현실적인 책이라는 느낌이다. 신학자들이 연구실에서 다루는 아리송한 지루한 탁상공론이 아니라는 말이다. 뭔가 독자의 관심을 불러일으키는 책이라 할 것이다. 그래서 그런지 이 책은 술술 읽혀진다. 거기다 재미가 있는데, 저자가 독자와 커피를 마시며 대화를 나누는 착각을 하게 한다. 무엇보다 저자의 진솔함이 마음에 들어온다. 꾸밈이 없는 진실한 분이구나 하는 생각을 한다. 물론 내가 아는 저자는 솔직 담백한 성격의 소유자로 진실한 사람이다.

이 책이 소중한 이유는 2천 년 교회 역사에서 분명히 기억해야 할 그 명제를 저자는 잊지 않고 있는 점이다. 2017년이 종교개혁 500주년이어서만은 아니다. 한국교회가 꼭 타락해서만도 아니다. 이미 개혁을 거친 교회라고 할지라도 그 교회는 늘 개혁되어 왔다는 점이다. 교회는 개혁을 먹고 산다는 그 엄연한 사실이다. 개혁된 교회는 오늘도 개혁되어야만 한다는 사실을 저자가 잊지 않고 있다는 사실이다.

이 책을 읽다보면, 저자의 관점이 얼마나 폭이 넓은가 하는 점이다. 그저 오늘 한국교회의 문제점만을 바라보며 슬퍼하며 허우적거리며 거기에서 헤어 나오려 하는 것이 아니라, 보다 설득력 있게 한국교회가 2천 년 세계교회사 속의 교회라는 분명한 사실을 잊지 않고 있다. 문제의식은 한국교회에서 시작되었지만, 저자는 세계교회 2천 년의 역사를 둘러보며 지혜를 얻고 해답을 찾으려 한다는 사실이다. 그런 점에서 이 책의 스케일은 세계적이라 하겠다. 비록 분단의 땅에서 여러 문제들을 안고 존재하는 한국교회로 말도 많고 탈도 많은 것 같지만, 저자는 넉넉한 역사의식으로 문제를 바라보며 지혜자의 모습으로 오늘의 한국교회에게 선지자적 대화를 시도하고 있다.

무엇보다 저자는 그저 비판만을 하기 위한 출구 없는 답답한 대화가 아니라, 나름의 대안을 제시하며 거기다 긍정적 미래를 바라보며 밝은 대화, 따뜻한 대화를 쉬운 필치로 펼친다. 이 책의 제목으로 던졌던 물음 "과연 개신교가 가톨릭을 이길 수 있는가?"에 저자는 "맞아요. 개신교가 넉넉히 이길 거예요"라고 응답하고 있다. 그렇다면 왜 그런 답이 주어졌는지가 궁금할 것이다.

2017년 종교개혁 500주년을 맞이하면서 한 번쯤 한국교회를 사랑하는 독자들이 함께 읽었으면 하는 마음 간절하다. 교회 소그룹이나 각 부서 세미나에서 이 책을 주제로 서로가 발표하며 대화할 때 많은 열매를 거둘 것을 상상한다. 그래서 독자들의 삶에 활력소가 되길 바란다. 한국교회가 보다 성숙한 교회로 세계교회 역사에 자리매김하길 꿈꾼다.

추천사 2

김경진 박사
장로회신학대학교 실천신학 교수

종교개혁 500주년을 맞이하는 개신교회는 과연 바른길로 가고 있는가?

특별히 한국에서 크게 성장한 개신교회는 오늘날 세상에 희망이 되고 있는가?

이 물음은 오늘을 살아가는 한국의 개신교인들에게, 특히 개신교 목회자들에게 매우 간절하고 가슴 아픈 질문이 아닐 수 없다.

이 책을 보면서 마치 500년 전 루터가 비텐베르크의 한 예배당에 걸어 놓았던 95개 조항의 글을 다시 보는 것 같은 느낌을 받았다. 저자는 개신교회의 현재의 모습을 고통스럽지만 솔직하게 직면하게 하면서도 교회를 향한 사랑의 마음을 놓지 않고 있다. 그는 조심스럽게 중세의 가톨릭교회의 문제점이 무엇이었는지, 그리고 개신교회는 어떠한 신앙을 꿈꾸어 왔는지를 역사적으로 자세히 조명하면서 개신교회가 어떠한 장점을 가졌는지를 다시 보게 한다. 그리고 오늘날의 개신교회가 얼마나 위험에 빠져 있는지도 분명하게 보여 준다.

한 목회자로서 신학자로서 이 책을 받고 마치 나의 이야기인 것처럼 이 책 속에 녹아들어가는 느낌을 받았다. 우리 속에 드러난 민낯을 그대로 보게 하면서도 여전히 개신교회에서 희망을 발견하게 만드는 저자의 탁월함과 교회를 향한 사랑이 돋보이는 책이다.

특별히 개인적으로 나는 저자와 같은 교회에서 함께 신앙생활을 하였기에 그의 글이 더욱 마음에 와 닿는다. 척박한 곳, 가난하고 힘없는 사람들이 함께 모여 살던 구로동의 한 교회에서 희망을 보았기 때문이다.

그래서 저자도 그리고 나 자신도 아직 한국교회에 대한 희망을 버릴 수가 없는 것 같다. 개신교회에 대한 세상의 시선이 예전과 같지 않은 이 시기에 이 책이 많은 사람들에게 희망이 되고 새로운 도전이 되기를 희망하며 기쁜 마음으로 추천한다.

추천사 3

이 재 환 목사
구로동교회 담임

　박찬호 교수님으로부터 곧 발간될 『개신교가 가톨릭을 이길 수 있을까?』란 책에 대한 추천사를 써 달라는 부탁을 받았을 때, 솔직히 매우 당황스러웠다. 여러 가지 면에서 부족한 내가 교수님이 쓰신 책에 대한 추천사를 쓴다는 것은 적절치 않다는 생각 때문이었다. 그런데 그 책을 구로동교회 원로목사이신 고(故) 김찬호 목사님께 헌정하시고 싶다는 말씀을 듣고는 흔쾌히 허락을 하였다.

　고 김찬호 목사님은 1961년 12월 31일, 12명의 성도들과 함께 빈민촌이나 다름 없었던 구로동 언덕 꼭대기에 구로동교회를 개척하셨고, 평생을 교회와 이웃을 섬기셨던 귀한 목사님이시다. 이 책의 맨 끝부분에 개신교의 희망을 이야기하는 맥락에서 박찬호 교수님은 고 김찬호 목사님을 소개하며 '이 땅에 이름도 없이 빛도 없이 밀알처럼 자신을 드려 주의 몸 된 교회를 섬긴 분들이 끊어지지 않는 한 우리는 한국교회의 앞날을 낙관할 수 있을 것이다'라는 글로 책을 마무리 하고 있다.

　개신교의 현실을 가슴 아파하는 분들 그리고 고 김찬호 목사님의 삶을 지켜 본 분들이라면 이 말에 동의하지 않을 수 없을 것이다. 나를 비롯한 후배 목회자와 성도들은 단순한 동의가 아닌, 무거운 책임감과 거룩한 부담을 느끼게 되는 말씀이다.

이 책은 종교개혁 500주년을 맞이하여 "개신교는 가톨릭을 이길 수 있을까?"라는 질문을 품은 채, 동·서방기독교와 종교개혁 이후 개신교 500년 역사를 아우른 귀한 책이다. 딱딱할 수 있는 내용을 이야기 식으로 쉽게 풀어 기록하였고, 중요한 내용을 알차게 담고 있으면서도 간략히 잘 정리하여 목회자는 물론 평신도들이 함께 읽기에도 매우 좋은 책으로 생각된다.

　구로동교회의 성도들과 더불어 귀한 이 책이 종교개혁 500주년을 맞이하여 더욱 새롭게 개혁되기를 기도하는 모든 교회와 성도들에게 유익하게 읽혀지길, 교회와 하나님의 나라를 위해 귀하게 쓰여지길 간절히 기도드린다.

목차
Contents

추천사 1_주도홍 박사(백석대학교 부총장) 6
추천사 2_김경진 박사(장로회신학대학교 실천신학 교수) 8
추천사 3_이재환 목사(구로동교회 담임) 10

서론: 내가 이 책을 쓰게 된 이유 14

1 _ 한국교회의 부끄러운 민낯 ················· 22

2 _ 가톨릭의 부러운 점 ················· 57

3 _ 서방기독교와 동방기독교 ················· 78

4 _ 개신교와 가톨릭 ················· 91

5 _ 개신교 종교개혁 ················· 124

6 _ 종교개혁의 성공요인 ················· 155

7 _ 루터와 츠빙글리 ················· 165

8 _ 급진 종교개혁 ················· 185

9 _ 칼빈의 등장 ················· 191

10 _ 영국 성공회 ················· 212

11 _ 미국 개신교 ………………………………………………… 223

12 _ 개신교와 자본주의의 출현 ………………………………… 236

13 _ 오순절주의의 등장 ………………………………………… 244

14 _ 세계 기독교의 바뀌어진 지형 …………………………… 253

15 _ 미국제 복음주의에 대한 비판 …………………………… 271

16 _ 개신교 vs 가톨릭 ………………………………………… 285

17 _ 『천국의 열쇠』가 주는 교훈 ……………………………… 299

18 _ 다시 던지는 질문 ………………………………………… 317

글을 마치며   327

추천도서   340

서론 _ 내가 이 책을 쓰게 된 이유

박찬호 목사
백석대학교 조직신학 교수

　지난 겨울 어느 날 나와 아내는 장모님과 함께 내가 전도하여 온 가정이 예수 믿게 된 어릴 적 친구의 어머님을 모시고 식사 대접을 하게 되었다. 단독 주택에 살고 계시다가 무릎이 좋지 않아 장모님이 사시는 근처 아파트로 이사 오신 이야기를 전해 듣고 한번 모시고 식사해야겠다는 생각을 진작부터 하고 있다가 방학을 틈타 실행에 옮긴 것이다. 이 어머님은 나의 큰 형님과 큰 형수를 중매한 분이시고 내 친구의 소개로 나와 아내가 만나게 되었으니 여러 면에서 내가 빚이 있다고 할 수 있다. 내가 살고 있는 곳은 안양의 평촌이다. 집에서 멀지 않은 석수동의 관악산 쪽에 있는 근사한 한정식 식당에서 함께 식사하고 근황을 묻고 오랜 만에 옛 일을 추억하는 시간을 가지게 되었다.
　나는 모태신앙이 아니다. 별반 종교적인 것과는 무관한 집안에서 태어났다. 두메산골이라고나 할까 위의 두 형들은 십리 길을 걸어 책보를 매고 초등학교를 다녔고 그러다가 내가 5살 때 서울로 이사 오게 되었다. 그리고는 2년여 후인 내가 초등학교 1학년 때 교통사고로 2대 독자였던 아버님께서 세상을 떠나시고 서울 하늘 아래 세 손주와 함께 덩그러니 남게 된 할머니가 가장 먼저 교회를 나가게 되었고 손주들인 우리 삼형제들도 자연스레 약간의 시차를 두고 교회를 나가게 되었다.

내가 처음 교회를 나가게 된 것은 초등학교 3학년 때인 것으로 기억된다. 그러다가 4학년 때 학교에서 김삼채라는 친구와 같은 반이 되었는데 그 친구가 교회에서도 같은 반이어서 정말 교회에 정을 붙이고 열성분자가 되어 교회를 다니게 되었다. 지금도 내가 자란 구로동교회를 생각하면 그리고 담임목사님이셨던 김찬호 목사님(공교롭게도 성이 다르기는 했지만 이름이 나와 같은 '찬호'셨다)을 생각하면 감사한 마음이 절로 나는 것은 난생 처음으로 접하게 된 교회가 참 정이 많고 좋은 교회였다는 것이다. 사람이 아니라 하나님을 바라보고 교회를 다녀야 한다라고 사람들은 말하지만 일차적으로 우리 눈에 보이는 것이 사람들이고 보면 좋은 교회에서 좋은 성도들을 만나는 것은 그리스도인들에게 매우 중요한 문제가 아닐 수 없다.

그렇게 시작된 나의 신앙생활은 급기야 대학 1학년 때 목회자로 서원을 하게 되는 단계까지 나아가게 되었고 잠깐의 방황도 있었지만 결국 신학교에 진학하게 되었고 부목사 생활을 거쳐 7년의 미국 유학 생활 이후 귀국하여 신학교에서 가르치는 신학교수로까지 이어지고 있다. 그러니까 나는 이전에 다른 종교에서 기독교로 개종한 경험이 없는 사람이라고 할 수 있다. 아무런 종교적인 사전 이해가 없는 상태(무교라고 하는 것이 좋을 것이다)에서 할머니 따라 교회 나가게 되고 그 교회가 장로교회였기 때문에 지금도 장로교회 목사이고 장로교 교단의 신학교 교수로 살아가고 있는 것이다.

앞서 이야기 했던 내 친구는 중학교 1학년 때 만나 전도한 친구다. 위로 형님이 계셨는데 나중에 형수님이 독실한 기독교인이었기에 온 가정이 자연스럽게 예수를 믿게 되었다. 이 친구는 지금은 평촌에 살지 않지만 평촌이라는 이름이 들어가 있는 어느 교회에 다니고 있다.

내가 지금 소속되어 있는 백석대학교는 그렇지 않지만 신학교 교수들은 주일날 분명한 소속교회가 없어 이런 저런 어려움을 겪는다. 내 아내와 아들은 2년 정도를 내 친구가 다니는 그 교회를 나갔는데 안양에 있는 여러 교회들을 순회해 본 결과 자녀의 신앙 교육에 그 교회가 가장 좋다라는 판단이 아내에게 있었기 때문이었고 나도 간혹 그 교회에 참석하여 예배 드리곤 했었다. 그러면서 내가 가지게 된 생각은 담임목사님(나보다 5살에서 많게는 10살 정도 어린 것으로 생각된다)이 참 훌륭하다는 것이었다.

사실 신학교 교수들은 목사님들의 설교에 은혜를 잘 받지 못한다. 어떻게 보면 까탈스럽다고 할 수 있는 신학교수의 입맛에도 불구하고 그 목사님의 설교는 나에게 은혜가 되었고 학교에 채플이나 수련회 때 한번 모셨으면 하는 생각을 하게 되었다. 물론 2프로 부족한데 하는 생각이 있었음도 사실이다. 대중성이 떨어진다고나 할까 확 성도들을 휘어잡지 못한다는 아쉬움이 있기는 하였다. 하지만 내용만으로 보면 정말 귀한 내용이었고 그래서 내게는 은혜가 되었던 것이다. 그리고는 안타까운 마음이 든 것은 교회가 너무 휑하니 비어있다는 것이었는데 이렇게 바르게 목회하면 왜 교회가 부흥하지 않고 정말 형편없이 목회하는데도 불구하고 그렇고 그런 교회들은 부흥할까라는 것이었다.

지금 한국교회가 겪고 있는 위기는 여러 가지 진단을 하고 문제를 지적하지만 한 마디로 말하면 나를 포함한 목회자들의 문제라고 할 수 있다. 여러 대형교회 목사님들의 문제가 꼬리를 물고 발생하면서 한국교회 곧 개신교의 공신력이 현저하게 떨어지고 있는 것이다. 하지만 위에서 말한 교회에 참석하여 목사님의 설교를 들으면서 나에게 든 생각은 비단 목회자들만의 책임이 아니라 일반 성도들의 책임 또한 있다는 생각이 들었다. 이런 귀한 분들이 목회하는 것을 알아주고 격려하고 그렇지 못한 목회자들은 자연스레 도태시키는 건전한 분별력이 교인들에게 필요하다.

어머님과 식사하는 가운데 자연스레 그 교회 이야기가 나왔다. 그리고 목사님에 대한 이야기도 이야기 중에 나오게 되었는데 어머님도 아들인 내 친구와 함께 그 교회를 출석하고 계신다. 그런데 이 교회가 적잖이 시끄럽다고 한다. 지난 일 년 정도 진통을 앓으면서 많은 교인들이 교회를 떠나는 일이 일어난 것이다. 개인적으로는 신학생들에게 추천하던 모범적인 교회 중의 하나였는데 너무나 안타까웠다.

가르치는 학생들에게 내가 이 교회를 추천하게 된 이유는 10년 전으로 거슬러 올라간다. 친구의 아버지께서 위독하셔서 중환자실에 계실 때 나도 몇 번 중환자실에 들어가 아버님을 위해 기도하였다. 그러다가 아버님께서 돌아가셨을 때 살아생전 교회에 한 번도 나온 적이 없으신 아버님의 구원 문제는 누가 보아도 애매한 상황이었다.

그런 가운데 당시 내 친구가 속해 있던 그 교회의 교구 담당 부목사님이 자신 있게 "아버님 구원받으셨습니다"라고 말하는 것이 아닌가?

자신이 중환자실에 계신 이 아버님을 위해 뻔질나게 드나들며 복음을 전하고 영접기도를 따라하게 하고 그래서 가족들은 긴가민가 하는 상황이었지만 이 목사님이 나서서 아버님의 구원을 확신 있게 말하자 말 그대로 장례식 분위기가 칙칙하고 어두운 가운데서 환하게 밝아지는 것을 경험하게 되었던 것이다.

생각해 보면 한 번도 교회 나오지 않은 중환자실의 노인이다. 소생 가망성도 별로 없는 노인이다. 당시 내 친구는 그 교회 서리집사였다. 의무적으로 한두 번 가고 말았어도 아무도 탓하지 않았을 그 중환자실을 그 부목사님은 뻔질나게 드나들었던 것이다. 그리고는 그 노인의 가족 그 누구도 확신할 수 없는 상황에서 이 부목사님이 자신 있게 선언할 수 있었던 것이다. 아버님 구원 받았다고. 이후로 나는 강의 시간에 이 부목사님의 자세를 배우라고 말하고 그 교회를 그것 하나만 보아도 건강한 교회라고 그러니 마땅히 출석하는 교회가 없고 사는 곳도 그 근처이면 그 교회에 나가라고 우리 학생들에게 추천하곤 하였다.

　듣자니 이 교회의 분란은 자그마한 일에서 일어났다고 한다. 어느 장로님 자녀의 결혼을 앞두고 불신자와의 결혼이었는지 그 원인이 정확하지는 않지만 담임목사님이 주례를 거절한 모양이다. 이 일로 인하여 담임목사님과 자녀의 결혼식 주례를 거절당한 장로님 사이에 감정적인 골이 생기게 되었고 그 참에 장로님이 목사님의 설교 문제를 거론한 모양이다. 이러이러하게 설교해 주십사라는 요청인데 목사님 입장에서 이런 요청을 잘 수용하지 못하게 되고 결국은 그 장로님이 교회를 떠나게 되었고 이 일이 일파만파로 번지면서 기존에 불만 있던 분들이 하나 둘 씩 교회를 떠나게 되었다. 그래서 지금까지도 일 년여 가까운 기간 동안 홍역을 앓고 있다는 것이다.

　어머님의 말씀에 의하면 내가 설교에 그토록 은혜를 받았던 이 목사님이 교회를 떠난 분들을 설교 시간에 비난한다고 한다. 그렇게 바른 생각으로 바르게 목회하던 목사님이 어떻게 그럴 수 있을까 나로서는 참으로 안타까운 마음이 들지 않을 수 없었다.

　대화를 마쳐갈 무렵 나는 어머님으로부터 한 가지 더 충격적인 사실을 듣게 되었다. 안양의 대표적인 교회 목사님(개인적으로는 나도 면식이 있는 분으로 이전 학교에 개강수련회 강사로도 모셨던 분이다)이 여자 문제로 교회를 사임하셨다는 것이다. 그럴리가라는 의문이 들기도 하였지만 나중에 확인한 바로는 사실로 확인이 되었다. 나름 건강하게 목회 잘 하는 분으로 알려져 있었고 설교 또한 많은 사람들이 좋아했던 분이다. 나보다는 한 살 위의 나이였고 어려운 개척교회 목사의 아들로 고난의 의미를 알고 있는 분이기에 어렵고 힘든 사람들의 심정을 헤아리는 마음이 있는 분으로 변함없이 그 걸음을 걸어가기를 응원했던 분이었다.

　가뜩이나 어려운 한국교회의 현실 앞에 나름 건강하게 목회하던 두 분의 목회에 문제가 생긴 것이다. 아무리 건강한 사고를 가지고 훌륭하게 목회를 하다가도 한 순간 생각이 잘못되면 무너져 버린다. 아무리 능력 있게 목회를 하고 다른 사람의 인정을 받다가도 한 순간의 실수로 무너져 버린다.

나는 기독교 신앙 이외에 다른 신앙을 가져본 적이 없다. 기독교 신앙 중에서도 나는 개신교 신앙인이고 더 구체적으로는 장로교회 교인이다. 그런데 요즈음 문득 문득 드는 생각은 이거 이러다가 개신교가 결국에는 가톨릭에 다 먹히는 것은 아닌가 하는 것이다. 2017년은 개신교 종교개혁 500주년을 맞이하는 해이다. 사실 얼마 전부터 미국이나 우리나라에서 개신교가 20년 안에 가톨릭에 의해 역전을 당하는 날이 오리라는 예측이 있어왔다.

미국은 어떤지 모르겠지만 우리나라에서는 이런 예측을 보다 피부에 와 닿게 느끼게 된다. 그러면서 가지게 된 생각이 가톨릭을 개혁한다고 종교개혁을 한 종교개혁자들의 후예들인 개신교회가 지금에 와서는 가톨릭을 능가하지 못하고 힘에 붙이는 상황이 된 것은 아닌가, 과연 "개신교는 가톨릭을 이길 수 있을까?" 생각하게 되었다.

1971년 초등학교 3학년 때부터 교회를 다녀 지금까지 46년을 충실한 개신교 신자로서 살아온 개신교 목사요 신학교 교수인 나는 지금 한국교회 특별히 개신교회의 위기 상황이 안타깝기만 하다. 46년 전 내가 승선한 배가 침몰 위기를 겪고 있는 것이다. 그래서 "개신교는 가톨릭을 이길 수 있을까?"라는 질문을 던지게 되었는데 어떤 분들에게는 너무 패배의식에 젖어 있다는 생각이 들 수도 있다. 그렇다면 질문을 "어떻게 하면 개신교가 가톨릭을 이길 수 있는가?"로 이해하는 것도 좋으리라 생각한다.

분명 개신교 신앙은 지금 우리나라에서 위기를 만나고 있다. 주지하는 것처럼 개신교 신앙은 가톨릭이라고 하는 모종의 기독교 신앙에 대한 저항(protest)에서 나온 기독교 신앙의 한 형태이다. 가톨릭 신앙이 틀렸다고 해서 저항하여 싸우는 가운데 생겨난 개신교 신앙은 우리나라에서 전방위적인 저항을 만나고 있다. 돌아가는 형국을 보면 정말 개신교는 가톨릭에 의해서 심각하게 잠식될 가능성도 배제할 수 없다.

지금 우리나라에서 기독교는 개독교라고 하는 모욕적인 이름으로 조롱을 받고 있다. 하나 분명히 하자. 기독교는 개신교만을 가리키는 용어가 아니다. 기독교는 사실은 가톨릭과 개신교, 그리고 동방정교회를 포괄하는 신앙의 형태이다. 그렇기 때문에 기독교 신앙 안에 개신교와 가톨릭, 신교와 구교라고 하는 식으로 분류하는 것이 정당하다. 그런데 기독교를 개독교라고 조롱하는 사람들에게는 유독 개신교가 마치 기독교 전체를 대표하는 듯 이해되고 있는데 이는 올바른 것이 아니다. 편의상 기독교를 개신교의 의미로 사용하는 것은 가능한 일이지만 개신교가 기독교 전체를 대표한다,

그리고 가톨릭은 기독교가 아니다라는 식의 표현은 삼가야할 것이다. 실제로 보수적인 개신교인들 중에는 가톨릭을 기독교라고 생각하지 않는 사람들이 있다. 그러므로 기독교가 개독교라고 하는 식의 모독적인 발언에는 기독교 신앙에 대한 전체적인 거부라기보다는 개신교라고 하는 기독교 신앙의 한 형태에 대한 반감이라고 보는 것이 좋을 것이고 그렇게 될 때 개신교의 위기상황이 보다 잘 부각이 될 것이다.

언제부터인가 언론에 발표되는 종교에 대한 신뢰도 조사에서 개신교는 가톨릭과 불교에 비해 항상 꼴찌다. 가톨릭과 불교는 앞서거니 뒤서거니 30% 정도의 신뢰를 받는 것으로 조사되고 있는데 개신교는 20% 정도의 신뢰를 받고 있는 것으로 조사되곤 한다. 이 10%의 격차는 사실은 엄청난 것이다. 모르기는 해도 이것을 회복하는 데 몇 십 년이 걸릴 수도 있다. 아니 영영 회복하지 못할 수도 있다. 격차가 더 벌어질 수도 있는 것이다.

나는 신학교에서 교리를 가르치는 사람이다. 하지만 나는 교리가 전부라고는 생각지 않는다. 조금은 융통성 있는 접근이 필요하다는 것을

인정하는 사람이다. 그런데 작금에 한국교회 특별히 개신교회가 겪고 있는 내홍의 와중에 이단이 기승을 부리고 있다. 한국교회로서는 내우외환이라고나 할까 엎친데 덮친 격이라고나 할까 너무나 허접한 이단들에 속수무책으로 넘어가고 있는 신자들을 보노라면 때로는 맥이 빠질 때가 있다.

이긴다 진다라고 하는 것은 전쟁이나 운동경기를 연상하게 하는 언어적 표현이다. 그래서 이해하는 것에 따라서는 가톨릭을 경쟁상대로 해서 또는 전투의 상대로 해서 싸워 이겨야 하는 것으로 오해할 수도 있다. 그런 의도는 전혀 없음을 밝혀 둔다. 그래서 이 책에서는 특별히 가톨릭교회의 교리에 대한 비판은 마리아 숭배를 제외하고는 가능한 자제하고 이야기를 전개하려고 한다. 이 땅에서 개신교회가 당하고 있는 어려운 현실은 개신교의 전망에 대해 매우 부정적인 생각을 하게 하지만 역사의 바퀴를 500년 전으로 돌려 개신교의 역사를 추적해 보고 현재 세계 기독교의 지형도를 살펴보면 그렇게 어두운 전망만을 가질 필요는 없다는 것이 이 책의 기본적인 주장이라고 할 수 있다.

칼빈은 교회론을 다루고 있는 최종판 『기독교 강요』 4권의 앞머리에서 다음과 같이 말하고 있다.

"우리 주위에 있는 우울하고 황막한 광경은 교회의 남은 자가 하나도 없다고 외치는 것 같지만, 우리는 그리스도의 죽음이 열매를 맺는다는 것과 하나님께서 기적적으로 교회를 숨겨두신다는 것을 알아야 한다."[1]

나는 이 글을 읽고 나름의 위로를 받았다. 이 책이 그런 의미에서 고요한 아침의 나라 이 한반도에서 개신교 신자로 충실하게 살아가는 성도들에게 좋은 신학이 주는 위로가 되기를 소망한다.

---

1 존 칼빈, 『기독교 강요』(하), 김종흡 외 공역 (서울: 생명의말씀사, 1986), 10f.

1
한국교회의 부끄러운 민낯

내가 46년 전 승선한 한국교회라고 하는 이 배는 지금 어디로 가고 있는가?

이 배를 선택한 나의 결정은 과연 정당한 것이었는가?

혹여 잘못 선택한 것은 아닌가?

개신교 안에서도 다른 감리교나 침례교 또는 순복음과 같은 교회에 나갔어야 하는 것은 아닌가?

아니면 아예 가톨릭교회에 나갔어야 하지 않았는가?

사실 내가 교회에 첫 발을 들여놓았던 1971년 어간과 그 이후 20여 년의 시간은 한국교회 특별히 개신교의 폭발적인 부흥 성장의 기간과 맞물려 있다. 그래서 당시에 유행했던 농담은 십자가만 꽂으면 교회가 되었다는 것이다. 물론 조금은 과장된 표현이기는 하지만 그만큼 우리나라 국민들의 마음이 기독교 복음을 향해서 활짝 열려 있던 시절이었다는 사실만큼은 분명하다.

몇 년 전 학교에서 극동방송 이사장 김장환 목사님의 명예박사학위 수여식이 있어 참석했었는데 그 때 인사말로 김 목사님은 자신이 하나님께 감사하는 것 중에 하나가 바로 한국교회 부흥성장의 시기에 목회한 것이라고 말씀하셨다. 그런 면에서 보면 지금의 한국교회는 정체기를 지나 쇠퇴기에 직면해 있다고 볼 수 있을 것이다.

한국교회 특별히 개신교회가 겪고 있는 어려움은 크게 보면 두 가지다.

첫째는 이런 저런 부끄러운 일들을 통해 사회의 지탄을 받고 있는 것이다.

둘째는 엎친데 덮친 격으로 그것을 한국교회 내부적이라고 해야 할지 외부적이라고 해야 할지 잘은 모르겠지만 이단이 횡횡하는 것이다.

젊은이들을 대상으로 목회하던 어떤 유명한 목사님의 문제가 7년 가까운 세월이 지났는데도 여전히 시끄러운 가운데 있다. 새롭게 가입한 소속 노회 재판국에서 공직 정지 2년, 강도권 정지 2개월의 판결을 내렸다는 보도를 접하게 되었는데 솜방망이 처벌이라는 비판도 있는 모양이다. 흥미로운 것은 이런 판결을 내린 노회 재판국이 "2010년 수면 위에 떠올랐던 이 사건은 지난 6년간 한국교회의 아킬레스건을 건드리며 부흥 성장에 걸림돌로 작용했다"라고 지적하고 있다는 것이다.

결국 의도와는 상관없이 이 목사님의 성추행 사건이 적잖이 한국교회의 공신력을 떨어뜨리는 데 기여 아닌 기여를 하였다고 볼 수밖에 없는 것이다. 물론 이런 악영향의 확산에 일조한 것은 인터넷이라고 하는 매체의 역할이 컸음을 부인할 수 없다. 사이버 공간을 통해 이런 저런 모양으로 확대재생산이 되어 한국교회 전체가 매도되는 쪽으로까지 발전하게 된 것은 아닐까 생각해 보게 된다.

우리는 바야흐로 4차 산업혁명의 시대를 살아가고 있다. 문명의 이기가 가져다 준 편리함과 유익에 대해서는 아무리 강조해도 지나치지 않을 것이다. 이른바 스마트 폰을 비롯한 전자기기의 발전을 통해 일상의 모습이 바뀌고 있다. 사이버 공간이라고 하는 인터넷을 통한 정보의 공유는 많은 유익이 있음이 사실이다. 하지만 근거 없는 사실이 사이버 공간을 통해 사실처럼 확대 재생산되는 것 또한 사실이다. 얼마 전 자신이 다니는 교회의 담임목사에 대한 글을 인터넷상에 기사로 올린 것을 보았는데 "연봉 6

억 목사 운운"하는 내용이었다. 기사의 내용은 크게 두 가지였다.

첫째, 연봉의 내역에 대한 것이었고,

둘째, 목사님의 여자 문제에 대한 것이었다.

두 번째 내용은 정말 말 그대로 "카더라 통신" 수준이었다. 어떤 여성도와 밀회를 즐기다 발각이 되었다는 내용이 아니라 미국에 10여 명의 여성도들과 여행을 갔을 때의 일을 거론하며 추측성의 발언을 일삼고 있었던 것이다. 결국 목사님은 도의적인 책임을 지고 교회를 사임하기로 했는데 그러자 일부 교인들이 그 문제를 가지고 형사고발을 하기에 이르렀다.

물론 아무런 혐의가 없는 것으로 입증이 되고 결국 목사님은 담임목사직에 복귀하게 되었는데 과연 얻은 것이 무엇인가?

건강한 교회 하나를 허물어뜨린 것 아닌가?

한국교회 전체의 공신력을 훼손한 것이다.

그 일이 있은 후 같은 인터넷 신문에 화성 지역의 "아버지 학교"에 대한 비판 글이 게재 되었다. 어떤 여기자가 자신의 남편을 아버지 학교에 잠입(?)시켜 마지막 날 자신도 참석하여 부인들에게 "남편들에게 잘해 주라"는 내용의 특강을 한 목사님을 욕하는 내용이었다. 그 글을 읽고 나는 매우 격분했다. 의도가 매우 악하다는 생각이 들었던 것이다.

얼마 뒤 동기 목사님들을 만난 자리에서 그 이야기를 했더니 한 분이 바로 그 욕먹은 목사가 자신이라고 말하는 것이 아닌가?

대사회적인 봉사를 많이 하고 있는 그 목사님은 그 인터넷 기사가 게재되기 전 국무총리 표창을 받았다고 한다. 그리고는 바로 그 다음 주에 그런 기사가 터졌고 그래서 숨죽이고 있었는데 다행히 네티즌들의 반응이 격분한 나의 반응까지는 아니라고 하더라도 그 여기자를 비난하는 쪽으로 흘러가 조용히 마무리되었다고 한다. 말 그대로 천국과 지옥을 오갔다고 한다.

사실 개신교의 성장세가 둔화되고 있다는 주장은 꽤 오래 전부터 제기되었다. 하지만 피부로까지 절감할 수 있는 수준은 아니었기에 그저 경종을 울리는 정도로 치부되곤 하였다. 하지만 이른바 '가나안 성도'의 등장 이후 한국교회는 상당부분 피부로까지 성장세 둔화를 경험하고 있다. 교회가 세상의 빛과 소금이 되어야 하는데 그렇지 못한 작금의 현실이 우리를 슬프게 한다. 어린 시절 독일의 산문 작가 안톤 슈낙의『우리를 슬프게 하는 것들』이라는 수필을 읽은 기억이 있다.

> 울고 있는 아이의 모습은 우리를 슬프게 한다. 정원의 한 모퉁이에서 발견된 작은 새의 시체 위에 초가을의 따사로운 햇빛이 떨어져 있을 때. 대체로 가을은 우리를 슬프게 한다. 게다가 가을비는 쓸쓸히 내리는데 사랑하는 이의 발길은 끊어져 거의 한 주일이나 혼자 있게 될 때…. 하지만 우리를 슬프게 하는 것들이 어찌 이것뿐이랴. 오뉴월의 장의행렬, 가난한 노파의 눈물, 거만한 인간, 바이올렛색과 검정색… 이 모든 것 또한 우리의 마음을 슬프게 하는 것이다.

무너져 내리고 있는 한국교회 개신교의 모습은 우리를 슬프게 한다. 로이드 존스 목사는 설교 시간에 과거의 영광을 잃어버린 교회의 모습에 대해 종종 언급하곤 하였다. 한때 하나님의 영광이 그곳에 머물러 있었는데 지금은 폐허가 되어 버린 것을 보는 비애와 서글픔이 있다.

1. 목사는 목사 편인가?

일전에 연휴를 맞아 우리 아이의 학교 같은 반 친구 할아버지 할머니께서 계신 바닷가 시골집으로 캠핑 비슷한 것을 간 적이 있다. 알고 보니 우리 아이의 반 친구 할아버지는 모 교회의 원로목사님이셨다. 지금 시골에 내려가 계시지만 원래 목회하셨던 곳은 구로구 가산 지역이었다. 내가 5살에 시골 고향에서 올라와 18년 정도를 구로동에서 살았으니 비록 시기적으로는 겹치지 않을지 몰라도 왠지 심리적으로 가깝게 느껴졌다.

할아버지 목사님 말씀이 원로목사와 후임목사의 갈등이 교회 분란의 80% 이상을 차지하기 때문에 본인으로서는 원로가 되자마자 바로 자신이 목회하시던 교회에서 멀리 이사를 왔다는 것이다. 그리고 원로목사로서 월 70만원씩 1년 받고 그만 받았다고 하셨는데 참 훌륭하다는 생각을 하게 되었다. 말씀 중에 본인이 일전에 소속되어 있던 노회에서 재판국장을 한 적이 있는데 7계를 범한 목사를 법에 따라 면직하였더니 나중에 노회의 다른 목사님들이 자신을 왕따를 놓더라고 한다. 목사가 목사 편 들지 않았다고.

목사는 목사 편인가?

자연스러운 인간의 심정으로는 목사는 동종의 직업에 종사하는 목사 편이어야 맞을 것이다.

그러나 세속적인 생각으로 접근하지 않고 성경적으로 접근한다면 목사는 목사 편이 아니라 하나님 편이요 성도들 편이어야 맞지 않을까?

이런 잘못된 패거리 문화가 노회 정치를 압도하고 있다고 보는 것은 지나칠지 모르지만 이런 일들은 수도 없이 반복되고 있다.

목사의 잘못을 목사가 감싸지 않으면 누가 감싸주겠는가?

맞는 말이다. 하지만 거기에 하나님의 공의는 어디로 갔는지 되묻지 않을 수 없다.

나는 하나님께서 우리 사회에서 깊은 관심을 가지고 계신 분야 중 하나가 재판에서의 정의라고 생각한다.

재판은 하나님께 속하였다(신 1:17).

이 성경 말씀은 재판에서의 공정한 판결에 하나님이 깊은 관심을 가지고 있다는 말씀이다. 선지서들에 등장하는 "성문에서 정의를 세울지어다"(암 5:15)라는 말씀이나 "성문에서 진실하고 화평한 재판을 베풀라"(슥 8:16)는 말씀은 재판정에서의 공의의 확립이 너무나도 중요함을 시사해 주는 말씀이라 할 수 있다. 억울한 자의 억울함이 완벽하게는 아니라 해도 풀어지는 곳이 재판정이어야 한다. "유전무죄 무전유죄"라는 자조 섞인 말은 우리 사회가 얼마나 건강하지 못한지를 보여 주는 반증이라 할 수 있다. 소위 말하는 은퇴한 판검사들이나 대법관이 수억의 변호사 수임료를 챙기는 전관예우의 관행이 되풀이 되는 한 이 땅에서 재판의 공의는 먼 나라의 이야기가 될 수밖에 없다.

현실정치 참여에 대해 서로 다른 생각을 할 수 있겠지만 나는 이 부분만큼은 설교 시간에 강단에서 소리 높여 외쳐야 할 하나님의 진리라고 생각한다. 왜냐하면 공정한 재판의 시행이라고 하는 것은 그 사회를 떠받쳐주는 초석과도 같기 때문이요 부분적으로나마 마지막 날 있을 하나님의 심판의 그림자 역할을 하는 것이기 때문이다.

통상 장로교회의 노회는 목사 전원과 교회마다 1-3인의 장로 대표로 이루어진다. 그러니 노회 구성원의 절대 다수가 목사님들이라 할 수 있다. 사정이 이렇다보니 목사가 제소된 안건에 대하여 제대로된 공정한 재판이 이루어질 수가 없다.

고등학교에 재직 중인 작은 형님이 처음 교사로 채용되어 적응기를 거쳐 가고 있을 때 전교조와 교총으로 양분되어 있던 선임 교사들이 서로 자기편으로 작은 형님을 끌어들이기 위하여 유치 경쟁을 벌이게 되었을 때 선뜻 입장을 정하지 않는 작은 형님을 향해 누군가가 물었다고 한다.

"어느 편이냐?"

전교조 교총 양쪽에 대해 자신의 입장을 분명히 하라는 푸념어린 책망이었을 것이다. 그때 작은 형님은 "학생들 편이다"라고 대답했다고 한다. 교사들이 자신들의 이권을 위해 편가르기를 하면서 정작 자신들이 누구를 위하여 교사로 있는지를 잊어버리고 있는 것은 아닌지 씁쓸한 생각을 지울 수 없었다.

목사는 목사 편인가?

목사가 목사 편이 아니면 누구 편이어야 하는가?

목사가 목사 편들지 않으면 누가 목사 편을 들겠는가?

맞는 말이다.

그러나 목사는 때로는 성도들 편이어야 하고 궁극적으로는 하나님 편이어야 하지 않을까?

미국의 16대 대통령이었던 에이브라함 링컨에 대해서 전광이라고 하는 분의 『백악관을 기도실로 바꾼 대통령 링컨』에는 이런 이야기가 나온다. 남과 북으로 나뉘어 남북 전쟁을 하고 있는 전쟁의 와중에 링컨의 참모 중 한 사람이 하나님께 우리 편이 되어달라고 기도하자는 제안을 했을 때 링컨은 남군도 하나님께 자신들의 편이 되어달라고 기도할텐데 그것은 옳은 기도가 아니다. 중요한 것은 우리가 하나님의 편이 되는 것이다라고 말했다는 것이다.

물론 링컨에 대한 평가는 다소 엇갈린다. 전광을 비롯하여 많은 사람들이 링컨을 신앙의 위인으로 그리고 있는가 하면 미국의 로저 올슨(Roger E. Olson, 1952-)이라고 하는 신학자는 링컨이 살아생전에 한 번도 교회와 연계된 적이 없기에 그리스도인이라고 할 수 없다는 주장을 하기도 한다. 어쨌거나 링컨에게서 배울 수 있는 점이 있다면 그것은 하나님을 내편으로 이용하려 하지 않았고 반대로 하나님 편에 서려고 했다는 점이다.

오늘 우리가 신앙인으로서 참 많이 조심해야 할 것이 무엇일까?

하나님을 내 편으로 이용하려는 것 아닐까?

정작 우리가 하나님 편이 되고 하나님 편에 서는 것에 대해서는 관심이 없고 하나님을 내 욕심을 충족하기 위해 이용하는데만 혈안이 되어 있지는 않은지 돌아보게 된다.

목사가 목사 편이어야 한다는 정당성은 일면 정당한 듯 하지만 다른 한편으로 우리의 판단력에 사각지대가 생기게 하고 건전한 의미에서의 자정능력을 상실하게 한다. 목회자는 외롭다. 외롭다고 해서 목회자들이 자신들만의 리그를 만들고 패거리를 짓고 노회를 자신들의 권익집단으로 만드는 행태는 분명 삼가야할 일이다.

오늘 우리는 목사인 것이 부끄러운 시대를 살아가고 있다. 이런 저런 목사님들의 문제가 터질 때마다 얼굴을 들 수 없을 정도의 자괴감을 느끼게 된다. 일이 이렇게 된 데에는 극히 일부의 목사님들 특별히 대형교회 목사님들의 비리가 한 몫 하였다고 볼 수 있다. 세간의 사람들은 목사에 대해 성급한 일반화의 오류를 범해 목사들은 다 그렇다는 식으로 생각하게 된다.

"목사님들 욕심 좀 줄입시다."

어디 높은 곳이라도 올라가서 아무 듣는 사람이 없더라도 소리쳐 외치고 싶었다.

"목사님들 욕심 좀 줄이세요."

욕심을 다 없애 버리자는 것이 아니다. 무소유를 하자는 이야기도 아니다. 조금만 욕심을 줄이면 좋겠다. 특별히 대형교회 목사님들이 조금만 욕심을 줄이면 좋겠다는 것이 내 절실한 소원이 되었다.

사실 목회자들이 처음 목회자로 소명을 받았을 때 물질적인 복을 얻자고 그 소명에 응답한 것은 아니지 않은가?

물론 살아가다 보면 물질이 필요한 것은 사실이다. 그래서 이런 저런 필요에 휘둘리다보면 욕심의 크기가 한정 없이 커져 버리고 만다. 그 바람을 좀 빼야 한다.

우리는 얼마가 있으면 만족할까?

10억 있으면 만족할까?

20억 있으면 만족할까?

아니다. 정답은 "조금만 더"라고 한다.

우리가 부유해지는 방법은 2가지가 있다. 더 많이 소유하는 것이 그 한 가지 방법이라면 다른 한 가지 방법은 욕심의 크기를 줄이는 것이다. 남이 하니까 나도 하고 싶은 유혹을 받는데 그런 유혹보다 더 크고 위험하고 치명적인 유혹은 없어 보인다.

노회 목사님들과 어울려 축구를 한 후 함께 목욕탕을 간 적이 있다. 그 때 지역에 있는 조기축구회에 나가 불신자들과 어울렸던 경험이 있는 목사님 말씀이 자신이 개척교회 목사인데도 불구하고 다른 사람들이 자신을 매우 부유한 것처럼 생각하는 데 충격을 받았다고 한다.

종교인 과세에 대한 것도 다분히 여론몰이와도 같은 느낌이 있어 못내 찜찜하기만 하다. 어떤 기준으로 어떻게 과세가 시행되는지 잘 알지 못하겠지만 실제 이 땅에 있는 거의 대부분의 목회자들은 국가로부터 구제를 받아야 할 처지요 최저생계비도 받지 못하고 생활하고 있다.

여러 해 전 종교인 과세에 대한 논란이 계속되던 와중에 어느 TV 프로그램을 보니 소망교회 원로목사님인 곽선희 목사님에 대한 보도를 하면서 과연 이런 사람들에게 면세의 혜택을 주어야 하는가로 몰아가고 있었다. 알려진 대로 곽선희 목사님은 외제차 매니아다. 소망교회 장로님 중 외제차 딜러가 있어 최고급의 외제차를 사드린 모양이다. 곽 목사님이 소망교회 원로목사가 되면서 교회에서 아파트를 구입해 드렸는데 10억 정도 하는 것으로 보도되었다. 곽 목사님 말씀에 그것을 자신의 개인 소유로 하지 않고 교회 명의로 해놓았다고 한다. 듣기에 따라서는 훌륭하다고 할 수 있는 대목인데도 목사가 외제차 타고 10억 아파트에 산다는 것 자체가 일반 국민에게는 위화감을 조성하기에 충분한 보도 내용이었다. 그리고 방송은 그 내용을 종교인 과세와 직접 연결시키고 있었다.

나로서는 매우 악의적이다는 느낌을 지울 수 없었다.

곽 목사님의 처지에 해당하는 목회자가 이 땅에 얼마나 될까?

1%도 되지 않을 것이다. 거의 모든 목회자들이-아마도 8,90 퍼센트 이상일 것이다-넉넉하지 않은 살림에 어렵게 주의 종의 길을 가고 있는데 그런 것은 아랑곳하지 않고 1% 미만의 사람들을 가지고 전체를 매도하고 있는 듯하여 매우 마음이 아팠다.

지난 봄에는 딸을 매질해서 죽이고 시신을 11개월 동안이나 방치했던 목사에 대한 보도가 있었다. 어디 이름 없는 군소 신학 출신도 아니요 심지어는 해외 유학까지 갔다온 목사님이라 충격은 더했다. 경기도 버스에는 몇 년 전부터 G Bus TV가 방영되고 있다. 화면 밑에 자막으로 헤드라인 뉴스가 흘러나오는데 목사 비슷한 글자만 보아도 화들짝 놀라게 된다. 자라보고 놀란 가슴 솥뚜껑보고 놀란다고.

오늘은 또 무슨 목사님 사건이 터졌나?

당시 근 1주일 가량을 계속해서 딸 죽인 목사 구속 운운하며 헤드라인 뉴스 자막이 흘러나와 많이 힘들었던 기억이 있다.

학교에서 교수님들과 한 주에 한 번 점심식사를 함께 하며 교수 콜로키움을 진행하고 있는데 어느 교수님 왈 공직자 인사청문회에 나오는 그리스도인들마다 망신을 당하니까 아예 자신은 기도한다고 한다. 아예 예수 믿는 사람 아니게 해달라고. 그리스도인이면 어김없이 이런 저런 구설수에 오른다고 한다. 참 여러모로 목사인 것이 부끄럽고 그리스도인인 것이 부끄러운 시대를 살아가고 있다. 그래서 등장한 것이 이순신형 그리스도인이다. 노량해전에서 이순신 장군은 퇴각하는 왜적의 화살에 맞아 순국하고 만다. 그때 이순신 장군이 했다고 하는 말은 유명하다.

"나의 죽음을 아무에게도 알리지 마라."

이 말을 패러디하여 "내가 그리스도인인 것을 아무에게도 알리지 말라."

이것이 이순신형 그리스도인이라고 한다.

2. 무례한 기독교

나는 주일 예배를 학교에 있는 대학교회에서 드리고 있다. 몇 년 전부터 대중교통을 이용하고 있는데 얼마나 편한지 모른다. 평촌에서 사당까지 버스를 타고 가서 (일반적으로 앉아서 간다) 지하철 2호선으로 방배까지 한 정거장을 가면 된다. 어느 주일 사당에서 지하철을 탔는데 이상한 소리가 들려서 돌아보니 어떤 분이 전도하시는 소리였다.

글쎄 매우 무례하게 들렸다고나 할까?

낯이 좀 뜨거울 정도의 수위를 가진 전도였다.

우리나라가 지금 어디로 가고 있느냐?

무엇을 위해 살고 있느냐?

원색적으로 먹고 싸기 위해 운운하며 한 마디로 말하면 예수천당 불신지옥을 외치고 있었다. 바로 한 정거장 가면 내리려고 출입구 쪽에 서 있던 나는 마침 그 근처에 그분이 오자 손목을 잡고 같이 내리자고 제안했다. 나도 교회 다니는데 함께 지하철에서 내려 이야기를 좀 하자고 제안했다. 하지만 그분은 한사코 내 제안을 거절하며 내 손을 뿌리쳤다. 교회만 다니는 당신 같은 사람 상종할 수 없다는 식의 막무가내였다. 자신은 사형선고를 받았던 사람이며 이렇게 안하면 자신은 견딜 수 없다고 그분은 말했다. 정말이지 나는 그분이 술취한 사람 같아 보여서 무례하게 그대로 말했다. 술취하신 것 같다고. 그랬더니 돌아온 대답은 자신은 성령의 술에 취했다는 것이었다. 그리고는 그분은 황망히 다음 칸으로 갔고 나는 방배역에서 하차하였다.

붐비는 지하철 안은 대부분은 조용하다. 요즘은 스마트폰 삼매경에 빠져 있는 사람들이 많다. 조용한 적막을 깨고 외치는 이야기는 사실은 일종의 민폐를 끼치는 것이다. 본인은 복음을 외친다고 외치는데 그날 내가 만난 분은 정말 처음에 술취한 사람인 줄 알았다. 나름의 사연이 있는 분이기는 하였겠지만 그건 아니라는 생각을 지울 수 없었다.

최권능 목사님의 "예수천당 불신지옥"을 폄하하고 싶은 생각은 없다. 나름대로 그 시대에 하나님께 쓰임 받은 그분만의 독특한 전도 방법이었을 것이다. 오늘날은 예수천당 불신지옥의 전도는 도리어 불신자들의 마음을 더 닫아 놓고 만다. 물론 들을 귀 있는 자는 들으라는 말씀으로 항변할 수도 있겠지만 다른 효과적인 방법을 마다하고 무책임한 방법을 합리화하는 데 그 말씀을 남용해서는 안될 것이다.

사실 그날 나는 참 많은 생각을 했다. 그리고는 내가 괜한 짓을 했나하는 자책의 마음이 순간 들기도 했다. 자기가 은혜 받은 대로 그것 전하지 않고는 못 베기는 사람을 내가 말리려 했으니 참 쓸데없는 짓을 했다는 생각과 함께 그래도 그건 아닌데, 그 지하철 안에 있던 사람들이 어떻게 느꼈을까 생각하니 아찔한 마음이 들어 잘했다는 생각이 들기도 했다.

나름 내가 그분과 함께 지하철 역에 내려서 이야기 해 주고 싶었던 이야기는 이것이었다. 그런 열심을 가지시고 주변의 사람들을 섬기시라. 극진한 사랑으로 그들을 돌보라는 것이다. 그래서 내 주변을 복음화하는 데 목숨을 걸라는 것이다. 듣든지 아니 듣든지 지하철을 헤치고 이칸 저칸 옮겨다니며 자신이 무슨 대단한 전도자인 양 행세하지 말아야 한다.

힘들지만 삶 속에서 자신을 죽이고 다른 사람을 섬기는 일들을 통해 자신의 변화된 모습을 드러내 보여 주는 섬김의 삶을 살면 엄청난 전도의 효과가 있지 않겠는가?

괜히 지금 이 시대에 그렇게 외쳐봐야 듣지도 않고 도리어 역효과만 내면서 여러 사람 기분 나쁘게 하지 말고 그 열심의 방향과 방법을 바꾸어 보라는 것이 내가 그분에게 해 주고 싶은 말이었다.

1991년으로 기억한다. 그러니까 벌써 25년이나 지난 일이다. 그때 나는 신학대학원 졸업반 3학년에 재학 중이었다. 학교의 원우회 일을 맡아

일 년을 함께 일한 원우회 전도사님들과 1년의 임기를 마치며 설악산 쪽으로 뒤풀이 겸해서 마무리 여행을 떠났다. 상세한 일정은 기억이 나지 않지만 참 흥겨운 시간이었던 것으로 기억에 남아 있고 권금성 케이블카를 타고 권금성에도 올라갔다. 권금성에 올라가는 케이블카에서 일행 전도사님 중 한 분이 케이블카에 있는 사람들을 향하여 인생이라고 하는 것이 마치 이렇듯 아슬아슬 곡예를 하는 듯하지 않느냐 가느다란 줄 하나에 의지하여 올라가는 케이블카처럼 인생이라고 하는 것이 하나님이 잡아주시지 않으면 아무런 의지할 것도 의미도 없음을 역설하며 예수 믿을 것을 권하는 내용이었다.

당시 나로서는 그 전도사님의 용기에 큰 도전을 받았다. 그렇다. 우리는 때로는 용기 있게 하나님의 복음을 사람들이 듣든지 아니 듣든지 전해야 한다. 공개적으로 전도하는 분들의 행태를 비판하면 그런 비판하는 당신은 그런 용기도 없지 않으냐 반문할는지 모른다. 맞는 말이다. 때로 그런 분들의 용기가 부럽기도 하다.

그러나 지금의 시대는 조금은 자중할 필요가 있는 시대이지 않을까?

민폐를 끼쳐가면서까지 복음을 전하는 시대는 개척 시대에는 필요할는지 모르지만 지금과 같은 시대에는 자제하고 보다 장기적인 전략을 가지고 접근하는 것이 필요할 것이다.

요즈음 부쩍 여호와의 증인들의 가두 전도가 눈에 많이 뜨인다. 남한강과 북한강이 만나는 두물머리에서도 파수대를 진열해 놓고 전도하는 여호와의 증인을 보았고 경북 영덕의 동해안가 해돋이 전망대에서 칼바람이 부는 엄동설한에 그것도 새해 벽두에 여호와의 증인을 만날 수 있었다. 학회가 있어 1호선 전철을 타고 개봉역에 갔더니 역 앞 광장에 또 여호와의 증인이 나와 있었다. 최근에는 천안역 앞 광장 그리고 심지어 지하철 방배역에서도 여호와의 증인들을 만날 수 있었다. 이런 여호와의 증인의 가두 전도는 우리들의 전도보다 훨씬 점잖고 세련돼 보이고 꾸준

하다. 듣든지 아니 듣든지 선포하는 것이 아니라 철저히 수동적이다. 관심 있는 사람들에게 다가가는 것이고 길 가는 사람들을 귀찮게 하지는 않는다. 때로는 선교가 공격적일 필요도 있지만 지나친 공격성은 도리어 사람들의 거부감만을 조장할 수도 있음을 기억하는 것이 좋을 것 같다.

3. 이단을 어찌 하오리까?

이단이 창궐하는 것은 그 시대 소위 정통교회들의 영적인 어두움에서 기인하는 바 크다고 할 수 있다. 종말론적 이단이 득세하는 것은 거꾸로 정통교회에서 간절한 재림 신앙을 상실했기 때문일 수도 있다. 20년도 더 전에 시한부 종말론자들이 극성을 부리던 시절이 있었다. 문제는 시한부 종말론을 이단이라고만 하는 것으로 끝나서는 안된다.

그럼 정통교회 신자들인 우리에게는 재림에 대한 간절한 기대가 있는가?

나는 천년왕국설과 관련하여 무천년설이 맞다고 생각하는 사람이다. 하지만 나는 학교에서 무천년설로만 가르치지는 않는다. 역사적 전천년설도 진지하게 고려할 것을 학생들에게 추천한다. 지금 우리는 천년왕국설하면 무천년, 후천년, 전천년설을 이야기하지만 초대교회 시절에 천년왕국설은 전천년설이었다. 그러니까 초대교회에서는 천년왕국설과 전천년설이 동치관계였던 것이다. 그러다가 이런 교회의 역사적인 입장에 대한 반대가 일어나게 된 것은 313년 콘스탄틴 대제(Constantine the Great, 272–337)의 밀라노 칙령에 의해 기독교가 공인을 받고 난 이후이다. 더 이상 기독교회는 박해 가운데 있지 않게 되었고 그렇게 되자 종말론에 변화가 오게 된 것이다. 교회 시대가 곧 천년왕국이라는 해석이 등장하게 되었고 지금의 입장에서 보면 무천년과 후천년설적인 주장들이 교회 역사 속에 등장하게 되었다. 아마도 이 과정에 결정적인 공헌을 한 사람은 성 어거스틴(Augustine of Hippo, 354-430)이다. 그래서 어거스틴은 재림에 대한 기대를 약화시켰다는 비판을 받기도 한다. 당대의 성경 해석이 문자적 해석보다는 영적인 해석을 선호한 시대정신의 영향도 없지 않아 있었을 것이다.

보통 무천년설에 대한 가장 강력한 비판 중 하나는 임박한 재림에 대한 기대가 부족하다는 것이다. 웨인 그루뎀(Wayne Grudem, 1948-)은 이 부분과 관련하여 예수님의 재림 전 이루어져야 할 징조에 대한 무천년설자들의 주장들이 예수님께서 그 말씀을 하신 의도를 왜곡하고 있다고 비판한다. 감람산 강화라고 알려진 마가복음 13장에서 제자들은 예수님께 마지막 날에 대하여 그 시기와 징조에 대하여 묻는다. 예수님은 그 시기에 대해서는 아무도 알지 못한다, 심지어는 인자도 알지 못하며 오직 아버지만이 아신다고 말씀하셨다. 다만 예수님은 말세에 있을 여러 징조들을 말씀하셨다. 이런 징조들을 말씀하신 이유는 그날과 그 시간을 알지 못하니까 깨어있으라는 것이다. 그런데 무천년설자들은 이 징조들이 아직 이루어지지 않았기 때문에 앞으로 수년 안에는 예수님이 재림하실래야 하실 수 없다라고 주장한다는 것이다.

웨인 그루뎀은 이런 주장을 한 대표적인 사람으로 루이스 벌코프(Louis Berkhof, 1873-1957)를 언급하고 있다. 웨인 그루뎀에 의하면 이런 해석은 예수님의 말씀의 의도를 왜곡하는 것이며 주님의 임박한 재림을 의식하며 깨어 있는 삶을 살 것을 촉구하고 있는 성경 말씀에 위배되는 것이다.

나는 몇 가지 부분에서는 웨인 그루뎀의 입장에 동의하지 않는다. 하지만 성경에 보다 충실한 신학을 추구하는 웨인 그루뎀의 자세에 대해서는 높이 사고 싶다. 성경에 명확히 나와 있으면 인정하고 그렇지 않으면 인정하지 않는 자세는 어떤 점에서는 성서주의(biblicism)와도 가까운 입장을 보임에도 그 정신만큼은 추호도 폄하하고 싶은 생각이 없다. 여러 면에서 신학적 입장이 나와는 다르지만 존경스럽게 생각한다.

예컨대 웨인 그루뎀은 유아세례를 부정한다. 하지만 그렇다고 성인세례만을 고집하지도 않는다. 둘 다 인정하는 입장이다. 유아세례 받은 사람에게 재세례를 하는 것에 대해 굳이 그럴 필요가 있느냐는 입장이다. 이런 입장은 내가 알기에 『천로 역정』(Pilgrim's Progress, 1678)으로 유명한 청교도 존 번연(John Bunyan, 1628-1688)의 입장이었으며 기독교 희락주의(Christian Hedonism)를 주창하고 있는 존 파이퍼(John Piper, 1946-)의 입장이기도 하다. 이들은 공통적으로 세례에 대한 교리가 핵심적인 교리가 아니라고 생각한다. 대부분의 유아세례를 부정하는 사람들이 세례에 대한 교리를 핵심적인 교리라 생각하여 목숨을 거는 것에 이들은 반대한다.

교회 정치제도에 대해서도 웨인 그루뎀은 가장 성경적인 정치제도는 지역교회에 복수의 장로가 있는 회중 정치를 지지하는데 그의 말대로 하면 이 세상 어떤 교단도 이런 정치제도를 채택하고 있지는 않다. 하지만 그루뎀이 보기에 이것이 가장 성경적인 정치제도이다.

침례교회가 일인 장로인 목사만을 인정하는 정치제도라면 장로 정치는 지역교회에 목사를 포함한 복수의 장로를 인정하고 노회와 총회를 통해 다른 교회에 영향력을 행사하는데 웨인 그루뎀은 그 부분에 대하여 꽤나 부정적이다. 그러면서도 웨인 그루뎀은 감독 정치, 장로 정치, 회중 정치제도 모두가 비교적 효과적으로 운용되고 있음을 기꺼이 인정하고 있다. 그루뎀은 교회 정치제도에 대한 교리 또한 핵심적인 교리라고 생각하지 않는다.

사실 유아세례에 대한 것이나 교회 정치제도와 관련하여 성경에서 직접적으로 또 명시적으로 말씀하고 있지 않음을 인정한다면 어느 한 쪽의 입장을 절대화하는 것은 잘못임을 우리는 인정할 수 있다. 장로교회 정치제도에 대해서도 가장 대의적인 정치제도라고 절대시할 것이 아니라 노출되고 있는 많은 문제점을 보완하려는 노력이 필요하다고 보는 것이 좋을 듯하다. 마치 장로 정치제도만 성경적이라고 주장하면서 감독 정치제도나 회중 정치제도는 비성경적이라고 생각하는 자세는 삼가야할 태도라고 할 수 있다.

웨인 그루뎀은 하버드대학교 출신으로 필라델피아 웨스트민스터신학교에서 공부했다. 보수적인 정통장로교회 신학을 공부했다고 볼 수 있다. 그렇지만 이런 이력에도 불구하고 웨인 그루뎀은 성령론에 있어 빈야드 운동을 지지할 정도로 열려 있는 사람이다. 몇 년 전 웨인 그루뎀의 『조직신학』 책을 읽는데 각자의 받은 달란트를 따라 여성도 예언의 은사가 가능하다는 주장을 하고 있어서 깜짝 놀랐던 적이 있다. 그렇다면 이런 논리로 나가면 여성 안수도 지지할 것이라는 예측을 하게 하였는데 역시나 안수 문제에 있어서는 보수적인 입장을 주장하고 있는 것을 확인할 수 있었다.

성경에 있는 것은 인정하고 성경에 없는 것은 부정하는 그래서 유아세례와 여성 안수는 부정하고 교회 정치제도로는 침례교회나 장로교회에서 채택하고 있지 않은 나름의 회중 정치제도를 주창하고 성령의 역사에 대해서는 전향적으로 인정하는 웨인 그루뎀의 여러 주장은 비교적 건전한 입장이라고 할 수 있다. 문제는 여기에서 한발 더 나가는 것이다. 성경에 있는 것은 받아들이고 성경에 없는 것은 거부하는 일면 그럴듯한 자세는 당장 사도신경을 부정하는 모습으로 나타난다. 사도신경은 성경에 없기에 받아들일 수 없다는 것이다.

내가 재직 중인 학교는 신학대학원임에도 교목제도를 통해 학생들을 지도하고 있다. 교목제도가 있기 전에는 나도 담임교수가 되어 학생들과 한 학기에 한 번 식사하며 상담의 시간을 가지곤 했다. 물론 그저 얼굴을 보며 식사하는 수준에 그쳐 아쉬운 마음이 들기는 하였지만 그나마 나름 학생들과 소통하는 시간을 가질 수 있었다. 어느 해인가 2학년 담임을 할 때인데 어느 학우가 자기가 다니는 교회의 어느 집사님 이야기를 했다. 말인즉슨 예배시간에 '축복해 주시옵소서'를 목사님이 몇 번 했는지 헤아리고 있다는 것이다. 들으면서 참 괴벽한 사람도 다 있다 싶어 웃으며 넘어갔다.

얼마 후 나는 백석정신아카데미에서 주최하는 "기도학교"에서 목사님들과 사모님들을 대상으로 조직신학을 몇 주에 걸쳐 강의하게 되었다. 어느 주인가 강의를 마치고 쉬는 시간에 어느 목사님이 내게 다가와 질문이 있다고 하시며 "교수님은 그러시지 않는데 어떤 목사님은 축복해 주시옵소서라는 말 자주 쓰는데 그것 틀린 것이다"라고 말씀하셨다. 그래서 내가 그 이유를 묻자 그 목사님 대답이 '축(祝)'자가 '빌 축'이기 때문에 "하나님 축복해 달라"는 이야기는 하나님께 하나님 보다 더 높은 그 어떤 존재에게 복 빌어달라고 하는 것이기 때문에 틀렸다는 것이다.

학우가 한 다리 건너 전달하였을 때는 그냥 웃고 넘겼는데 그런 주장을 하는 사람을 눈앞에서 만나고 보니 참 어이가 없기도 하고 한심하기도 하였다. 순간 하나님께서 내게 지혜를 주셔서 이렇게 대답할 수 있었다.

"그러면 목사님, 하나님 축복해 달라고 말하면서 하나님 보다 더 높은 존재에게 복 빌어달라는 생각으로 하나님 축복해 주시옵소라는 말을 사용하는 사람이 그리스도인 중에 몇 명이나 있겠습니까?"

이 질문에 대한 그 목사님의 대답은 "아무도 없을 것 같다"였고 그래서 내가 말했다.

"그러면 문제가 없지 않느냐?"

오늘 우리는 참 괴벽한 신자들을 많이 만나게 된다. 금방 한 이야기를 목회할 때 설교 시간에 예화로 말했더니 어느 장로님이 실토를 하셨다.

"저도 십 년 전에 그랬습니다."
이단이 무엇인가?
침소봉대하는 것이 이단들의 주된 특징 중 하나이다. 사도신경이 성경에 없다고 비성경적이라고 주장하는 것은 그래도 양반이다. 주기도문에 '대개'가 있으면 안된다고 신천지 이단은 주장한다. 왜냐하면 어떻게 주기도문에 성경에도 없는 '대강'이나 '대부분' 또는 '대체로'를 뜻하는 대개라는 말이 들어가느냐는 것이다. 하지만 이는 대개가 두 가지 사전적 의미가 있다는 것을 모르는 무지의 소치가 아닐 수 없다.

'대체로'라고 이해하는 대개는 한자어로는 大槪(대개)인데 대개는 이것 이외에도 '일의 큰 원칙으로 말하건데'라는 의미를 가진 大蓋(대개)가 있다. 그리고 성경 헬라어에는 영어로 "왜냐하면"(for 또는 because)에 해당하는 '호티'라는 접속사가 있어서 '대개'가 성경에 없다는 말은 원어적으로 틀린 말이다. 다만 대개라는 말은 잘 쓰지 않는 말이기 때문에 개역성경이나 개역개정성경에서는 빠져있고 다만 주기도문이 찬송가로 불리워질 때 대개가 등장하기도 하는데 그런 의미에서 대개를 하고 안하고가 그렇게 중요한 문제는 아니라고 볼 수 있다. 그런데 이런 문제가 정통의 시금석이나 되는 것처럼 주장되고 있다는 것 자체가 개탄스러울 따름이다.

일요일은 태양신 숭배하는 날이니 주일로 지키면 안된다는 주장은 안식교 이단의 기본적인 주장이다. 안상홍 증인회라고 하는 '하나님의 교회'에서는 한걸음 더 나아가 성탄절도 태양신 숭배일이기 때문에 지키면 안된다고 주장한다. 성경적으로 하면 일요일이 아니라 토요일을 안식일로 지켜야 하며 성탄절은 성경에 없기 때문에 지키면 안된다는 것이다. 그러면서 자신들은 성경에 없는 안상홍 탄신일을 지킨다. 사실 우리에게 있어서는 주일이 일요일이나 토요일 어느 날이나 괜찮다. 왜냐하면 모든 날이 다 주의 날이기 때문이다. 성탄절 문제도 정확한 크리스마스 날

짜를 알 수 없지만 일 년 중 하루를 지정해 주님의 오심을 기념하는 것이 문제 될 것이 없는 것이다. 12월 25일이 태양신 축제일이었다는 주장도 우리가 그날 태양신 숭배하는 것은 아니기 때문에 아무런 문제가 될 것이 없다. 어떤 경우 이전에 절이 있던 절터에 예배당을 세울 수도 있을 것이다.

그런다고 그것 문제 삼을 사람 없지 않은가?

요는 사람들이 모르고 있던 사실을 들추어 그것으로 사람을 혹하게 하는 것이 문제라면 문제다. 결국 이들의 주장은 그래서 기성교회 정통 기독교가 틀렸고 자신들이 옳다는 것을 증명하려는 저의가 그 바닥에 깔려 있다.

이단 중에 킹 제임스 성경(KJV)만을 권위 있는 성경으로 받아들이는 이단이 있다. 말씀보존학회라는 이단인데 말도 안 되는 주장을 한다. 기성교회가 가지고 있는 성경을 사탄이 심각하게 훼손해서 구원의 길을 찾지 못하게 되었다는 것이다. 이 부분과 관련하여 맥그래스는 다음과 같이 말하고 있다.

> 킹 제임스 역본이 1611년의 기준이나 그 이후의 기준으로 보더라도 탁월한 번역임은 의심할 여지가 없다. 그러나 결국 역본은 개정이 필요하다. 이는 꼭 흠이 있어서라기보다 그 역본에 사용된 언어 자체가 시간이 흘러가면 변하기 때문이다. 언어의 변화 때문에 독자들은 킹 제임스 성경 같은 옛날 번역물들을 잘못 이해하고 혼란을 일으킬 수 있다. 번역 자체에 설명이 필요하다면, 그 번역은 이미 살아있는 번역으로서 기능이 끝난 것이다. 이 점은 킹 제임스 역본의 위치를 놓고 20세기 말 미국에서 벌어졌던 논쟁들과 상당한 연관성을 갖고 있다. 킹 제임스 성경만을 유일하게 인정할 수 있는 영어 성경이라고 고집하는 사람들은 실상 이 역본을 계획하고 번역했던 사람들의 의도와

> 목표—즉, 성경을 그 시대의 살아 있는 영어로 번역하려 했던 뜻—를 배반하는 것이다.[2]

킹 제임스 번역이 사람들의 인정을 받는 데에는 50년의 시간이 필요했다. 인심을 잃어버린 군주와 연계되어 있다는 이유로 킹 제임스 번역의 사용을 강제해도 별 소용이 없었다. 청교도 공화국이 끝나고 왕정복고가 이루어진 후 비로소 킹 제임스 성경은 새로이 회복된 영국 성공회에 안정을 가져다 줄 수 있는 상징이 되었다. 청교도 공화국 시절의 불쾌한 기억만 떠오르게 만드는 제네바 성경(Geneva Bible, 1560년 제네바에 피신했던 영국 개신교 지도자들이 번역한 성경)을 쓰고 싶어 하는 사람은 이제 아무도 없었고, 바로 이때부터 킹 제임스 성경은 종교적·문학적 명성을 얻기 시작했다. 그 결과 지금까지 만들어진 영어 성경 가운데 가장 큰 존경을 받는 성경이 되었다.[3]

언어의 변화에 대해 맥그래스는 데살로니가전서 4장 13절의 번역을 예로 들어 설명하고 있다.

> For this we say unto you by the word of the Lord, that we which are alive and remain unto the coming of the Lord shall not prevent them which are asleep.
> 우리가 주의 말씀으로 너희에게 이것을 말하노니 주께서 강림하실 때까지 우리 살아 남아 있는 자도 자는 자보다 결코 앞서지 못하리라 (살전 4:13).

---

[2] 알리스터 맥그래스, 『기독교, 그 위험한 사상의 역사』, 박규태 옮김 (서울: 국제제자훈련원, 2009), 345f.
[3] 맥그래스, 『기독교, 그 위험한 사상의 역사』, 233.

여기서 문제가 되는 영어 단어는 'prevent'인데 1611년에는 '누구보다 앞서가다' 또는 '누구보다 앞서다'라는 뜻이었다면 지금은 '무엇을 방해하다'로 바뀌어 버렸다. 언어의 변화 때문에 독자들은 킹 제임스 성경 같은 옛날 번역본들을 잘못 이해하고 혼란을 일으킬 수 있다. 번역 자체에 설명이 필요하다면, 그 번역은 이미 살아 있는 번역으로서 기능을 다할 수 없는 것이다.

웬만한 예수님의 비유를 설명한 책에서 대부분 다루고 있는 킹 제임스 번역과 지금의 개역한글, 그리고 개역개정과 가장 다른 것 중 한 가지는 마태복음 21장 28-32절에 있는 예수님의 비유에서 큰 아들과 작은 아들이 정반대로 되어 있는 것이다. 우리 개역개정에서는 큰 아들이 포도원에 간다고 했다가 안가고 반대로 작은 아들은 안 간다고 했다가 나중에 뉘우치고 간 것으로 되어 있는데 킹 제임스 번역은 이것이 반대로 되어 있다. 즉 작은 아들은 간다 그랬다가 안 갔고 큰 아들은 안 간다 그랬다가 갔다는 것이다.

내 생각에는 지금 우리가 가지고 있는 성경이 여러 가지 상황적으로 맞다고 생각한다. 문맥에서 볼 때 비유에서 큰 아들은 대제사장들과 백성의 장로들이고 작은 아들은 세리와 창녀들이다. 그리고 유명한 탕자의 비유에서도 큰 아들과 작은 아들에 대한 것이 그런 식으로 그려지고 있는 것을 보면 킹 제임스 번역에서 채택한 사본보다 우리 개역한글이나 개역개정에서 채택한 사본이 더 전체적인 성경의 내용과 부합한다고 볼 수 있을 것이다.

나도 가장 먼저 가지게 된 영어 성경이 킹 제임스 번역이다. 킹 제임스 번역은 영문학사에서도 중요하다. 현대영어를 한 단계 업그레이드시킨 것으로 찬사를 받고 있다. 세익스피어의 희곡이 영어 운문에서 그런 일을 했다면 킹 제임스 번역은 영어 산문의 발전에 획기적인 기여를 한 것으로 평가받고 있다. 요는 킹 제임스 번역을 절대시하는 것이 문제라 할 수 있고 특별히 그 킹 제임스 번역을 한글로 번역한 것을 절대시하는 것은 한심하다고 밖에는 말할 수 없을 것이다.

내가 요근래에 알게 된 사실 하나는 사탄이 타락한 천사장 루시퍼(Lucifer)라는 것이 정설로 굳어지게 된 것은 킹 제임스 번역에서 이사야 14장 12절의 '계명성'을 루시퍼라는 고유명사로 번역하면서부터라고 한다. 루시퍼는 원래 라틴어로 "빛을 가져오는 자"라는 뜻이다. 하지만 지금 성경학자들은 이사야 14장 12절의 계명성을 타락한 천사(사탄)에 대한 언급이라기보다는 바벨론 왕으로 상징되는 인간의 끝없는 교만의 발전단계를 묘사하고 있는 것으로 보고 있다.[4]

존 위클리프(John Wycliff, 1300년경-1384년)는 1382년 라틴어 성경을 영어로 번역하였다. 1516년 에라스무스(Erasmus, 1466-1536)는 공인 헬라어 역본을 완성하였고 루터는 1519년의 2판을 토대로 1522년 9월에 독일어로 성경을 번역하였다. 이른바 '9월 성경' (Septemberbibel)이다. 틴데일(William Tyndale, 1494-1536)은 라틴어가 아니라 히브리어와 헬라어 원전에 의한 번역 작업을 계속해 1526년 영어 신약성경을 완성하고 독일에서 인쇄해 영국으로 보냈다. 그 후에도 구약성경 번역 작업을 계속했지만, 1535년 네덜란드에서 성경을 영어로 번역했다는 죄목 때문에 체포되었고, 다음 해에 화형을 당한다. 그의 사형 이후 엘리자베스 1세에 의해 영어 번역이 논의되었고 제임스 1세에 이르러 1611년 그의 번역을 기초로 한 킹 제임스 버전 흠정역 성경이 나오게 되었다.

그 보다 앞서 가톨릭교회에서는 두에이랭스 성경(Douay-Rheims Bible)이 라틴어 벌게이트에서 영어로 번역되었는데 1582년 프랑스 랭스에서 신약성경이 출판된 후 1609년과 1610년에 구약이 두 부분으로 나

---

4 송병헌, 『이사야 I』 (서울: 이엠, 2012), 389f.

뉘어 두에이대학에 의해 출판되었다. 미국 역사에서는 19세기 가톨릭 신자들이 공립학교에서 킹제임스 성경이 아니라 두에이랭스 성경을 읽을 수 있도록 해달라는 요구를두하자 개신교도들이 폭동을 일으키기도 하였다. 번역은 반역이라고 하는 말이 있는 것처럼 결국 엄격한 의미에서 중립적으로 이루어지는 번역은 없다. 모든 번역에는 번역자의 의도나 사상이 반영되기 때문이다. 그런 의미에서 어떤 역본을 사용하는가는 사실 사소한 문제가 아니라 매우 중요한 문제이다.

우리 한국교회는 오래도록 개역한글 성경으로 통일을 이루었다가 얼마 전 개역개정 성경으로 성경을 바꾸었다. 종종 목사님들이나 학생들이 내게 묻곤 한다.

어느 성경이 더 좋으냐?

시대마다 다양한 번역이 있는 것은 좋은 것이다. 어느 번역을 절대시하는 것은 잘못이다. 사실 성경은 원본이 존재하지 않는다. 다양한 사본들만이 존재할 따름이다. 성경의 사본을 시대가 지나 발견하는 것은 매우 드문 일이다. 성경을 성스럽게 생각하기는 현대인이나 옛날 사람들이나 마찬가지여서 성경을 파기하거나 불태워 없애버리지 고물상에 헌책처럼 팔지는 않는다. 그런 면에서 사본을 발견하는 것은 사본학자들에게는 하늘의 별을 따는 것처럼 어렵기만 하다.

신학교 시절 가장 어렵게 느껴졌던 과목 중에 하나가 사본학이었다. 사본학만 따로 배우지는 않았던 것 같고 신약신학 시간에 일부 시간이 배정되어 사본학을 다루었던 것 같은데 브루스 메츠거(Bruce M. Metzger, 1914-2007)의 『사본학』(CLC刊) 책이었다. 얼마나 어려운지 지금은 다른 색으로 바뀌었는데 당시의 빨간 표지가 지금도 기억에 선하다. 그런데 이 어렵고 재미없는 사본학 책에서 참 감동적인 이야기를 발견할 수 있었다.

신약 사본 중 으뜸가는 것은 19세기 중순 시내 산에 있는 성 캐서린 수녀원에서 티쉔돌프(Constantin von Tischendorf, 1815-1874)가 발견한 4세기의 헬라어 사본이라고 한다. 이름하여 시내 산 사본(Codex Sinaiticus)이 바로 그것이다.

티쉔돌프는 1844년 30세가 채 되기 전 라이프치히대학교의 사강사로 있을 때 성경 사본을 찾기 위해 여행을 떠나 캐서린 수도원에서 우연히 수도사가 화로에 불을 붙이기 위해 버려둔 한 양동이의 종이 속에서 양피지들을 보게 된다. 그것은 구약 70인경의 한 부분이었는데 티쉔돌프는 그 양동이에서 43장 이상의 양피지를 회수하였다. 수도사는 멋도 모르고 말하기를 그것과 비슷한 내버려진 양피지들을 두 양동이나 이미 불태워버렸다고 했다. 나중에 티쉔돌프에게 그와 같은 사본의 다른 부분들을 (이사야서 전부와 마카비 1서와 4서) 보여 주었을 때 그는 수도사에게 이런 물건은 불을 떼기에는 너무나 값비싼 것이라고 경고하였다.

1853년과 1859년에 러시아 황제 알렉산더 2세(1818-1881)의 후원 하에 다시 캐서린 수도원을 방문한 티쉔돌프는 그곳을 떠나기로 작정한 전날 그 수도원의 청지기에게 그가 최근에 라이프치히에서 발간한 70인경의 복사판을 선물하였다. 그랬더니 그 청지기는 자기도 70인경의 복사판을 가지고 있다고 말하면서 그의 벽장에서 붉은 천으로 싸여진 사본을 꺼내왔다. 거기 놀란 학자의 눈앞에 그가 보기를 갈망했던 보배가 놓여졌던 것이다. 그의 감정을 감추면서 티쉔돌프는 아무 생각없이 그날 저녁 좀 더 자세히 그것을 보여 주기를 요청하였다.

그날 밤 그는 그의 방에 틀어박혀 사본을 연구하는 기쁨으로 밤을 세웠다. 학자 답게 라틴어로 쓴 그의 일기에서 그는 선언하기를 "잠을 자는 것은 정말 신성을 모독하는 것 같았다"(quippe dormire nefas videbatur)라고 했다. 그것은 대부분의 구약과 「바나바서」와 「허마스의 목자」, 그리고 상하지 않은 훌륭한 상태의 신약을 담고 있었다. 러시아 황제의 후원 아래 이루어진 여행이었기에 이 시내산 사본은 러시아에서 소장하고 있었으나 러시아가 소련으로 공산화된 이후 1933년 50만 불에 대영제국 박물관에 팔리게 되어 지금은 대영제국 박물관에서 소장하고 있다고 한다.[5]

 들자니 신천지에서는 개역 성경으로 자신들의 이단적인 주장의 틀을 짜놓아서 개역개정으로 바꾸면 자신들의 주장이 무너지게 되기 때문에 지금도 개역 성경 사용을 고집한다고 한다. 어떤 면에서 간단한 영어 성경만 보아도 신천지의 주장의 황당함을 금방 알 수 있다고 하는데 문맥을 벗어나 곡해되어 있는 주장들을 곧이곧대로 보지 못하게 하는 우매함이 신천지 교인들을 사로잡고 있다고 볼 수 있을 것이다. 그런 면에서 사도행전에 나오는 베뢰아 사람들처럼 성경이 그러한가 하여 이런 저런 역본들을 비교하여 보고 때로는 원문을 살피는 일은 그리스도인의 영적 성장에 꼭 필요한 일이라고 할 수 있다. 다양한 역본들이 있는 것은 좋은 일이요 축하할 일이다.

4. 교회의 잘못된 관행

 2년 5개월 정도의 짧은 담임 목회를 통해 나는 어떤 면에서 한국교회의 현주소를 본 듯하다. 한국 개신교의 부끄러운 민낯을 그대로 본 것이다. 아니 다음에 쓰는 내용은 그 교회만의 문제라기보다는 한국 개신교회가 공통적으로 안고 있는 문제가 아닐 수 없다. 원로목사님은 30여년 정도 목회를 하셨고 원로목사로 추대되는 과정에서 인심을 잃었는지 가까스로 원로목사가 되셨다. 물론 그렇기 때문에 후임목사로서는 어떤 면에서 편안히 목회할 수 있었다. 그러면서 내 안에 가져진 생각은 정상

---

[5] 부르스 메쯔거, 『사본학』, 강유중 옮김 (서울: CLC, 2012), 61.

적인 상황이라면 원로목사와 후임 담임목사 사이에는 필연적으로 분쟁이 발생할 수밖에 없는 구조라고 하는 것이었다. 주변에서 서로 물고 뜯고 싸우고 있는 교회의 현실이 이해가 되었다. 당시 내가 목회하던 교회에서는 원로목사님에게 아파트 한 채와 퇴직금, 그리고 자가용을 구입해 드렸고 6년간을 후임목사의 사례비 중에서 목회비를 뺀 전액을 6년간 매달마다 지급하고 6년 후부터는 60%를 지급하게 되어 있었다. 그 액수는 부목사님 한 분의 사례비에 해당하는 금액이었다.

어느 날 나는 원로장로에게는 5백만 원, 그리고 은퇴장로에게는 2백만 원을 주도록 되어 있다는 말을 듣고 너무나 큰 충격을 받았다. 물질적으로 정신적으로 장로님들이 수고한 것으로 친다면 그보다 백배는 더 수고했다고 볼 수도 있을 것이다. 나중에 확인한 바로는 노회 안의 거의 모든 교회가 다 그렇게 한다는 것이다. 안타까운 것은 이런 식으로 남 하니까 나도 하는 식의 잘못된 관행이 교회 안에 너무나 많다는 것이다. 교회 안에 관행으로 굳어진 잘못된 폐단이 얼마나 많은지 모른다.

임직자들에게 돈을 받는 경우가 바로 대표적이다. 장로로 평생 교회를 위해 헌신한 것에 비하면 5백만 원, 2백만 원은 아무 것도 아니다. 그러니 은퇴할 때 일부를 돌려받으려고 하는 모양인가 보다. 이런 원로목사와 원로장로, 그리고 은퇴장로에 대한 예우 문제를 보면서 나는 모래성에 깃대를 꽂아 놓고 깃대를 쓰러뜨리지 않고 모래를 가져가는 게임이 생각이 났다. 마치 한국교회가 무너져 내리고 있는데 자기 몫을 챙기는 데만 급급한 모습으로 보인 것이다. 하나씩 하나씩 작대기에서 곶감 뽑아 먹는 듯하다고나 할까?

권사 2백, 안수집사 5백, 장로 천만 원 이런 식으로 임직자들에게 헌금을 일괄적으로 받는 관행은 여러 사람들이 피눈물을 흘리게 만드는 잘못된 관행이다. 임직에 감사하여 하나님 앞에 헌금을 하는 것은 좋은 것이다. 그런데 누구에게는 천만 원이 껌값일 수 있지만 누구에게는 그것이 피눈물이 나는 것일 수도 있다. 그러므로 이런 식의 일괄적인 헌금 강요는 반드시 척결되어야 할 악습이 아닐 수 없다.

나는 지금까지 11개의 교회를 경험하였다. 그중에서 교회 요람에 서리집사를 가나다 순이 아니라 소위 말하는 짠밥 순으로 싣고 있는 교회는 처음 경험하였다. 새로 부임한 목사 입장에서는 단순하다. 어느 집사님의 이름이 어디 붙어있는지를 알 수가 없다. 그래서 부임한 지 일 년이 지나 연말에 내년부터 교회 요람을 가나단 순으로 하겠다고 하니 장로님 한분이 격렬하게 반대하였다. 그 짠밥 순으로 나와 있는 요람을 보고 나중에 임직 투표해야 된다는 것이다.

나는 거기에 대해서 임직 투표할 어간에 별도의 인쇄물을 통해 교인들에게 제공해 주면 된다고 응수하였고 나는 한 번도 짠밥 순으로 되어 있는 교회 요람을 본 적이 없다고 말했다. 그러자 그 장로님 말씀이 자신은 가나다순으로 해서 늘 손해만 보았다는 것이다. 하나 한, 함, 홍이나 현씨 같은 경우는 가나다순으로 하면 늘상 맨 뒷부분에 그 이름이 있을 수밖에 없다는 하소연이었다. 그때 문득 내게 대학생 시절 재야인사명단에서 함석헌 선생이 맨 앞에 있고 맨 뒤에 가나다 역순이라고 적혀 있었던 것이 생각이 났다. 그래서 내가 제안했다. 그러면 한 해는 가나다순으로 그 다음해는 가나다 역순으로 하자고.

그 일을 통해 나는 한국교회 절반 정도가 요람을 가나다순이 아니라 교회 등록한지 오래된 순서로 한다는 사실을 알게 되었다. 그야말로 망하려고 작정을 하지 않고서야 어떻게 그럴 수 있을까 하는 생각이 들었는데 참담한 우리 개신교회의 현실을 확인하게 된 순간이었다. 당시 목회를 하던 동기 목사님들은 핵심적인 내용이 아니니 교회의 관례를 따라가라는 충고였고 학교에서 교수하시는 동료 목사님들은 잘못된 것이니 바꾸라는 충고를 해 주었다. 사실 요람을 가나다순으로 하는 것이 목숨 걸고 싸워야 할 복음의 핵심 진리는 아닐지 모른다. 하지만 그렇게 되면 교회는 세상을 향하여 존재한다는 근본 목적을 상실하게 되는 것은 아닐까?

김밥말이처럼 내향적으로 똘똘 뭉쳐서 아무도 그 안으로 들어오지 못하는 배타적인 집단은 교회에 맡기신 사명을 바르게 감당할 수 없을 것이다. 그런 김밥말이같은 집단은 옆구리가 좀 터질 필요가 있다.

복음주의 저술가 필립 얀시(Philip Yancey, 1949-)는 교회란 "자신의 일원이 아닌 사람들의 유익을 위해 존재하는, 세상에서 유일한 공동체"라는 영국 성공회 캔터베리 대주교 윌리엄 템플(William Temple, 1881-1944)의 말을 인용하면서 교회가 가지는 대사회적인 사명에 대하여 강하게 주장하고 있다.[6] 다음의 필립 얀시의 설명도 교회와 세상의 관계에 대한 좋은 통찰력을 제공해 준다.

> … 교회란 거름과 같다. 거름은 한 곳에 쌓아두면 이웃에 악취를 풍긴다. 그러나 땅에 골고루 뿌리면 세상을 비옥하게 한다. 나는 교회를 찾을 때면, 밖을 볼 줄 아는 교회를 찾는다. 밖을 바라보고 그쪽으로 손 내미는 행동이 교회의 성패를 가름하는 가장 중요한 요소라고 나는 믿는다.[7]

존 스토트는 오늘날 교회에 대한 그릇된 상 두 가지가 널리 유포되어 있다고 주장한다.

첫 번째 그릇된 상이 바로 **종교 클럽**(혹은 내향적인 기독교)이라고 비판하고 있다. 이런 맥락에서 존 스토트는 위에서 필립 얀시가 인용하고 있는 윌리엄 템플 대주교의 말을 인용하고 있다.

---

[6] 필립 얀시, 『교회: 나의 고민, 나의 사랑』, 윤종석 옮김 (서울: IVP, 2010), 48f.
[7] 필립 얀시, 『교회: 나의 고민, 나의 사랑』, 52f.

"그 대신에 교회는 안으로 자라는 발톱처럼 완전히 내향적이다."[8]

물론 성경에는 교인들 서로에 대한 책임을 지라는 구절이 있음도 사실이지만 교회의 최우선의 책임은 "하나님께 드리는 예배이고 세상 속에서의 선교다." 이와 관련하여 가장 일반적인 교회 구조에 있어서의 잘못은 교회 구조가 '세속성'보다는 '거룩성'을 위해, 그리고 선교보다는 예배와 교제를 위해 갖추어지는 것이라고 스토트는 주장하고 있다.[9] 다음의 스토트의 말은 매우 충격적이기까지 하다.

"우리의 정적이고 경직되고 자기 중심적인 [교회] 구조는 이단적인 교회론을 구체화하기 때문에 '이단적인 구조'이다."[10]

두 번째 그릇된 상은 종교 클럽에 대한 반대 극단으로 세속적인 선교(혹은 종교 없는 기독교)다. 스토트에 의하면 이러한 종교 없는 기독교란 개념은 균형을 상실한 지나친 반작용이다. 이러한 두 가지 잘못된 입장에 대해 스토트가 제시하는 것은 **교회의 이중 정체성(혹 성육신적 기독교)**이다.[11]

교회 안에서 서열의식이나 누가 높고 누가 낮고 하는 이런 부분들을 송두리째 무시할 수는 없을 것이다. 나이 드신 분을 존중하고 나보다 고참인 분을 우대하는 것이 나쁠 것은 없다. 바른 예의를 갖춘다는 차원에서는 얼마든지 미덕이 될 수도 있는 부분이다. 그런데 하나님의 영광은 차치하고라도 목숨보다 서열이나 자기 자존심을 더 귀하게 여기는 부분은 일종의 질병이다. 고침 받고 도려내어야 할 환부요 부끄러운 치부가 아닐 수 없다.

성찬식을 집례할 때 장로님들이 서열 순으로 서서 분병과 분잔을 받

---

8 존 스토트, 『살아 있는 교회』, 신현기 옮김 (서울: IVP, 2009), 60.
9 스토트, 『살아 있는 교회』, 64.
10 스토트, 『살아 있는 교회』, 65.
11 스토트, 『살아 있는 교회』, 61.

는다. 성찬식을 집례하는 나로서는 아무런 의식도 없이 분병이 끝난 후 성찬집기를 다시 받아 놓은 후 분잔을 서열 맨 아래 장로님부터 했다. 동선을 줄이자는 의도였다. 그랬더니 난리가 났다고 한다.

참 한심한 노릇이 아닐 수 없다. 마치 이것은 예수님께서 예루살렘에 십자가 지러 올라가시는 노중에서 제자들이 누가 크냐하는 문제로 다투고 있는 것과 다를 바 없다. 우리가 성경을 읽으면서 그 부분을 한심하게 여기는데 사실 제자들과 똑 같은 모습이 오늘 교회 안에서 되풀이 되고 있는 것이다.

내가 교회에 부임하였더니 주보 맨 앞면에 원로목사와 담임목사 이름 아래에 세 칸으로 분류되어 맨 왼쪽에 장로님들 명단이 있고 그 다음에 교역자들 명단 그리고 맨 오른쪽에 성가대 지휘자와 반주자 이름이 있어서 별 생각하지 않고 장로님들과 교역자들 위치를 바꾸었다. 그랬더니 일 년 정도 지난 시점에서 어느 장로님이 문제를 제기하였다. 법적으로 부교역자들은 당회에 의해서 고용된 직원들이다. 그러므로 당회원들이 먼저 나와야 된다는 것이다. 그래서 내가 설명했다. 장로님 말씀이 옳다. 하지만 설령 법적으로는 그것이 옳다고 하더라도 젊은 교역자들을 장로님들이 앞세우면 일반 교인들이 그것보고 장로님들 존경한다. 그랬더니 아무 말씀을 못하셨는데 나중에 들으니 그 장로님은 일 년 전 내가 장로님들과 교역자들 순서를 바꾸었을 때 우리 교회는 이제 망했다고 당회실에서 난리를 쳤었다고 한다.

나는 부목사님들도 목사 안수를 받았기 때문에 장로라고 생각하는 사람이다. 그렇기 때문에 당연히 부목사님들도 당회 참석은 교회마다 사정에 따라 다르겠지만 성찬식 때 분병분잔에 참여하는 것이 너무나 당연하다고 생각한다. 또 실제로 나는 부목사 시절에 한 번도 분병분잔 위원에서 제외되었던 적이 없었는데 그 교회는 30여 년 원로목사님이 목회하면서 한 번도 부목사들을 분병, 분잔을 시킨 경우가 없다고 한다. 나는 부목사 시절 장로님들의 말석에서 분병, 분잔을 받아 2층으로 달려가곤 했다. 1층 본당은 나이 드신 장로님들이 하시고 나 같은 젊은 사람들이 다리에 힘도 좋으니 2층으로 들고 뛰어 올라가 2층에 있는 교우들, 주로 청년들에게 분병, 분잔을 하곤 하였다.

한국교회 일부 교단의 예배당에는 윗 강단과 아랫 강단이 있다. 사실은 아랫 강단은 성찬식을 하는 성찬상인데 위 아래의 구분이 생겨서 담임목사와 장로님들은 윗 강단에 올라갈 수 있고 부목사와 안수집사님들은 아랫 강단에만 올라갈 수 있게 되어 있는 교회들이 있다. 매우 권위적이고 잘못된 관행이 아닐 수 없다. 사실 내가 부교역자 생활을 시작한 2년차였던 1990년에 새로 부임한 교회에서는 이미 그 시절에 올해부터 여 성도들도 윗 강단에 올라갈 수 있게 하겠다는 목회 방침을 연 초에 담임목사님이 발표하셨다. 그래서 어느 주일 오후 예배 시간에는 당시 집사님이셨던 우리들 교회 김양재 목사님께서 윗 강단에서 시편 1편을 본문으로 하여 QT에 대한 말씀을 전하셨던 기억이 있다.

"담임목사와 장로들만의 리그"가 되어서는 안된다. 사실 교회 안에는 인권사각지대가 너무 많다. 십자가의 길을 가겠다고 나선 것이니 그 정도 어려움쯤은 감수해야 하지 않느냐라고 말하면 할 말은 없다. 그러나 교회 바깥에 구제하고 선교하는 것도 중요하지만 부교역자들에 대한 처우개선은 시급하다 못해 절실하기까지 하다. 특별히 여교역자들의 노후에 대한 것은 어떻게든 범교단적인 대책을 세워야 하는 부분이 아닐 수 없다.

듣자니 장로교 통합측은 부교역자들까지 은급(恩給, 연금)을 실시하고 있다고 한다. 다소의 잡음이 있기도 하였지만 어떤 목사님의 설교 중에 하시는 말씀에 따르면 거의 100% 갖추어져 있다고 한다.

왜 보다 보수적인 교단들은 이런 부분을 생각조차 하지 못하고 있는 것일까?

큰 돈이 오가는 사업에 보수적인 교단에서는 늘상 문제가 생긴다고 한다. 얼마 전 학회에서 감리교 목사님을 만나 잠시 대화를 나눌 기회가 있었다. 아프리카 불어권에서 18년간 사역하시다가 3년 전 귀국하여 국내에서 목회하시는 분이었는데 언뜻 은급 문제가 생각이 나서 여쭤어보았더니 감리교회도 거의 완벽하게 잘 갖추어져 있어서 선교사들까지도 혜택을 받을 수 있다고 한다.

나는 이 은급 문제를 교단적인 차원에서 해결하는 것이 향후 개신교의 미래를 좌우할 아주 중요한 대책 중 하나라고 생각한다. 원로목사제도를 통해 개교회가 목회자의 은급 문제를 해결하면 담임목사 이외의 교역자들에 대한 노후 대책은 사각지대에 머물러 있을 수밖에 없다. 또한 대형교회가 아니고서야 원로목사의 노후 대책을 위해 교회는 재정적인 압박을 받게 되고 마땅히 해야 할 일을 할 수 없는 지경에 이르게 될 것이다. 교단에서 할 일이 많이 있겠지만 내가 생각할 때 그 어느 것보다 하루빨리 대책을 세워야할 부분이 바로 이 은급이라고 할 수 있다. 사실 교인이 천여 명 정도 모이는 교회는 원로목사님이 2분이 계셔도 별반 문제가 없다. 하지만 대부분의 한국교회들은 그렇지 못하다. 개교회에 맡겨둘 수 없는 문제요 이 부분을 해결하지 않으면 한국교회 개신교는 지금보다 더한 어려움에 봉착할 것은 불을 보듯 분명하다.

어떤 교수님과 이야기를 나누는 중에 목사들도 호봉제를 하면 어떠냐는 제안을 하셨는데 그렇게만 된다면 너무나 좋겠다는 생각을 해 본다. 목사가 호봉제에 따라 사례를 받고 은퇴해서는 교단에서 일괄적으로 지급되는 은급을 받으면 더할 나위 없이 좋으리라는 생각을 해 본다.

사실 가톨릭에서 그렇게 하고 있는 것 아닌가?

신부님들이 호봉에 따라 일괄적으로 사례를 받고 은퇴하면 은급을 받고 있어 노후에 문제가 없다. 우리 개신교회들은 너무 개교회에 이 부분을 무책임하게 내어 맡기고 있지는 않은지 돌아보게 된다. 물론 자그마한 군소교단이라면 어떻게 할 수 없을 것이다. 그러나 웬만한 규모를 갖춘 교단에서는 하루 속히 이 부분에 대한 대책을 세워야 한다.

목회를 시작한지 얼마 되지 않은 시점에서 어떤 장로님이 예배 시간을 지켜달라는 주문을 하셨다.

깜짝 놀란 내가 "무슨 소리냐? 예배 시간을 지켜 달라니 한 번도 예배 시간 어긴 적이 없는데. 예배 시간 10분 전에 준비찬양을 시작하는데 예배 시간을 지켜 달라니 무슨 말이냐" 물었더니 준비 찬양하다가 정각에 시작하지 못하니 준비 찬양하다가 시간이 거의 되었을 때에는 찬양을 중단하고 시계를 보고 있다가 정확하게 정각에 예배를 시작해야 한다는 것이다. 당회 중이었던 것으로 기억되는데 정말이지 나는 그날 장로님들과 목회 못하겠습니다라고 말하고는 그 자리에서 나와 버렸다. 물론 바로 다시 들어가 사과하고 그 문제에 대해 의견을 나누었지만 정말 말도 안 되는 억지를 부린다는 생각을 금할 수 없었다. 그래서 학교에서 기독교 세계관 시간에 내가 목회하는 교회에서 이런 어처구니 없는 일이 있었다 이야기했더니 학생 중에 어느 교회 목사님 사모라는 분이 교수님 그것 중요합니다라고 해서 내가 여기도 골통 하나 있네요라고 말했던 기억이 있다. 뭐가 그렇게 중요한가?

하나님과의 약속이라는 것이다.

아니 찬양을 통해 이미 예배가 시작된 것이지 준비 찬양 중에는 하나님 임재 안하시다 비로소 예배 시간 정각에 나타나시는 하나님인가?

준비 찬양을 하다가 조금 일찍 시작할 수도 있고 조금 늦을 수도 있는 것이지 정확하게 시간을 시키지 못하는 것을 문제 삼는다면 그야말로 그 교회는 소망이 없다. 뭐가 중요한지를 모르는 교회이기 때문이다. 이런 너무나 경직된 신앙의 모습은 조금 심한 말일 수도 있지만 영적인 바리새주의와 다를 바 없다.

화 있을진저 외식하는 서기관들과 바리새인들이여 너희가 박하와 회

> 향과 근채의 십일조는 드리되 율법의 더 중한 바 정의와 긍휼과 믿음
> 은 버렸도다 그러나 이것도 행하고 저것도 버리지 말아야 할지니라
> (마 23:23).

자그마한 비본질적인 것을 마치 대단한 것인양 부여잡고 있는 모습은 답답함을 넘어 보는 사람의 마음을 안타깝게 한다.

지금까지 내가 몸담고 있는 한국 개신교회의 안타까운 모습에 대해 이야기해 보았다. 한 마디로 이 땅에서 만나게 되는 개신교회의 모습은 마음 속으로 커다란 비애를 가지게 하기에 충분하다. 몇 년 전에는 몇 날 몇 시에 전쟁이 난다고 일부 목사님과 교인들이 대피소동을 벌였다고 한다. 나는 그 이야기를 듣고 정신이 나가도 보통 나간 사람들이 아니라는 생각을 했다. 교회 다니지 않는 사람보다 훨씬 못한 정도의 수준이니 민족을 선도하고 말고를 논할 수 없는 저열한 수준이라고 밖에는 말할 수 없을 것이다. 전쟁이 난다고 우리나라를 떠난다는 생각을 어떻게 신앙의 이름으로 자행할 수 있는지 이해가 되지 않았다.

설령 전쟁이 난다고 하더라도 그리스도인이라면 이 땅에서 다른 국민들과 함께 동고동락해야 마땅한 것 아닌가?

손양원 목사님은 6·25동란 때 공산당이 밀고 내려오니 피난가라는 교인들의 재촉을 만류하고 피난가기를 거부하셨다가 결국 순교하셨는데 그것이 바른 자세 아닌가?

아니 피난가는 것의 정당성을 폄하하고 싶지는 않다. 밀고 내려오는 공산당을 피해 피난갈 수도 있다. 그런데 다른 국민들은 다 놓아두고 해외로 도망가는 것은 내가 믿는 기독교 신앙으로는 정말 아니라고 생각한다. 일반 국민들이나 그리스도인인 우리 자신에게 비친 개신교회의 신임도 그것은 가톨릭에 비해 현저하게 낮다고 볼 수 있다. 장을 바꾸어 우리 눈에 비친 가톨릭교회에 대한 이야기를 해 보자.

2

가톨릭의 부러운 점

　얼마 전 동료 교수님의 사모님께서 폐암으로 1년여 투병 끝에 황망하게 하나님의 부르심을 받았다. 장례식장이 강남성모병원이었는데 무척 추운 날이었다. 차를 가지고 가라는 아내의 말도 있었지만 퇴근시간이기도 하고 아무래도 대중교통을 이용하는 것이 좋을 것 같아 버스를 타고 사당역에서 2호선 지하철을 타고 서초역에서 하차하여 다시 버스로 환승할 생각으로 집을 나섰다. 그런데 서초역에서 잠깐 생각을 잘못해서 7번 출구로 나가야 하는데 2번 출구로 나가게 되었다. 2번 출구로 나가니 사랑의교회 건물이 건너편 쪽에 환하게 보였다. 덕분에 웅장한 교회 건물을 감상할 수 있는 시간이었는데 추운 날씨에 기다리는 버스도 더디 와서 조금은 짜증스러운 시간이 이어졌다. 문득 내게 수정교회가 생각났다.

　미국에서 유학하던 시절 박사 과정을 밟고 있을 때 4년여의 시간을 LA 지역에서 생활하였다. 멀지 않은 곳에 로버트 슐러 (Robert Schuller, 1926–2015) 목사님의 수정교회가 있어서 봄과 겨울 부활절과 성탄절 때는 대형 연극이 상영되어 관람했던 기억이 있다. 예배당 안에 말이 들어오고 와이어를 통해 천사들이 예배당 꼭대기로 날아오르는 이른바 초대형의 볼거리였다. 관람료가 있었던 것으로 기억이 되는데 학교에서 지원을 해 주었던 것 같다.

미국의 지상파 공영방송 가운데 가장 유명한 방송사는 NBC와 ABC다. 로버트 슐러 목사님의 수정교회 예배 실황이 주일 아침에 ABC 전파를 타고 미국 전역에 방송이 되었던 시절이 있었다. 미국의 한인교회들 가운데 자체 건물이 없는 교회들은 미국인들 교회를 빌려 오후에 예배드리고 있기에 나도 여러 번 시청할 수 있었다. 어느 날은 조용기 목사님이 강사였는데 특유의 경상도 사투리 억양이 있는 영어발음으로 유창하게 설교하시는 것을 듣기도 하였다.

잘 알려진 것처럼 이 수정교회는 2011년 파산하여 지금은 가톨릭교회로 그 사용권이 넘어가 있다. 긍정적 사고의 사도로 알려진 로버트 슐러 목사님의 수정교회가 파산하게 된 직접적인 계기는 2008년의 서브프라임 모기지 사태로 인한 여파 때문인 것으로 알려져 있다. 5500만 달러의 부채를 견디지 못하고 파산하여 5750만 달러에 가톨릭 오렌지 카운티 교구에 매각되었는데 가톨릭 예전을 위한 리모델링을 거쳐 2017년에 그리스도 성당(Christ Cathedral)이라는 이름으로 헌당하여 개장한다고 한다. 언론에 보도된 것으로 보면 2006년 아들에게 담임목사직을 물려준 이후 부자 간 그리고 남매 간 불화로 세간의 논란을 낳았고 서브프라임이라는 경기 불황이 겹치면서 파산하기에 이른 것이다.

웅장한 사랑의교회 건물을 도로 맞은 편에서 추위에 떨며 바라보던 나에게 로버트 슐러 목사님의 수정교회에 대한 이야기가 떠오른 것은 어째서 일까?

결국 개신교는 가톨릭을 당할 수 없는 것 아닌가?

개신교는 한 사람 특별히 담임목사에 대한 의존도가 매우 높다. 그 목사님이 까딱 잘못되는 날이면 그냥 무너져 내린다. 로버트 슐러라고 하는 걸출한 인물이 시작한 프로젝트였지만 그는 자신이 시작하여 일구어 놓은 수정교회가 팔리는 것을 보고 쓸쓸하게 2015년 눈을 감았다. 수정교회하면 로버트 슐러요 로버트 슐러하면 수정교회였다. 수정교회도 가고 로버트 슐러도 역사의 뒤안길로 사라졌다. 그의 아들, 그의 딸, 그리고 지금은 축소된 사역이기는 하지만 손자가 로버트 슐러 목사님의 사역을 이어가고 있다고 한다.

이에 비해 가톨릭은 훨씬 안정적이다. 개신교는 한 시대 걸출한 한 두 사람에 의해 세워졌던 사역이 연속성을 가지지 못하고 붕괴되어 버리는 경우가 허다하다. 우리나라에서도 개신 교회가 예배당 건물을 짓다 파산하게 되는 경우 가톨릭교회가 인수하는 경우가 적잖이 있었다고 한다. 물론 요즈음은 이단들이 워낙 극성을 부려 큰 교회가 부도나면 장길자의 하나님의 교회에서 매입하고 작은 교회가 넘어가면 이만희의 신천지가 매입한다는 말까지 나돌 정도여서 가톨릭교회로 개신 교회 건물이 넘어가는 경우는 많지 않아 보인다.

개신교인들은 16세기 가톨릭에 대해 반기를 들었던 종교개혁의 후예들이다. 그런 면에서 보면 개신교 입장에서 가톨릭에 대해 호의적으로 말하는 것은 스스로의 발등을 찍는 것과도 같이 느껴질 수가 있다. 어떤 면에서는 내가 경험하지 않은 이야기이기에 남의 떡이 더 커보이는 착시현상이라고 생각하면 좋겠다. 개신교인의 입장에서 바라본 개신교와 비교되는 가톨릭의 부러운 점에 대해 잠시 생각해 본다.

1. 분란이 없다

천호동에 있는 만여 명의 교세를 가진 교회가 후임 목사와 원로목사 측의 10여 년 동안의 분쟁 끝에 마침내 해결의 실마리를 찾았다고 한다. 그나마 다행스러운 일이 아닐 수 없다. 하지만 또 다른 천호동에 있는 교회는 여전히 분쟁 중에 있다고 한다. 마찬가지로 원로목사와 후임 목사의 불화로 촉발된 분쟁은 그리스도의 몸이 쪼개지고 나뉘어지는 분열의 아픔을 겪고 나서야 겨우 마무리되곤 한다.

이 땅의 많은 교회들이 내홍을 겪고 있다. 사실 목회자가 전횡을 휘두르고 독불장군처럼 일사분란하게 교회를 인도해 나가는 것이 꼭 좋은 것만은 아니다. 반대도 있고 다양한 의견 개진이 있는 것은 좋은 것이다. 그런데 교회 구성원 백 사람이 백 가지 목소리를 내어서는 구원의 방주라고 하는 이 배가 산으로 갈 수 밖에 없다. 방주 바깥에 죽어가는 사람들을 구원해야 되는데 방주 안에서 내가 옳으니 네가 옳으니 매일 싸우고만 있다면 그것처럼 큰 문제도 없을 것이다.

조금 과장해서 말하자면 교회마다 분란이 없는 교회가 없다. 개신교회의 부끄러운 모습이 아닐 수 없다. 하지만 우리 주변에 가톨릭교회가 분란이 있다는 말은 들어본 적이 없다. 일단 분란이 나면 교회의 전도문은 막혀버리고 만다. 내막이 어떨지는 모르지만 개신교인인 나에게 가톨릭교회는 분란에 관한 한 청정지역처럼 보인다. 성직자와 평신도의 엄격한 위계 질서가 존재하기 때문일 수도 있고 성직자들 안에 층층이 위계 질서가 존재하기 때문일 수도 있다. 어쨌든 분란이 없다는 것은 개신교인에게는 가톨릭의 부러운 점이 아닐 수 없다.

2. 이단이 없다

2014년 4월 17일은 우리 국민들 모두가 안타까운 마음으로 발을 동동 구르다가 마침내는 오열을 뿜어내었던 하루였다. 상상력이 풍부하지 않은 사람이라 하더라도 침몰하는 배에서 안타깝게 죽어간 어린 학생들을 생각하면 가슴을 도려내는 듯한 아픔을 느끼지 않을 수 없었고 오랜 시간 가슴에 먹먹함을 간직할 수밖에 없었다. 그래서 곳곳에 마련된 분향소마다 끝도 없는 기다란 행렬이 이어졌다. 그런데 며칠 지나지 않아서 침몰한 그 페리호의 소유주가 구원파 이단이란 소식이 전해졌다. 그 때 내게 든 생각은 기독교인들이 이 책임을 구원파 이단으로 몰아가는 일을 해서는 안 되는데 라는 것이었다. 왜냐하면 일반 불신자들 입장에서는 이단이나 정통교회나 다 기독교인들로 보지 '아 거기는 이단이니까 정통기독교와는 아무 관계가 없데'라고 보아주지는 않기 때문이다.

마치 구원파의 이단적인 교리가 잘못되어서 그런 일을 했다는 식으로 비약하고 오버하는 그리스도인들에게 나는 우리도 별반 구원파와 다르지 않다라고 반문하곤 했다. 함부로 욕하지 말라는 것이다. 우리라고 해서 뭐 대단하게 구원 받은 백성답게 살았다고 자신할 수 없는 처지라면 함부로 판단하고 책임을 전가하기 보다는 말을 아끼는 것이 좋지 않을까라는 생각이 들었던 것이다. 안타깝게도 이런 나의 우려는 고스란히 현실이 되어 기독교 그 중에서도 개신교회에 부메랑이 되어 돌아왔다. 가뜩이나 어려운 한국교회의 현실을 더 어렵게 만드는 꼴이 되고 말았던 것이다.

가톨릭에는 이단이 존재하지 않는다. 이 땅에 존재하는 이단들은 모두가 다 개신교 계열의 이단이라고 할 수 있다. 그래서 이단들의 주된 타겟도 개신교회이다.

"이단을 어찌 하오리까?"

이런 탄식이 절로 나게 된다. 더욱이 안타까운 것은 교회에서 열심내는 성도들을 경계의 눈초리로 바라보지 않을 수 없게 된 것은 이 시대 이단이 개신교회에 가져다 준 가장 큰 재앙 중의 하나가 아닐 수 없다.

이런 시대에 개신교회는 어떻게 해야 할까?

한 가지 분명한 것은 공권력의 힘을 빌어 어떻게 해 보려는 유혹에 넘어가서는 안된다는 것이다.

나는 장로교 목사다. 장로교 목사로서 나는 침례교를 비롯한 회중교회 정치제도가 가지고 있는 약점 중 하나는 이단에 효과적으로 대처할 수 없다고 생각한다. 왜냐하면 개교회의 회중에게 권한이 주어져 있기 때문에 그릇된 가르침에 대해서 어떻게 할 수가 없기 때문이다. 그래서 이단들이 출현하면 많은 경우 침례교 간판을 걸게 된다. 그런데 장로교 정치제도에도 많은 문제가 있지만 그나마 이단에 대한 대처라는 측면에서는 효과적이라는 내 생각과는 반대로 웨인 그루뎀은 "장로교 정치제도를 가진 교리적으로 확고한 교단이 지역교회의 교리적 탈선을 막아줄 수 있는 경우도 있지만, 실제로는 그 반대인 경우가 종종 있다. 장로교 교단 총회가 잘못된 교리를 채택하고는 그것을 지역교회에 강요하기도 하기 때문이다"라고 주장하고 있다.[1] 그럴 수도 있겠다는 생각이 들었다.

최근 미국의 장로교단(PCUSA)에서 동성애를 합법화하는 주장이 교단 총회에서 통과된 경우가 바로 그 실제적인 예가 될 수 있을 것이다. 이 점을 좀더 밀고 나가면 가톨릭에 이단이 없고 이단에 효과적으로 대처할 수 있다는 장점이 집단적으로 잘못 나갈 가능성에 대해 열려있는 것으로 볼 수도 있다. 실제 19세기 가톨릭은 그런 방향으로 많이 나갔던 선례가 없지 않다.

3. 영성이 보존되어 있다

공지영의 『수도원 기행』을 15년 전에 읽고 이 글을 쓰면서 다시 읽어 보았다. 사람의 기억력이라고 하는 것이 참 보잘 것 없어서 읽기는 분명 읽었을텐데 어찌나 생소하게 느껴지는지 덕분에 또 다른 은혜를 받았다. 공지영 작가는 18년 만에 가톨릭 신앙을 회복한 사람이다. 미국의 언니

---

[1] 웨인 그루뎀, 『조직신학 하』, 노진준 옮김 (서울: 도서출판은성, 2009), 131.

가 소개해 준 개신교 목사님과 국제전화를 통해 상담하였고 원래 자신의 신앙이었던 가톨릭으로 귀의하였다.

책의 앞부분에 이런 내용들이 나온다. 봉쇄수도원에 들어가 세상을 향해 문을 닫아건 수녀님들의 얼굴이 너무나 행복해 보이는 데 복권에 당첨된 이모를 둔 조카의 얼굴과 같더란다. 그 중 개신교 찬양 공동체인 떼제 공동체에 대한 것은 신학교 시절 알고 있는 공동체였다. 프랑스에서 스위스로 독일에 이르는 여러 수도원을 방문하는 내용이었다.

종교개혁을 통해 개신교는 가톨릭 영성의 너무나 많은 부분을 내어버렸다는 비판이 있다. 우리나라에서도 수도원 비슷한 분위기를 느껴볼 수 있는 개신교 시설은 강원도 태백에 있는 예수원이 유일하다고 할 수 있다. 지금은 사람들에게 많이 알려져 예약이 없이는 방문이 불가능하다고 한다.

나는 청년 시절 예수원을 몇 번 방문했던 기억이 있다. 당시 토레이 신부님의 설교에 큰 은혜를 받고 그분의 우리나라 말 구사에 혀를 내둘렀던 기억이 있다. 신학교에 입학했을 때 첫 학기에 초대교회사 강의를 듣는데 우리나라 현실과 관련된 아무 것이나 된다고 교수님께서 말씀하셔서 "예수원 소고"란 논문을 썼다. 그 논문에서는 "더불어 함께"라는 예수원의 회보도 참조했던 것으로 기억한다. 여러 번 방문한 것과 함께 예수원 설립 정신에 대해 다시 한 번 돌아보는 귀한 시간이 되었다. 이후에 청년부를 지도하며 리더들을 데리고 몇 차례 예수원을 방문했던 기억이 있다. 하루 세 번의 기도, 오전 오후의 노동 시간, 저녁 시간의 집회, 특별히 목요일 저녁의 은사집회는 내게 소중한 추억으로 남아 있다.

이런 예수원과 함께 가톨릭의 수도원을 흉내 내어 광림수도원 같은 시설들이 있기는 하지만 전체적으로는 우리 개신교의 기도원은 가톨릭의 수도원에 비해 조금 요란하고 시끄럽다는 느낌을 지울 수 없다. 물론 어려운 시절 기도원에서 수많은 사람들이 치유의 은혜와 능력을 경험한 것에 대해서는 아무도 함부로 폄하할 수 없을 것이다.

　20년 전 어느 선교단체에서 광림수도원에서 여름 수련회를 개최하였는데 너무나 시설이 좋아서 대자보가 붙었다는 말을 들은 적이 있다. 조금은 열악한 곳이라야 은혜를 받을 수 있다는 것이 이전 세대의 정신이었다면 지금은 정반대의 상황이다. 세태가 변하고 있는 것이다. 기본적으로 광림수도원 정도의 시설이 되어야 다른 불만이 생겨나지 않고 은혜도 받게 된다. 시설을 떠나 예수원과 같은 더 많은 개신교 수도원이 있었으면 하는 바램을 가져 본다.

4. 교구제도를 통해 불필요한 경쟁하지 않는다

　가톨릭은 단일한 조직으로 다른 지역으로 이사를 가면 자연히 그 지역의 성당으로 나가야 한다. 그러니 성당끼리의 경쟁이라는 것은 있을 수가 없다. 내가 주로 본 성당은 세 곳이다. 집에서 학교에 출퇴근하며 버스에서 늘상 보는 과천성당, 그리고 학교 근처에 있는 방배성당, 그리고 목회하던 지역에 있던 천호동성당이 그곳이다.

　사실 교회끼리의 경쟁이라고 하는 것이 꼭 나쁜 것만은 아니다. 경쟁이 없다보면 안일함에 빠지고 타성에 젖게 되기도 한다. 그런 면에서는 어느 정도 경쟁이 있는 것이 좋을 수도 있다. 사람들 사이의 경쟁심이라고 하는 것은 일의 효용성이라고 하는 것을 높여주는 것이 사실이다.

　또한 교구제도를 통하여 지역의 성당을 출석하게 하는 것이 꼭 좋은 것만은 아니다. 그 사람의 영적인 상태를 따라서는 먼 지역이지만 그 교회를 나가는 것이 좋을 수도 있다. 내가 영향을 받은 네비게이토 선교회 같은 곳에서는 대전에 있는 사람인데 서울에 올라오게 하는 경우도 있다고 한다. 대전에도 네비게이토가 있지만 그 사람의 영적인 상태에 따라

서울에서의 모임에 참석하게 하는 것이다.

열왕기와 역대기에 보면 남유다의 종교적인 고질병은 산당이다. 이 산당은 다윗 때까지는 합법이었지만 솔로몬 성전이라고 하는 중앙성소가 세워진 다음에는 불법이 되고 만다. 북이스라엘의 종교적인 고질병은 바알 숭배였다. 북왕국 이스라엘은 출발부터 이단 정권이었기에 어쩔 수 없었다 치더라도 남쪽 유다가 이 산당 예배의 잘못을 쉽사리 벗지 못한 것은 참 안타까운 일이 아닐 수 없다.

왜 그랬을까?

그 이유 중에 하나는 소위 말하는 효율과 편리성을 추구하는 인간의 마음 때문이었을 것이다. 먼 예루살렘까지 갈 것 있느냐라는 편리함의 논리는 꽤나 설득력이 있어서 산당 예배가 근절되지 않게 하는 주된 원인으로 작용했을 것이다.

그런 면에서 가까운 교회에 출석하는 것은 선이고 먼 교회에 출석하는 것은 악이라는 단순 이분법은 성립하지 않을 것이다. 교회끼리의 경쟁이 다 나쁜 것이고 경쟁이 없는 것이 다 좋은 것만은 아닐 것이다.

하지만 서울 강남에 있는 교회에 제주도 교구가 있는 것은 지나친 것 아닐까?

같은 개신교회끼리 교인들을 유치하기 위한 경쟁을 벌이는 것은 지나친 것 아닐까?

평택에서 목회하시던 어떤 목사님께 들은 이야기다. 새로운 아파트 단지가 들어서면 보통 여러 교회들이 앞다투어 새신자 유치 경쟁을 벌이게 되는데 500명 이상 되는 교회들은 작은 교회들에 양보하고 노방전도 하지 말자고 의견일치를 보았었다고 한다. 참 좋은 모범적인 사례가 아닐 수 없다.

보통 사람들의 눈에 비친 개신교인들의 모습은 열심이 특심하다는 것이다. 거기에 비해 가톨릭 신자들은 점잖다. 개신교인들은 피차 경쟁하며 열심을 품고 주님을 섬긴다. 좋은 면이 아주 없는 것은 아니다. 개신교인들에 비해 가톨릭 신자들은 열심면에서 떨어져 보인다. 하지만 개신교인들의 열심은 너무 지나치다 못해 보는 사람의 눈살을 찌푸릴 정도까지 가고 있지는 않은지 돌아보게 된다.

5. 평신도들 사이에서는 평등하다

일반적으로 가톨릭에 대한 비판 가운데 한 가지는 성직자들의 위계질서이다. 교황을 정점으로 일단의 추기경들 그리고 대주교들과 주교들, 층층이 상하위계 질서로 엮여 있는 것이 가톨릭이라는 것이다. 글쎄 이것은 맞는 이야기일 것이다. 가르치는 교회인 성직자와 가르침을 받는 평신도를 엄격히 구별하는 성직자주 또한 가톨릭에 대한 비판 사항 중의 하나일 것이다.

벌써 30여 년이 지난 오래 전의 일이다. 출석하고 있던 교회의 여전도사님의 먼 친척분이 충청북도 어느 산골에 사시던 가톨릭 신자여서 그분의 장례식에 참석했던 기억이 있다. 관을 예배당에 들여놓고 장례 예배를 드리는데 그것도 일단은 보기 좋았다. 우리 개신교인들의 장례 예배는 교회와는 무관하게 집이나 장례식장에서 바로 발인을 하는데 가톨릭에서는 성당에 와서 발인예배를 드리는데 아무래도 집이나 장례식장보다는 더 엄숙하고 장중한 장례식 예배가 가능한 것 같이 보였던 것이다. 그리고 발인하여 장지까지 버스를 타고 이동하는데 가톨릭 신자들은 기도문을 낭독하며 한 시간 가량 떨어져 있는 장례식장에 거뜬히 (?) 도착하였다. 보통 우리 개신교인들은 처음에는 찬송가를 힘차게 부르다가 나중에는 지쳐서 (?) 잠이 들곤 하는데 가톨릭의 망자를 위한 기도문은 온갖 성인들의 이름을 불려대며 별 힘들이지 않고도 장지에 도착하는 것을 가능하게 하였다. 또 한 가지 특이했던 것은 신부님들이 장지에는 안 따라오는 것이었다. 우리 개신교회에서는 목회자가 장지에 따라 가지 않는다는 것은 생각도 할 수 없는 일이지만 어떻게 된 영문인지는 몰라도 그날 장례식은 그랬다. 신부님 대신에 우리 개신교회에서 장로님격이라 할 수 있는 나이 지긋한 평신도 회장이신 남자 성도님이 예식서에 있는 대로 하관예배를 집례하는 것이 전부였다.

그때 내 눈에 참 특이하게 보였던 한 가지는 가톨릭 신자들이 서로를 향해 형제님 자매님이라고 부르는 모습이었는데 마치 우리 개신교회 청년부 모습과도 같아 보였다. 일반적으로 성직자와 평신도를 엄격히 구별하고 성직자들 사이에서의 위계질서를 강조하는 것이 가톨릭이 비판을 받는 점이라고 한다면 적어도 그날 내가 경험한 가톨릭은 평신도들 사이에서는 모든 호칭이 형제와 자매로 통일되어 있어서 평등하다는 것이었다. 우리는 장로님 권사님 집사님이라는 어떤 면에서 계급의 높낮이를 상징하는 듯한 호칭으로 서로를 부르고 구별한다면 가톨릭은 적어도 평신도들 사이에서는 모두가 형제요 자매라는 점에서 참 평등한 듯 보였다. 도리어 만인제사장을 주장하는 개신교회 안에 평신도 사이에서의 구분이 존재하는 것이다.

개신교회에서 장로와 안수집사 그리고 권사를 뽑아 세우는 직분자 선출과 임직 과정에 많은 문제가 있음은 주지의 사실이다. 사실 오늘날 개신교회의 문제 중 한 가지는 직분자 선출과 관련이 있다. 한 마디로 교회 안의 직분에 대한 바른 이해가 없는 직분자들을 뽑아 세우는데서 많은 문제들이 발생하고 있다. 교회 안의 직분을 마치 벼슬하는 것처럼 생각하고 있는 한은 개신교회 안의 문제는 그치지 않을 것이다.

특별히 한국교회 가운데 장로교회는 장로들 때문에 망한다는 말이 있을 정도로 장로제도에 많은 폐단이 있음에도 불구하고 거의 모든 개신교회에서 장로들을 뽑아 세우고 있다. 심지어는 장로가 없는 침례교회에서도 안수집사를 장로라고 부르는 관행이 도입이 되고 있다고 한다. 교회 일각에서 이런 장로제도의 폐단에 대한 보완책으로 사역장로니 목양장로니 하는 말이 등장하고 있는데 이는 바람직한 현상이라고 할 수 있다.

보통 교회 봉사 열심히 하던 분들이 안수집사를 거쳐 장로로 선출이 되는데 장로로 선출이 된 다음에는 교회 봉사는 하지 않고 당회원으로 당회에 참석하여 회의만 하느라 세월을 보내게 된다. 결국 그 심령이 황폐화될 수밖에 없는 것이다. 역시 장로라고 할 수 있는 목사는 말씀 사역을 하니까 그래도 아쉬운 대로 영적인 면에서의 성장이라고 하는 것이 있을 수 있지만 장로님들 경우에는 개인적으로 노력하지 않으면 영적 성장을 기대하기가 매우 어려운 구조임을 알 수 있다.

친구 목사님 중 한 분은 교회를 개척하던 초창기부터 장로님들에게 의무적으로 일 년을 개척교회에 나갔다 오라고 내규에 명시했다고 한다. 말 그대로 개척교회에서야 당회에서 감나와라 배나와라 할 처지가 아니라 발로 뛰어야 하고 영혼을 돌보는 목양에 흠뻑 빠져들 수 있는 환경이기에 그런 경험을 통해 장로님들의 영적 수준이 향상이 되고 장로직분에 대한 바른 이해가 생긴다는 것인데 참 지혜로운 혜안이 아닐 수 없다.

이 교회는 안산동산교회에서 분립 개척한 교회인데 그 본보기를 따라 얼마 전 자체적으로 한 교회를 부목사님 중 한 분을 세워 분립 개척하였는데 그 개척교회를 따라가신 장로님은 1년이 지났는데 돌아올 생각이 없다고 통보하셔서 다시 장로를 뽑아 세워야 할 것 같다고 한다. 정말 건강한 장로직의 본보기를 보여 주고 있지 않은가 생각한다. 아닌 말로 개척교회를 따라 나가신 장로님은 그 교회에 남아 계셨으면 주인행세를 하며 목회에 걸림돌이 될 수도 있는 상황이었을지 모른다. 그런데 개척교회에 나가 함께 교회를 세워가는 일에 헌신하다 보니 에헴하고 어른 노릇하는 것보다 더 큰 영적인 재미를 본 것이다. 아마도 장로제도의 개선과 관련해서는 보다 진지한 토론이 필요하리라 생각한다.

6. 교리적인 폭이 넓다

사실 나는 자연과학과 신학의 관계 문제에 많은 관심을 기울이고 있는 신학자이다. 내가 자연과학과 신학 또는 기독교 신앙의 관계 문제에 관심을 가지게 된 것은 대학 4학년 때부터인 것 같다. 당시 철학과 학생이었던 나는 과학 철학이라는 과목을 수강하게 되었는데 교재는 칼 헴펠의 『자연과학의 철학』[2]이었다. 5공 시절 해직교수였던 교수님이 처음으로 복직하셔서 그 과목을 가르치고 있었다. 나중에 안 일이지만 집안이 기독교 신앙을 배경으로 한 교수님이었는데 뭐랄까 호기어린 모습으로 "뭐든지 다 물어봐라. 나 다 안다. 신학도 물어보라"고 말한 것을 어렴풋한 기억 속에 기억하고 있다.

지금 생각해 보아도 왜 신학도 물어보라고 했는지는 이해가 가지 않는다. 내 기억 속에 왜곡이 되어 저장이 되었는지는 모르지만 어쨌거나 그 수업은 대학 졸업 이후에 목회자가 되기 위해 신학교에 진학해 신학을 공부하려던 내게는 전체적으로는 매우 반신앙적이요 반기독교적인 수업으로 기억된다. 그런데 의외로 나는 그 수업 시간에 교실 한켠에서 쾌재를 불렀던 기억이 아직도 생생하다. 과학철학에서 말하는 과학의 논리적인 근거라고 하는 것이 의외로 허약하다는 것이었는데 이 사실을 교회 다니는 교인들이 알았으면 하는 소원을 마음에 가지게 되었다.

물론 이런 마음의 소원은 신학을 공부하며 도리어 퇴색되었고 국내에서 목회학 수업을 마치고 신학석사 공부를 위해 미국으로 유학 가서도 국내에서와 마찬가지로 별반 연결점을 찾지 못했다. 그저 대학 4학년 철학과 학생으로 한때 가져본 그래서 마음 한켠에 스쳐지나간 생각 정도로 머

---

[2] C. G. 헴펠, 『자연 과학 철학』, 곽강제 옮김 (서울: 서광사, 2010).

물러 있었다. 그러다가 박사 과정 공부를 위해 풀러신학교에 갔을 때 낸시 머피(Nancey Murphy)라는 철학자를 만나게 되었고 내가 대학 4학년 때 느꼈던 소회를 매우 비슷한 방식으로 소개하고 있는 것을 접할 수 있었다.

이 만남은 전공을 아예 조직신학에서 과학과 신학의 관계 문제로 바꿀 것인지에 대한 고민으로 이어졌고 결국 조직신학 논문을 쓰면서 한 장을 낸시 머피의 주장에 할애하는 것으로 절충을 보게 되었다.[3] 아무래도 자연과학을 전공하지 않은 입장에서 본격적으로 그 문제만을 다룬 논문을 쓰기에는 다소 무리가 있다는 판단 때문이었을 것이다.

이후에 알리스터 맥그래스(Alister E. McGrath, 1953-)라는 신학자의 전기적 내용을 살피는 가운데 원래 무신론자였던 맥그래스가 과학사와 과학철학을 공부하면서 자신이 가지고 있던 무신론의 지적인 토대가 의외로 허약함을 발견하게 되었고 그것이 계기가 되어 기독교로 개종하게 되었다는 사실을 알게 되었는데 이 부분에 대해 나로서는 충분히 공감이 되고도 남음이 있었다. 물론 과학철학을 공부한다고 무신론자들이 전부 유신론자로 개종하는 것은 아닐지 모르지만 적어도 함부로 기독교 신앙을 폄하하지는 않게 될 것 같은 기대를 나는 가지고 있다.

실제로 리차드 도킨스(Richard Dawkins, 1941-)나 스티븐 호킹(Steven Hawking, 1942-) 같은 무신론적 성향의 과학자들은 과학철학을 싫어한다. 왜냐하면 과학철학이란 잘 나가는 과학에 딴지를 거는 것이라고 그들은 보기 때문이다.

나는 창세기 1장 1절에 기록된 대로 하나님에 의한 이 세상의 창조를 믿는 사람이지만 소위 말하는 "창조과학" 또는 "과학적 창조론"에 대한

---

[3] 그 내용을 간략하게 소개한 것이 졸고, "자연과학과 신학의 대화를 시도한 하나님의 행동에 관한 세 가지 견해," 「한국개혁신학」 18권 (2005), 311-336이다.

비판자이다. 이상하게도 신학을 공부하지 않은 뭘 모를 때도 나에게는 창조과학은 아니다라는 생각이 있었다. 물론 창조과학을 본격적으로 공부해 본 적은 없다. 그저 요 근래에 대중적으로 출판된 책들을 몇 권 읽은 정도라고 할 수 있다. 창조과학을 주장하는 책을 읽을 때 나는 은혜(?)를 받곤 한다. 그리고는 절반 정도는 맞는 주장이지만 절반 정도는 책임질 수 없는 주장을 하는 것을 보면서 꿩 잡는 게 매라는 속담을 떠올리곤 한다. 종말론으로 말하자면 세대주의자들의 소설과도 같은 주장이 그 사실 여부를 떠나 대중적인 호소력을 지니는 것과 비슷한 상황이 창조과학에 대해서도 일선 한국교회에서 반복되고 있는 것은 아닌가 하는 우려를 금할 수 없다.

소위 창조과학에 필이 꽂힌 사람들은 매우 독선적이고 공격적이다. 그 이유는 창조과학의 입장은 창조와 진화에 대한 가장 극우적이고 보수적인 견해이기 때문에 이 입장을 수용하는 사람들은 자신들과 다른 주장을 하는 사람들에 대해서는 조금도 용납하려 하지 않기 때문일 것이다. 즉 자신들과 다른 입장의 사람들을 일정 부분 진화론과 타협한 사람들이라고 매도하는 것이 창조과학을 신종하는 사람들의 일반적인 성향이라 할 수 있을 것이다.

창조과학과 관련하여 새로운 대안으로 등장한 것이 미국을 중심으로 한 지적 설계(Intelligent Design) 이론이다. 한때 나는 지적 설계를 지지하는 입장을 표명한 바 있는데 이후에 설계 이론을 버리게 되었고 지금은 밀라드 에릭슨(Millard Erickson, 1932–)의 점진적 창조론(progressive creationism)에 동의하는 입장이다. 이 입장은 한 마디로 오래된 지구론의 입장에 서서 소진화는 받아들이지만 대진화는 거부하는 입장이라고 할 수 있다.

보통 보수적인 신학자 중에 벤자민 워필드(Benjamin B. Warfield, 1851–1921)는 유신진화론을 수용한 사람으로 알려져 있다. 진화를 하나님의 계속적인 창조인 섭리로 이해할 수도 있다는 입장을 취했던 것이다. 심지어는 박형룡 박사의 입장도 일차적으로는 진화론에 대해 반대하고 비판하는 입장이면서도 진화론이 과학적으로 입증이 된다면 차선책으로 강구할 수 있는 선택지가 유신진화론임을 주장하고 있다고 한다. 『하나님을 아는 지식』(Knowing God)이라는 책으로 유명한 제임스 패커(James I. Packer, 1926–)는 워필드의 입장을 소개하며 자신이 보기에 창세기 1장의 주해로부터 진화론에 대한 명시적인 반대를 추론해 내기에는 여러 가지 어려움이 있음을 주장하고 있다.

희망의 신학자로 알려져 있는 위르겐 몰트만(Jürgen Moltmann, 1926–)은 유신진화론을 주장하는 것으로 알려져 있다. 그런데 어떤 문맥에서 몰트만은 아주 강하게 진화론을 비판한다. 예의 자신의 관심사인 종말론과 소외된 자들에 대한 관심으로 인해 하나님의 종말론적인 비전 가운데 진화의 쓰레기통에 버려진 수많은 영혼들이 회복될 것을 바라보고 있는 것이다.

그렇다면 몰트만의 유신진화론은 그렇게 까지 심각하지 않다고 볼 수 있지 않을까?

지금 우리나라에서 유신진화론을 소리 높여 외치는 사람은 서울대 물리천문학부의 우종학 교수이다. 내가 알기에 우종학 교수는 복음주의적인 그리스도인이다. 기독학생회(IVF)에서 오래도록 훈련 받은 사람이요 복음적인 신앙을 소유한 사람이다. 그가 쓴『무신론 기자, 크리스천 과학자에게 따지다』는 대학생이 되면서 교회를 떠나 기독교 신앙을 버리게 된 과학 잡지사의 무신론 기자가 지금은 모 대학의 과학교수가 되어 있는 자신의 유년주일학교 시절의 교회학교 은사를 인터뷰하는 가운데 차츰 기독교 신앙을 회복하게 된다는 설정을 가지고 쓰여졌다. 얼마 전 국민일보에 쓴 기사에서는 진화는 과학적 사실이니 인정해야 하지만 진화론이나 진화주의에 대해서는 반대하는 입장임을 주장하고 있다.

인간게놈프로젝트(Human Genome Project)의 미국 정부쪽 책임자였던 프란시스 콜린스(Francis Collins, 1950-)도 유신진화론자로 알려져 있다. 의학을 전공한 무신론자였던 콜린스가 그리스도인이 된 것은 어느 할머니 환자의 전도를 통해서 였다고 한다. 물론 콜린스는 그리스도인이 된 다음에도 진화론을 버리지 않고 있다. 그러면서도 그는 복음적인 신자로 알려져 있다.

그래서 나는 개인적으로 유신진화론을 지지하지는 않지만 우종학 교수나 프란시스 콜린스의 입장에 대해서는 무조건 틀렸다고 비판만하지 말고 그들의 입장을 복음주의권에서 진지하게 검토할 필요가 있다는 주장을 하는 사람이다. 이런 나의 입장은 라브리 공동체의 설립자인 프란시스 쉐퍼(Francis Schaeffer, 1912-1984)의 입장이기도 하다. 먼저 쉐퍼는 진화론을 다음과 같이 비판하고 있다.

> 첫째로, 비록 내가 이전의 나처럼 아직도 불가지론자라고 하더라도, 나는 소립자로부터 인간에 이르는 연속적인 진화의 개념을 인정하지 않았다는 것이다…. 적자생존의 원리로서 처음에 등장한 다윈주의와 신다윈주의는 철학적 문제뿐 아니라 방법론적 및 통계학적 문제가 있음을 보여 주었다. 그리고 환원주의를 기초로 최후의 해명을 시도하는 것은 이제 크게 사라지고 있다. 시간과 우연의 기초 위에서 소립자로부터 인간에 이르는 과정으로의 연속적 진화 개념은 현대의 합리주의적 인간에 의해 견지된 신념적 입장에 불과하다고 내게는 생각된다.[4]

---

[4] 프란시스 쉐퍼, "최후의 갈등은 없다," 『기독교 성경관』, 문석호 옮김 (프란시스 쉐퍼 전집 2) (고양: 크리스천다이제스트, 2007), 160.

하지만 '성경에 의해 수립되는 우주론의 자유와 한계'를 논하면서 쉐퍼는 "나는 유신론적 진화론의 개념을 주장하지 않는다. 그러나 하나님이 주장하신 것에 고개를 숙인다면, 우주론의 영역에서 어느 정도 논의할 만한 자유의 여지가 있다는 사실이 언급되어야 한다"[5]라고 말하고 있다.

가톨릭은 창조와 진화 문제에 있어서 유신론적 진화론을 수용하고 있는 것으로 알려져 있다. 어떤 자료에서 본 기억으로는 교황 요한 바오로 2세가 서거한 후에 일부 추기경에 의해 유신진화론 외에 지적 설계 이론을 가톨릭의 입장으로 진지하게 고민해야 한다는 주장도 개진되고 있는 모양이다. 여러 문제들에 있어 가톨릭은 개신교보다 발 빠르게 대처하고 있다. 황우석 사태가 온 나라를 뒤흔들고 있을 때 가톨릭은 자신들의 명확한 목소리를 냈는데 배아줄기세포에 대하여 반대하며 그 대안으로 성체줄기세포 연구를 제안한 바 있다. 들리는 바로는 가톨릭에서는 외계생명체에 대한 것까지도 신학적으로 정리했다고 한다. 즉 외계 생명체가 존재한다고 하더라도 기독교 교리 체계에 아무런 문제가 없다는 것이다. 많이 알려진 것은 아니지만 사실 가톨릭은 오순절주의에 대해서도 나름의 입장 정리를 마친 상태이다.

이전의 학교에서 대학생성경읽기(UBF) 소속의 목사님이 현대성령운동에 대한 논문을 준비하면서 결론이 가톨릭의 견해로 내려진다고 해서 학교 입장도 있고 하니 조금 곤란하다고 말했고 학교를 옮기는 바람에 끝까지 논문지도를 하지는 못했던 적이 있다. 나중에 알게 되었는데 가톨릭의 다수와 개신교의 소수가 합의하고 있는 성령론에 대한 견해가 가장 건전한 입장임을 알게 되어 그 목사님의 말씀을 이해하게 되었다.

---

5 쉐퍼, "최후의 갈등은 없다." 『기독교 성경관』, 161.

우리는 우리 시대의 오순절교회의 출현에 의해 촉발된 은사체험을 어떻게 보아야 할까?

우리는 그것을 상실되었던 것의 회복(restoration)이라는 관점에서가 아니라 잠재된 것의 실현(realization), 즉 성령의 내주하심이 각 사람의 특성에 맞게 하나님과 온전한 자신을 재발견하도록 돕는다는 관점에서 보아야 한다는 것이 가톨릭의 입장이다. 지금의 은사체험에서 나타나는 현상들이 신약성경에 언급된 은사 체험들과 유사하기는 하지만 동일하지는 않다. 그러므로 하나님께서는 지금 은사주의운동에서 나타나는 여러 현상들을 유익하다고 보시기 때문에 자유롭게 두실뿐이지 그 이상의 의미를 부여해서는 안된다.

사도행전에서 예수님의 첫 번째 제자들이 먼저 믿고, 이후에 성령 세례를 받는 '두 단계' 체험을 했던 것도 독특할 뿐이지 결코 우리에게 표준은 아니라고 말해야 할 것이다. 사도들의 체험이 갖는 독특한 위치는 너무나 명백하다. 누가는 분명 예수님의 승천에 이어 어떻게 성령의 시대가 시작되었으며, 어떻게 성령의 능력으로 복음이 예루살렘에서부터 로마제국의 수도까지 달려갔는지를 말하기 위해서 사도행전을 저술하였다. 그가 특별한 사건들을 기록한 이유는 복음이 로마까지 가는 길에 있었던 이정표들을 밝히고자 했을 뿐이었다. 하나님이 일하시는 방법을 보여 주는 모형이나 패러다임으로 삼으라는 뜻은 아니었다는 것이다. 그런 면에서 사도행전은 모든 그리스도인이 거쳐야 할 체험의 단계에 대한 교훈이 아니라, '교회와 교회의 사명의 본질에 대한 객관적인 교훈'을 담고 있다.

사실 가톨릭 안에는 다양한 종단이 존재한다. 개신교 종교개혁 이후에 가톨릭 안에서의 교리 논쟁에 대하여 그 분야를 전공한 분의 특강을 통해 학생들에게 소개한 적이 있다. 몰리나(Luis de Molina, 1535-1600)라는 예수회 신부의 이른바 '중간지식'(middle knowledge)에 대한 가톨릭 내부의 논쟁이었는데 도미니크회의 바네즈(Domingo Báñez, 1528-1604)

는 몰리나의 중간지식을 공격하였는데 이후에 개신교 신학논쟁에서 알미니우스(Jacob Arminius, 1560-1609)가 이 몰리나의 중간지식을 수용하였다는 것이 정설로 되어 있다. 그렇다면 개신교 안의 신학논쟁이 한 세대 앞서 가톨릭 안에서 이루어졌다고 볼 수 있다.

1588년 몰리나의 『은총의 은혜와 자유의지의 조화』라는 책의 발간으로 시작된 논쟁은 1607년 교황 바오로 5세의 타협안으로 종결되었는데 예수회는 도미니크회를 칼빈파로, 도미니크회는 예수회를 펠라기우스파로 정죄하지 않기로 하였다고 한다. 개신교 개혁교회에서는 1618년에서 1619년까지 개최되었던 네덜란드의 도르트 총회에서 알미니우스의 라이덴대학교 박사학위 논문지도 교수이자 동료 교수였던 고마루스(Franciscus Gomarus, 1563-1641)의 주도하에 알미니우스를 추종하는 항론파(Remonstrant)들을 이단으로 정죄하였다. 고마루스는 자신보다 나이가 많았던 10여 년 전 세상을 떠난 자신의 제자이자 동료요 후배 교수였던 알미니우스를 그의 사후에 정죄한 것이다.

알미니우스는 사실 칼빈이 설립한 제네바 아카데미에 유학하여 칼빈의 후계자 데오도르 베자(Theodore Beza, 1519-1605) 밑에서 공부한 적이 있는 개혁신학자였다. 알미니우스가 사람들의 주목을 받게 된 것은 로마서 7장 후반부의 '내'가 그리스도인이 아닐 수도 있다는 주장을 하면서부터라고 한다. 어쨌거나 이 알미니우스의 신학적 입장은 한 세기가 지나 요한 웨슬리(John Wesley, 1703-1791)에 의해 받아들여지게 되면서 복음주의 신학에서 분명한 한 자리를 차지하게 되었다. 이 부분에 있어서 우리는 개신교 신학의 변형을 확인하게 된다.

루터와 칼빈의 종교개혁신학은 알미니우스와 웨슬리에 의해 그 폭이 넓어지고 20세기 오순절 운동을 통해 전 세계적으로 확산되었다. 개신교는 그 진원지였던 유럽에서 이미 단일하지 않았던 운동이었다면 그 다양성은 21세기에 이르러서는 훨씬 더 커졌다고 할 수 있다.

앞의 장과 이번 장에서 우리가 이 땅에서 지금 피부로 접할 수 있는 개신교회와 가톨릭교회에 대해 살펴보았다. 한국교회 개신교회의 모습은 가톨릭교회와 비교해 현저하게 뒤처져 있다. 언론에 조사되는 통계 수치에 의하면 가톨릭의 공신력이 개신교보다 10% 정도 더 높은 것을 확인할 수 있다. 이런 면으로 보나 저런 면으로 보나 이 땅에서 개신교회와 가톨릭교회의 싸움은 이미 한쪽으로 기울어진 것처럼 보인다. 하지만 이런 우리의 판단은 말 그대로 단견이요 속단일 수 있음을 우리는 우리의 눈을 들어 개신교 종교개혁 500년의 역사를 살피고 세계 기독교의 바뀌어진 지형도를 살피면서 확인하게 된다. 먼저 동·서방기독교에 대한 이야기부터 살펴보자.

3
서방기독교와 동방기독교

　인간의 육욕에 이끌리는 방탕과 무지의 삶을 상징하는 드미뜨리 카라마조프, 인간의 지적인 교만함을 상징하는 이반 카라마조프, 이런 두 형들과는 달리 인간의 영적인 추구와 구원을 상징하는 알료샤 카라마조프, 이렇게 세 명의 카라마조프 형제들의 이야기는 도스토예프스키의 소설 『카라마조프가의 형제들』의 기본 줄거리를 이루고 있다.
　1988년 1월로 기억된다. 한 주간을 온전히 드려 도스토예프스키(Fyodor Dostoyevsky, 1821-1861)의 『카라마조프가의 형제들』을 읽었던 기억이 있다. 어찌나 긴 소설인지 일주일이 꼬박 걸렸다. 그래서 내 머리에 입력이 되어 있는 생각은 감방에서 신구약 성경을 읽는데 일주일이 걸렸다는 어떤 목사님의 말씀과 연결되어 성경 전체의 분량과 비슷한 분량이라는 것이다. 꽤나 긴 분량이었는데 공들여 그 소설을 읽게 된 것은 기독교방송 『새롭게 하소서』(그때는 라디오 방송이었다)에서 김소엽 시인의 간증을 듣고 나서였다. 목사님의 아들인 영문학자 남편을 먼저 주님 품에 보내고 연세대학교 연합신학대학원에서 은준관 교수님의 지도로 기독교교육학 석사논문을 쓰게 되었는데 "『카라마조프네 형제들』에 나타난 죄와 구원의 문제"가 바로 그 논문이라고 한다. 김소엽 시인의 말로는 도스토예프스키는 단지 소설가가 아니라 이 시대를 위하여 하나님이 보내신 예언자라는 극찬이었고 고등학교 시절『죄와 벌』로만 알고 있었던 도스토예프스키를 새롭게 생각하게 되었다.

우리나라에서는 개신교를 기독교라 부르고 가톨릭을 천주교(天主敎)라고 마치 기독교와는 별개의 종교를 지칭하는 것으로 부르기도 하는데 그것은 잘못된 이해라고 할 수 있다. 기독교 또는 그리스도교(Christianity)는 크게 나누면 동방기독교와 서방기독교로 대별할 수 있다. 동방기독교는 그리스정교회와 러시아정교회 등이 속해있는 동방정교회(Eastern Orthodox Church)를 가리킨다.

전 세계적으로 3억 정도의 동방정교회 신자가 있다고 한다. 위에서 언급한 도스토예프스키의 소설『카라마조프가의 형제들』의 배경이 되는 것이 바로 동방정교회이다. 알료사에게 영향을 미친 조시마 장로가 대표적으로 동방정교회 신자이다. 안소니 퀸이 주연한 영화로도 만들어진 소설『25시』의 작가 루마니아의 비르질 게오르규(Constantin-Virgil Gheorghiu, 1916-1992)는 동방정교회 신부로 알려져 있다. 우리나라에서는 마포에 있는 성 니콜라스 한국정교회가 동방정교회 소속이다. 일반적으로 가톨릭이 우리 개신교에 비해 보다 신비적인 색채가 강한 것처럼 동방정교회는 가톨릭에 비해서 보다 더 신비적인 색채가 강하다고 생각하면 좋을 것이다.

보통 우리가 거론하는 개신교와 가톨릭은 동방정교회와는 달리 서방기독교로 분류되고 있다. 500년 전 1517년의 종교개혁은 말하자면 서방기독교 안에 분열이 생기게 된 것이라고 말할 수 있다. 1054년 로마 대주교인 교황과 콘스탄티노플 대주교 사이에 서로를 파문하는 일이 발생하면서 동·서방의 기독교로 분열되어 오늘에 이르고 있다. 그러니까 종교개혁 이전에 동방기독교와 서방기독교의 분열이 먼저 있었다. 이 동방기독교는 그리스를 제외한 대부분의 나라들이 구소련 치하에서 박해를 받았으며 세계 신학계에서 잊혀진듯한 존재였지만 구소련의 붕괴와 동구권 국가들의 연이은 독립 이후 세계 신학계에 복귀하였고 여러 면에서 신학적인 토론을 풍성하게 하는데 크게 기여하고 있다.

전 세계적으로는 가톨릭이 13억, 개신교가 8억[1]의 신자들을 가지고 있다고 한다. 물론 가톨릭은 그 안에 다양한 종단들이 존재하지만 단일 연합체를 이루고 있다면 개신교는 이루 셀 수 없을 정도로 많은 교단으로 분열되어 있다. 그래서 교단으로 말할 때는 가장 큰 기독교 교단이 13억의 가톨릭이고 둘째가 3억의 동방정교회이며 셋째가 8천만의 신자를 가지고 있는 성공회라고 한다. 그러니까 70억 가량의 전 세계 인구 가운데 24억을 상회하는 기독교인이 전 세계적으로 존재한다고 할 수 있다.

어떤 예측 자료에 따르면 2050년에는 30억 명의 기독교 신자가 전 세계적으로 존재하게 될 것인데 그 가운데 절반인 15억이 가톨릭 신자들일 것이며 그 나머지 가운데 절반이 오순절 계열의 신자들일 것이고 나머지 4분의 1에 해당하는 것이 동방정교회와 개신교의 전통적인 교단들이 될 것이라고 예측하고 있다.[2]

개신교와 가톨릭, 그리고 동방정교회를 하나로 묶어주는 것이 무엇일까?

우리가 예배 시간마다 함께 고백하는 사도신경(Apostle's Creed)이다. 물론 개신교의 일부 교단과 동방정교회가 가입되어 있는 세계교회협의회(World Council of Christianity)에서 공식적으로 채택이 된 것은 사도신경이 아니라 381년 콘스탄티노플 공의회에서 채택된 니케아-콘스탄티

---

[1] 최근 통계에는 9억을 상회하는 것으로 보도되기도 한다. https://en.wikipedia.org/wiki/Protestantism
[2] 켈리 케이픽 & 브루스 맥코맥, 『현대신학 지형도: 조직신학 각 주제에 대한 현대적 개관』, 박찬호 옮김 (서울: 새물결플러스, 2016), 614.

노플 신경이다. 그 이유는 사도신경은 교회의 공의회에서 공식적으로 채택된 적이 없기 때문이다. 그런데 니케아-콘스탄티노플 신경의 내용은 사도신경을 조금 부풀려 놓은 것이라고 생각해도 무방하기 때문에 교회에서는 사도신경으로 우리의 공통적인 신앙의 고백을 표현하고 있다.[3]

니케아 콘스탄티노플 신조가 결정된 니케아 회의와 콘스탄티노플 회의를 보통 1, 2차 교회일치를 위한 교회회의(ecumenical council)라고 부른다. 니케아 회의에서 그리스도의 신성을 부정하던 아리우스(Arius, 256-336)가 이단으로 정죄되었고 콘스탄티노플 회의에서 그리스도의 인성을 부정하던 아폴리나리우스(Apolinarius, ?-390)가 이단으로 정죄되었다.

3차 교회회의는 에베소 회의이고 4차 교회회의는 칼케돈 회의이다. 이 3차와 4차 사이에 에베소 회의가 한 번 더 있었지만 보통은 '도적 회의'(Robber Council)라 해서 정식 회의로 인정하지 않는 것이 일반적이다.

우리나라에 가장 먼저 전래된 기독교 종파는 경교(景敎)로 알려져 있다. 삼국시대 말엽 신라가 외세인 당나라의 힘을 빌려서 삼국통일의 위업을 달성할 때 나당 연합군을 통해 경교가 전래되었다고 하는 것이 정설로 되어 있다. 이 경교는 보통 428년에서 431년까지 콘스탄티노플의 총대주교를 역임하였던 네스토리우스(Nestorius, 386-451)의 가르침을 따르는 사람들을 가르키는데 그리스도의 신성과 인성을 분리한다는 혐의를 받았다.

이런 네스토리우스의 주장과 대립관계에 있던 것이 유티케스(Eutyches, 380-456)로 대표되는 단성론이다. 이들 단성론자들은 그리스도의 신성과 인성을 혼합한다는 혐의를 받았다. 3차 에베소 회의는 네스토리우스를 이단으로 정죄하였고 이른바 '도적 회의'에서는 더나아가 유

---

3 니케아 콘스탄티노플 신조(381년)는 웨인 그루뎀, 『조직신학 하』, 503f.에서 확인할 수 있다

티케스의 단성론적인 가르침이 정통적인 가르침임을 천명하기까지 하였지만 4차 교회회의인 칼케돈 회의에서는 네스토리우스와 유티케스 양쪽 모두를 이단으로 정죄하였다. 그래서 칼케돈 회의에서 결정된 칼케돈 신조는 보통 기독론의 표준을 제시한 것으로 인정되고 있으며 그리스도의 신성과 인성의 관계에 대해 부정적인 4가지 표현을 통해 각각 네스토리우스와 유티케스를 정죄하고 있다.[4]

어떤 혼동이나 변화도 없다는 표현은 유티케스의 단성론을 겨냥한 표현이라면 구별이나 분리도 겪지 않았다는 표현은 네스토리우스를 겨냥한 표현이라고 할 수 있다. 그런 면에서 보면 칼케돈은 그리스도의 신성과 인성의 관계에 대해 그 어떤 적극적인 문제해결도 시도하지 않았다는 비판도 가능할 것이다. 그저 양 극단의 주장에 대해 배제한 것일 뿐 그리스도의 신성과 인성의 관계가 어떠하다는 적극적인 주장을 하고 있지 않다는 것이다. 하지만 나는 양극단의 이단적인 주장에 대해 정죄하면서 최종적인 해결을 시도하지 않고 있는 것이 매우 의미가 있다고 생각한다. 중간 그 어디에서 알아서 선택하라는 교리적인 관용의 폭을 보여 주는 것과도 같아 칼케돈의 주장이 아무 것도 적극적으로는 해결한 것이 없다는 비판이 조금은 지나치다고 생각한다.

동방정교회와 가톨릭, 그리고 우리 개신교회는 모두 니케아 콘스탄티노플 신조와 칼케돈 신조에 동의한다. 교회회의로 표현하자면 1차 니케아 회의에서부터 4차 칼케돈 회의까지를 세 교회 모두 공통적으로 인정하고 있다. 동방정교회는 여기에서 더 나아가 7차까지의 교회회의의 결정을 받아들이고 로마가톨릭은 21차 교회회의인 제2바티칸 공의회(1962-1965)까지를 모두 받아들인다.

---

[4] 칼케돈 신조(451년)는 켈리 케이픽 & 브루스 맥코맥, 『현대신학 지형도』, 265f에서 확인할 수 있다.

지금 중동 지역이나 북아프리카 지역에는 단성론 기독교가 널리 분포되어 있다. 대표적으로 이집트의 콥틱 기독교는 이집트 전체 인구 8천만의 10%에 해당하는 800만의 신자가 있다고 한다. 이라크의 후세인 정권이 무너진 다음 그곳에 들어간 사람들의 보도에 의하면 이라크에 100만의 기독교인들이 있다고 하는데 작은 단위로 흩어져 있는데 내가 생각하기에 단성론적인 그리스도인들인 것 같다. 그리고 1991년 구소련에서 독립한 아르메니아 공화국(Republic of Armenia)은 예수님의 열두 제자 중 다데오와 바돌로메가 선교한 곳으로 396년 기독교를 국교로 삼았던 로마제국보다 무려 100여 년 앞서 301년에 세계 최초로 기독교를 국교로 삼은 나라인데 신학적으로는 단성론인 것을 확인할 수 있다.

나는 사실 아르메니아 공화국을 찾아내고는 지역적으로 안디옥에 가까워 네스토리우스 기독교 형태를 취하고 있을 것으로 기대했다가 단성론적인 입장을 취하고 있다는 사실을 알고는 크게 실망했었다. 그 이후로 10여 년 가까운 시간 동안 네스토리우스 기독교가 지상에 남아있는 것을 알아보기 위해 노력하다가 2015년에 가서야 겨우 네스토리우스 기독교 형태를 취하고 있는 곳을 찾아내게 되었다. 바로 중동의 시리아 지역에 있는 앗시리아 동방교회(Assyrian Church of the East)인데 현재 네스토리우스 전통에 서있는 몇 안 되는 교회임을 알게 되었다.

이전에 앗시리아 동방교회와 함께 동방교회에 속해있던 갈대아가톨릭교회(Chaldean Catholic Church)는 1830년 교황을 수장으로 하는 로마가톨릭교회로 돌아갔는데 이런 교회들을 동방귀일교회 (Uniate Church) 또는 동방가톨릭교회(Eastern Catholic Churches)라고 부른다. 이들은 전 세계적으로 천 2백만 명으로 전체 가톨릭의 1.5퍼센트를 차지하고 있다.

네스토리우스의 입장이나 단성론을 주장하는 교회들은 동방정교회와 같이 동쪽의 의미를 각각 그 이름 가운데 가지고 있으면서 그 이름을 약간 달리하여 각각 오리엔탈정교회(Oriental Orthodox Church)와 동방교회(Church of the East)로 알려져 있다. 특별히 동방교회는 9세기에서 14세기까지 지중해에서 인도와 중국에 이르는 지리적으로 가장 광범위한 지역에 분포되어 있던 기독교였는데 지금은 전 세계적으로 100만 명 미만으로 추산되고 있다. 그에 비하여 오리엔탈 정교회는 이집트와 이디오피아, 아르메니아, 에리트리아 등지에 8천 4백만에 가까운 신자들이 있는 것으로 보고되고 있다. 7세기 초 이슬람의 출현 이후 과거 전통적으로 기독교 지역이었던 이집트를 포함한 중동 지역은 급속하게 이슬람으로 개종하거나 기독교 세력이 궤멸되고 말았지만 그럼에도 천년이 넘는 세월 동안 비록 칼케돈 신조를 받아들이지 않는 이단의 형태이기는 하지만 그 안에서 면면히 기독교 신앙을 유지해오고 있는 사람들을 보면 놀라움을 금하지 않을 수 없다.

말하자면 이들은 1, 2차 교회회의의 결정이라고 할 수 있는 니케아-콘스탄티노플 신경을 수용하는 사람들이다. 하지만 그리스도의 신성과 인성 양성의 관계에 대해서는 칼케돈의 결정과는 다른 견해를 견지하고 있다. 즉 네스토리우스 기독교나 단성론 기독교는 삼위일체론적 이단이라기보다는 기독론적인 이단이라고 할 수 있다. 그리스도의 신성 인성 양자의 관계를 잘못 설정하기에 이단으로 정죄되기는 하였지만 그리스도의 양성 교리를 수용한다는 면에서는 보다 포용적인 자세로 이들에게 접근하는 것이 필요하다고 생각한다.

"현대 로마 가톨릭 신앙에 대한 복음주의의 평가"라는 긴 부제를 달고 있는 『종교개혁은 끝났는가?』라는 책에서 마크 놀(Mark Noll, 1946-)과 캐롤린 나이스트롬(Carolyn Nystrom)은 로마를 중심으로 한 서방기독교와 콘스탄티노플을 중심으로 한 동방기독교가 "거의 처음부터, 서로 어느 정도 다른 형태로 시작"되었음을 다음과 같이 설명하고 있다.

"동방은 영적인 것(spirit)에 집중한 철학자들이 지도했고, 서방은 정신/지성적인 것(mind)에 주목한 법률가들이 지도했다. 동방은 그리스어를 쓰고 말한 반면, 서방은 라틴어를 쓰고 말했다."

마크 놀은 서방기독교와 동방기독교 사이에 있었던 세 가지 사건이 천 년의 긴 시간 분열을 고착화시켰다고 말하고 있다.

첫째는 서기 589년 서방이 "그리고 아들로부터"(filioque)라는 문구를 니케아 신경에 덧붙여 성령이 아버지와 아들로부터 유래한다고 주장한 것이다.

둘째는 위에서 이미 언급한 것처럼 1054년 로마 교황과 콘스탄티노플 대주교가 서로를 파문한 것인데 이 사건을 통해 500년간 이어진 적의가 공식적인 분열로 나타나게 되었다.

여기에 덧붙여 마크 놀은 제4차 십자군 원정 (1202-1204) 기간에 서방의 십자군이 엉뚱하게도 콘스탄티노플을 공격하여 성상을 파괴하고 교회를 불태우고 거리에서 여자와 아이들을 살해한 사건을 들고 있다. 이 사건을 통해서 동·서방교회의 분열은 더 견고해지고 그 감정의 골은 더 깊어졌다. 하지만 지난 50년 사이에 다양한 에큐메니칼 대화 및 로마 교황과 정교회 총대주교의 직접적인 만남을 통해 동·서방교회 사이의 분열의 골이 조금은 메워지기 시작했다고 마크 놀은 보고 있다.[5]

기독교 신앙의 다양한 스펙트럼에도 불구하고 우리를 기독교인으로 묶어주는 것이 무엇일까?

위에서 동·서방교회를 묶어주는 것으로 사도신경을 제시하였다. 그런 의미에서 나는 예배 시간에 사도신경으로 우리의 신앙을 함께 고백하는 것을 매우 중시하는 사람이다. 그래서 짧은 기간이기는 하지만 담임목회를 하며 주일낮 예배뿐 아니라 새벽예배시간마다 사도신경으로 신앙을 함께 고백하는 시간을 가지곤 하였다.

---

5 마크 놀·캐롤린 나이스트롬, 『종교개혁은 끝났는가?: 현대 로마 가톨릭 신앙에 대한 복음주의의 평가』, 이재근 옮김 (서울: CLC, 2005), 229, 각주 90.

우리 각자가 하나님을 만난 경험은 다 다르다. 그리고 우리가 하나님을 만난 경험은 필연적으로 우리가 가지고 있는 하나님에 대한 이해에 직접적인 영향을 미치게 된다. 하나님은 우리의 이해를 초월하시는 무한하신 하나님이다. 문제는 우리의 체험이나 경험으로 하나님을 온전히 다 알 수 없다. 코끼리 다리를 만져본 장님은 코끼리가 통나무 같이 매끈하다고 생각할 것이다. 코끼리 코를 만져본 장님은 코끼리가 주름져있는 길쭉한 통과도 같다고 생각할 것이다. 코끼리 배를 만져본 사람은 코끼리가 평평한 평상과 같다고 생각할 것이다. 이런 코끼리에 대한 이해는 부분적이고 제한적인 것이다.

우리가 만난 하나님, 우리가 경험한 하나님도 마찬가지이다. 우리의 신앙생활에서 "하나님을 경험하는 것"은 매우 중요하다. "하나님의 선하심을 맛보아 알찌어다"(시 34:8)라고 시편 기자는 도전하고 있다. 하지만 우리는 우리의 체험으로 하나님을 제한하기가 매우 쉽다는 것 또한 사실이다. 사실 우리의 마음은 하나님에 대한 잘못된 심상인 우상을 만들어내는 우상제조공장이라고 칼빈은 주장하였다. 그래서 우리가 함께 모여 하나님에 대한 공적인 신앙의 고백이 없이 드려지는 예배는 자칫 각자의 하나님을 예배하고, 심하게는 우상숭배하고 흩어지는 것이 될 수도 있다.

사도신경은 성경에는 나오지 않는다. 미국에서 유학 중 섬기던 교회에서 장년을 대상으로 성경공부를 인도할 때 사도신경은 성경에 나오지 않는다라고 말하자 어느 여 집사님이 성경 찬송 합본 내지에 있는 사도신경을 보여 주며 "왜 없어요? 여기 있는데"라고 말해 한참을 웃었던 기억이 있다. 나는 아직 그 집사님이 농담으로 그런 말을 했는지 아니면 진담으로 그렇게 말했는지 알지 못한다. 당시에는 농담으로 하신 말씀이라고 생각했는데 나중에 생각하니 진담이었다는 생각이 들기도 했다. 분명한 것은 사도신경은 찬송가 또는 성경 찬송 합본 내지에 삽입된 것이지 원래 성경에는 없는 내용이다. 그래서 어떤 사람들은 사도신경을 반대한다. 성경에 없으니까 비성경적이고 그 내용 가운데 잘못된 내용이 있는 것처럼 억지를 부리기도 한다.

사실 주기도문과 십계명, 그리고 사도신경, 이 세 가지는 우리의 신앙생활에 매우 중요한 것들이다. 주기도문은 우리가 어떻게 기도할 것인가를 우리에게 가르쳐주며 십계명은 우리가 어떻게 살아야 하는지를 가르쳐준다면 사도신경은 우리가 무엇을 믿는지에 대한 것을 우리에게 가르쳐준다고 할 수 있다. 그래서 거의 모든 신앙고백서들이나 요리문답서들이 이 세 가지에 대한 상세한 설명을 시도하고 있다. 예를 들자면 하이델베르크 요리문답은 전체 129문 가운데 23-58문까지 사도신경을 다루고 있으며, 92-115문까지 십계명을, 그리고 116문에서 129문까지 주기도문을 다루고 있다.

물론 웨스트민스터 신앙고백을 비롯한 웨스트민스터 표준문서들은 사도신경을 다루지 않고 있다. 그 이유는 신앙고백에서 상세하게 교리적인 내용을 상술하고 있기 때문에 굳이 사도신경으로 제한할 필요가 없었기 때문일 것이다. 웨스트민스터 소요리문답은 총 107문 가운데 41문에서 81문까지 십계명을 다루고 있고 99문에서 107문까지 주기도문을 다루고 있다.

사도신경을 부인하는 사람 가운데 대표적인 사람이 사랑침례교회 정동수 목사이다. 이 목사님과 일단의 사람들은 가톨릭을 이단이라고 생각하며 자신들의 주장의 정당성을 위해 로이드 존스(Martyn Lloyd-Jones, 1899-1981)에게 많이 의존하고 있다. 『마틴 로이드 존스의 천주교 사상 평가』의 역자가 바로 정동수 목사이다. 하지만 이 사람들은 자신들이 의지하는 로이드 존스가 사도신경과 니케아 신경, 그리고 아타나시우스 신경을 교회에 꼭 필요한 것으로 인정하고 있다는 사실을 왜 알지 못할까! 로이드 존스는 말하고 있다.

교회 안에 너무 많은 오류와 이단이 있었기 때문에 이제 그런 신경들은 필수적인 것이 되었으며 교회는 성령의 인도 아래 다음과 같이 말했습니다. '우리는 우리가 무엇을 믿으며 또한 무엇을 믿지 않는지 분명히 해야 합니다. 그저 사람들에게 성경을 펼쳐서 주는 것만으로는 충분치 않다. 완벽하게 진지하고 진실한 사람들도 성경을 읽고 나서 상당히 잘못된 것을 말할 수도 있습니다. 우리는 우리의 교리를 규정해야 합니다.' 교리들에 대한 그런 정의들을 우리는 신경이라고 부릅니다.[6]

내게는 가톨릭에 대해 이단이라 생각하며 사도신경을 부정하는 것은 스스로 이단성이 있음을 천명하는 위험천만한 일로 보인다. 로이드 존스는 가톨릭에 대해 매우 비판적이면서도 사도신경과 니케아 신조, 그리고 아타나시우스 신조를 인정하고 있으며 더 나아가 영국교회 39개 신조와 웨스트민스터 신앙고백에 대해서도 그 필요성을 인정하고 있다.

성경과 전통의 관계에 대해 우리는 교회 전통을 성경과 버금가는 권위의 자리로 격상시키는 가톨릭의 잘못도 경계해야 하지만 전통에 대해 전면적으로 부정하는 극단도 조심해야 한다. 성경 아래 전통의 자리가 있다. 그래서 성경과 어긋난다면 언제라도 그 전통을 버릴 용기를 가지고 있어야 한다. 미국의 칼빈신학교 유학 시절 니콜라스 월터스토프(Nicolas Wolterstorff, 1932-)이 칼빈대학 신임교수들을 대상으로 특강했던 내용 중에 나오는 명언을 나는 지금도 기억하고 있다.

> **전통은 죽은 사람들의 살아있는 신앙이다. 전통주의는 살아있는 사람들의 죽은 신앙이다**(Tradition is the living faith of the dead peo-

---

[6] 마틴 로이드 존스, 『교리강좌시리즈 I: 성부 하나님과 성자 하나님』, 임범진 옮김 (서울: 부흥과개혁사, 2007), 25f.

ple; traditionalism is the dead faith of the living people).

물론 사도신경이나 니케아 콘스탄티노플 신경이 성경의 권위를 대신할 수는 없다. 하지만 그럼에도 이른바 신경들은 나중에 종교개혁 시대에 등장하는 신앙고백보다는 더 권위가 있는 것으로 받아들여야 한다. 즉 신경들은 기독교 전체가 믿는 바를 제시한다고 할 수 있다. C. S. 루이스의 표현대로 "순전한 기독교"(Mere Christianity)를 보여 주는 것이 신경들이라면 신앙고백은 개신교 내부의 특정 형태가 갖고 있는 독특한 믿음을 제시한다. 각각의 교단이 신종하는 믿음의 내용을 보여 주는 것이 신앙고백이라고 할 수 있다. 그런 의미에서 보면 성경과 신경, 그리고 신앙고백 사이에는 그 권위의 높낮이가 존재한다. 성경이 가장 위이고 그 다음이 신경이라면 그 아래 신앙고백이 있다.[7]

신앙고백들은 잠정적이고 실제적 문서로서 그 시대의 도전에 대한 직접적 반응으로 나온 것들이었다. 각각의 신앙고백들은 각 지역의 그리스도인 공동체가 만들었는데, 이 공동체들은 이 신앙고백이 절대적인 권위를 갖고 있지 않으며 이후의 세대가 얼마든지 검토하여 개정할 수 있는 것이라고 생각했다.[8]

이단이 기승을 부리면서 한국교회 안에서도 교리에 대한 관심이 높아지고 있다. 이는 긍정적인 면이라 할 수 있다. 하지만 교리보다 더 중요한 것은 성경 자체의 가르침이다. 그래서 나는 교회에서 청년부나 교회학교 또는 장년신자들을 대상으로 요리문답이나 신앙고백을 가르치는 것에 대해 매우 회의적이다. 물론 교회 중직들이나 소그룹 리더들을 대상으로 그런 교육을 하는 것은 바람직할지 모르지만 일반교인들이나

---

7 맥그래스, 『기독교, 그 위험한 사상의 역사』, 372.
8 맥그래스, 『기독교, 그 위험한 사상의 역사』, 374.

청년대학부 모임에서 요리문답을 다루는 것은 무언가 잘못되었다고 생각한다. 보통 우리가 가톨릭을 비판할 때 성경보다 교리적 전통을 중시한다고 하는데 요즘 가톨릭교회는 오히려 성경공부를 권장하고 있다고 한다. 그런 면에서 우리들도 신앙고백이나 신경을 성경보다 우위에 두지 않도록 조심해야 한다.

많이 알려진 사실은 아니지만 나중에 다루게 될 종교개혁자 칼빈(John Calvin, 1509-1564)은 제네바 사역의 초기에 개혁파 진영의 동료였던 피에르 카롤리(Pierre Caroli, 1480-1545)에 의해 삼위일체 이단이라는 악의적인 모함을 받았다. 카롤리는 자신이 가르치는 죽은 자를 위한 기도가 문제시되는 것을 알아차리고 1537년 2월 칼빈과 칼빈의 동료 기욤 파렐(Gillaume Farel, 1489-1565)을 삼위일체를 거부하는 아리우스를 따르는 일파(Arianism)로 공격하였는데 칼빈으로 하여금 고대교회가 역사적인 문서로 채택한 세 가지 신경, 즉 "사도신경," "니케아 신경," 그리고 "아다나시우스 신경"에 서명할 것을 요구하였다.

칼빈은 모든 교리와 신앙고백이 의지해야 할 최종 권위는 오직 성경에 있어야만 한다며 이를 거절하였는데 이것을 빌미로 하여 근거없는 모함으로 칼빈을 괴롭혔지만 받아들여지지 않았다.[9] 카롤리는 비레(Pierre Viret, 1511-1571)와 함께 로잔이라는 스위스 도시의 개혁파 진영에서 일하던 사람이었는데 나중에는 결국 가톨릭으로 돌아간 것으로 알려져 있다.

우리들은 사실 가톨릭을 잘 모른다. 가톨릭에 대한 우리의 지식은 매우 막연하고 모호하다. 그것은 어쩌면 당연할는지 모른다. 우리에게 비쳐지는 대로 가톨릭을 이해할 수밖에 없다. 그래서 가톨릭을 이단이라고 생각하는 개신교인들도 많다. 가장 중요한 이유는 마리아 숭배이다. 이런 가톨릭에 대한 적대주의가 정당한 것인지 살펴보자.

---

9 김재성, 『칼빈의 삶과 종교개혁』 (서울: 이레서원, 2001), 253f.

4

개신교와 가톨릭

1. 가톨릭은 이단인가?

　개신교 종교개혁은 가톨릭의 오류에 대한 저항에서 비롯된 것이기에 우리 개신교에서는 가톨릭을 상당히 비판적으로 보는 경향이 있다. 한국 장로교회에서 신앙의 표준으로 받아들이는 웨스트민스터 신앙고백의 원본에는 로마 교황을 적그리스도로 명기하고 있다. 웨스트민스터 신앙고백 25장은 "교회에 대하여" 다루고 있는데 6항에서 "교회의 머리는 예수 그리스도, 주님 한 분뿐이시다. 로마의 교황은 결코 교회의 머리가 될 수 없을 뿐 아니라, 그는 적그리스도요 죄의 사람이요 멸망의 자식이요 교회에서 자기를 스스로 높여 그리스도와 범사에 일컫는 하나님을 대적하는 자이다"라고 말하고 있다.[1] 물론 후대의 비판적인 시각 때문에 거의 대부분의 교단에서는 지금 이 부분을 삭제하여 사용하고 있기는 하다. 이런 주장은 칼빈의 『기독교 강요』에서도 어렵지 않게 발견할 수 있다.

---

1 『웨스트민스터 신앙고백』 (서울: 생명의말씀사, 1983), 159.

"우리가 보기에 저 사악하고 가증스런 왕국의 수령과 기수는 로마 교황이다."[2]

그런데 이런 주장, 즉 교황을 적그리스도로 보는 주장은 존 위클리프(John Wycliffe, c. 1320-1384) 이래로 청교도들에 이르는 17세기까지 개신교의 일반적인 생각이었다고 한다.

루터는 처음 교황제도나 가톨릭교회 체제에 대한 문제의식으로 종교개혁을 시작한 것은 아니었지만 이내 교황이 적그리스도라는 결론에 도달하였다. 그러면서도 루터나 칼빈을 비롯한 종교개혁자들은 가톨릭의 영세를 유효한 세례로 인정하고 가톨릭 신자들에게 재세례를 주지 않고 입교시켰다. 이런 부분에 다소간의 논리적인 불일치를 발견하지 않는가?

교황은 적그리스도라고 생각하면서도 가톨릭교회 자체에 대해서는 어느 정도 유보적인 판단을 내리고 있는 듯한 태도는 종교개혁자들에게서 공통적으로 발견되는 주장이다. 위에서 인용하였던 『기독교 강요』에서의 칼빈의 말을 조금 더 인용해 보자.

> 그[교황]가 하나님의 성전에 자리를 잡았다는 사실은 그의 지배력이 그리스도나 교회의 이름을 말살하지 못하리라는 것을 의미한다. 그렇기 때문에 그의 압제 하에 있는 교회들이 교회라는 것을 우리가 결코 부인하지 않는 것이 분명하다…. 내가 그 교회들을 교회라고 부르는 것은 다만 하나님께서 그 안에 그의 백성의 남은 자들을—비록 비참하게 분산되어 있지만—기적적으로 보존하셨기 때문이며, 표지 특히 악마의 간계와 인간의 패악도 파괴할 수 없는 교회의 표지가 다소간 남아 있기 때문이다.[3]

---

[2] 존 칼빈, 『기독교 강요 (하)』 (서울: 생명의말씀사, 1986), 57f. 4권 2장 12절.
[3] 존 칼빈, 『기독교 강요 (하)』, 58. 4권 2장 12절.

한 마디로 루터나 칼빈을 비롯한 종교개혁자들은 가톨릭에도 하나님의 은밀한 섭리를 따라 참다운 하나님의 백성들이 있을 수 있다는 입장이었음을 알 수 있다. 로마 교황은 적그리스도요 가톨릭교회는 부패했지만 그 교회 안에는 하나님의 백성이 있을 수 있다. 그러므로 가톨릭의 영세를 받고 개신교로 온 사람들을 개신교에서는 재세례를 베풀지 않고 입교를 통해 받아들였던 것이다.

종교개혁 시대 직전의 교황의 권한은 어떤 면에서 부침을 거듭하였다고 보는 것이 정당할 것이다. 교회 권력이 교황이 아니라 교회를 대표하는 사람들의 모임인 공의회(Ecumenical council)에 있다는 주장이 대두된 계기는 교황의 아비뇽 유폐(1309-1378)와 뒤이은 교회의 대분열(1378-1417) 때문이었다.

가톨릭교회가 로마의 교황청과 아비뇽의 교황청으로 갈라져 있던 이 분열 기간 동안 3명의 교황이 서로 자신이 교황임을 주장한 적도 있었다. 이들을 모두 몰아내고 가톨릭교회를 다시 통일한 계기가 된 것이 바로 1414년의 콘스탄츠 공의회(Council of Constance, 1414-1418)였다. 이 공의회에서 얀 후스(Jan Hus, c. 1369-1415)가 또한 이단으로 정죄되었고 그의 안전을 보장하겠다는 약속을 어기고 그를 처형하였다. 이는 교황권보다 공의회가 더 우위에 있다는 공의회주의자들에게 큰 힘을 실어주었다. 물론 종교개혁이 시작된 16세기 초엽에는 교황의 권한이 회복되어 어느 정도 안정적인 시기로 접어들던 시대라고 볼 수 있다.[4]

개신교의 입장에서는 아무래도 중세 특별히 종교개혁 당시의 가톨릭의 부패상을 부각시키는 것을 좋아한다. 그리고 개신교인들의 눈에 중세 후기 가톨릭교회의 역사를 암울하게 만들었던 수많은 악폐와 타락상을

---

4 맥그래스, 『기독교, 그 위험한 사상의 역사』, 39.

열거하는 것은 그리 어렵지 않다. 아니 비판거리로 말하자면 당시의 가톨릭교회는 비판할 것이 너무나 많았다. 맥그래스에 의하면 이러한 부패상은 "교황으로부터 가장 말단에 있는 성직자에 이르기까지 예외가 없었다. 르네상스 시대의 교황들은 재정을 낭비하고 사회적 지위와 정치권력에 정신이 팔려 있었고, 이로 인해 크나큰 비난을 받았다." 미국에서 『보르지아』라는 제목의 3부작 드라마로도 만들어진 보르지아 (Borgia) 가문의 만행은 보는 사람의 눈살을 찌푸리기에 충분하다.

물론 드라마에서는 그의 인간적인 면모에 초점을 맞추어 그려졌다고는 하지만 보르지아 가문의 일원이었던 교황 알렉산더 6세(Alexander VI, 재위 1492-1503)는 몇 명의 정부(情婦)를 거느리고 있었고, 알려진 사생아만 해도 최소한 7명에 이르는 비루한 인간이었는데도 뇌물을 뿌려 1492년 교황 선거에서 승리했다. 드라마를 보는 가운데 이해가 되지 않았던 부분이 있다면 성직자 결혼이 금지된 것이 1139년 제2차 라테란 공의회였는데도 버젓이 축첩을 하고 큰 아들인 체사레 보르지아를 추기경에, 작은 아들은 바티칸 경비사령관에 임명하고 딸 루크레치아를 정략결혼에 이용하는 모습이었다. 당대에 메디치가가 통치하고 있던 피렌체 공화국에서 활동했던 니콜로 마키아벨리(Niccolo Machiavelli, 1469-1527)는 자신의 『군주론』(*The Prince*, 1513년)에서 체사레 보르지아를 모형으로 하였다고 한다.

이 시대에 내로라하는 가문들은 각기 자신의 가문의 영광과 부를 위해 한 사람을 가톨릭성직자로 출세토록 뒤를 봐주었는데 이들은 반대로 자신들의 출신 가문을 위해 성직을 악용하기도 하였다. 종교개혁 시작 시기의 교황 레오 10세(Leo X. 재위 1513-1521)와 교황 클레멘스 7세(Clement VII, 재위 1523-1534)는 유명한 메디치가 출신이었다. 권력의 치부를 파헤친 위대한 이론가 마키아벨리는 교황들이 보여 준 무시무시

한 본보기들이 자신이 살던 시대의 부도덕을 낳았다고 주장했다.[5]

시오노 나나미의 『신의 대리인』은 공교롭게도 종교개혁 이전 세기인 15세기 중엽부터 종교개혁이 시작된 16세기에 이르는 시기의 4명의 교황 이야기를 다루고 있다. 250여 년 전에 있었던 마지막 십자군 운동의 불씨를 되살려 이교도인 오스만 투르크에 점령당한 비잔틴 제국의 수도인 콘스탄티노플을 탈환하기 위해 시대착오적인 십자군을 일으키는데 목숨을 바친 비오 2세(Pius II, 재위 1458-1464)는 신성로마제국의 재상을 지낸 인문주의자였다. 보르지아 가문의 알렉산더 6세는 수도사 사보나롤라(Savonarola, 1452-1498)가 피렌체에 광신적 신권정치를 수립하자, 은근과 끈기의 지략으로 교황권을 지켜낸 노련한 정치가였다. 이탈리아의 통일과 독립은 오직 교황 아래서만 가능하다는 신념을 가지고 '칼과 십자가'를 번갈아 휘둘렀던 율리우스 2세(재위 1503-1513)는 환상주의자였다. 자신의 재임 중에 루터의 종교개혁을 촉발했던 레오 10세는 메디치 가문 출신답게 화려한 볼거리와 흥겨운 무대로 로마를 치장하여 이탈리아 르네상스의 최후를 장식했던 복안적(複眼的) 사고의 평화주의자였다.[6]

종교개혁 시대의 고위 성직자들에게서 비판거리를 찾아내는 것은 아주 쉬운 일이다. 왜냐하면 위에서 말한 것처럼 이들 성직자들은 본인의 덕성이 아니라 그가 속한 가문의 영향력과 재력, 권력에 의해 임명되는 경우가 잦았기 때문이다. 1451년 사보이공 아마데오 8세는 자신의 8살짜리 아들을 제네바 시 주교라는 고위직에 임명되도록 하였는데 프랑스의 많은 지역에서는 본디 성직자도 아닌 사람들이 고위 성직에 임명되는

---

5 맥그래스, 『기독교, 그 위험한 사상의 역사』, 42f.
6 시오노 나나미, 『신의 대리인』, 김석희 옮김 (서울: 한길사, 1997), 472f.

경우까지 있었다고 한다. 성직자들 중에는 자신이 맡은 교구에 사는 이가 드물었는데 프랑스 상(Sens)의 대주교인 앙트와느 뒤 프라(Antoine de Prat, 1463-1535)는 나랏일에 정신이 팔려 정작 자기 성당에서 열린 예배에는 단 한 번 참석했는데 그것은 바로 자신의 장례식이었다.[7]

종교개혁 시대의 가톨릭 성직자들의 부패는 고위 성직자들에게 국한되지 않았다. 하위 성직자들도 자주 노골적 비판의 대상이 되었는데 수도원은 이가 득실대는 동성애 소굴로 묘사되곤 했다. 물론 모든 수도원이 다 그런 것은 아니었다. 소교구(parish) 성직자들의 형편없는 자질은 기본적으로 이들의 낮은 사회적 지위가 반영된 결과였는데 16세기 초 밀라노에서는 신부의 수입이 미숙련 노동자의 수입보다 적었다.

> 많은 성직자들이 말과 가축 거래에 종사하면서 생계를 꾸려가야 했다. 게다가 성직자들 중에는 문맹자가 수두룩했다. 이들은 미사에 쓰는 라틴어들을 고참 성직자들로부터 귀로 듣고 외웠기 때문에, 시간이 흘러가고 기억력이 떨어지면서 실수를 저지르는 것으로 유명했다. 15세기 후반 평신도들의 문맹률이 낮아지면서 평신도들은 그들의 성직자를 점점 더 자주 비판하게 되었다.[8]

개신교 종교개혁의 정당성은 당시 가톨릭교회의 부패상과 관련이 있다고 할 수 있다. 그래서 종교개혁 500주년을 맞이하면서 구체적인 종교개혁의 과정들을 짚어보는 것은 나름의 의미가 있을 것이다. 하지만 지금의 가톨릭교회와 500년 전의 가톨릭교회를 혼동하면 안된다. 가

---

[7] 맥그래스, 『기독교, 그 위험한 사상의 역사』, 43f.
[8] 맥그래스, 『기독교, 그 위험한 사상의 역사』, 44.

령 예컨대 종교개혁의 도화선을 제공하였던 면죄부 판매는 1567년 교황 비오 5세(Pius V, 재위 1566-1572)에 의해 철폐되었다.[9] 크게 보면 19세기까지 가톨릭은 변화를 거부하며 더욱 수구적인 세력으로 퇴락하였다. 1870년 교황 비오 9세(Pius IX, 재위 1846-1878)는 교황 무오 교리를 선포하였는데 이는 실제로 교황이 잘못을 범해도 견제할 장치를 아예 봉쇄한 것이었기 때문에 가톨릭교회 내부에서도 비판이 터져 나왔다. 영국의 역사가이자 가톨릭 신자였던 존 달버그-액튼(John Dalberg-Acton, 1834-1902)은 1887년 4월에 역사가이자 주교인 맨델 크리튼(Mandell Creigton, 1843-1901)에게 보낸 서신에서 그런 비판의 심경을 담아 다음과 같이 말했다.

"권력은 부패하는 경향이 있다. 절대 권력은 절대 부패한다. 위대한 사람들은 거의 항상 나쁜 사람들이다."[10]

절대 권력은 절대 부패한다는 유명한 말이 교황 무오설에 대한 가톨릭교회 내부의 비판이었다는 것이 흥미롭기만 하다. 하지만 20세기 가톨릭은 근대화에 성공한 것으로 평가받고 있다. 특별히 제2 바티칸 공의회 이후 가톨릭은 여러 개신교단과도 활발한 대화와 접촉에 나서고 있다.

가톨릭의 교회관은 복음을 이해하는데 없어서는 안되는 존재로 교회를 너무 높이 평가한다면, 개신교의 교회관은 교회가 복음이 선포되는 자리에 서 있을 자리가 자주 잊혀지는 너무 낮은 교회론을 주장한다고 볼 수 있다. 오늘 우리가 사는 이 시대는 복음 자체가 사치스런 상품으로 인식되는 세속주의가 대세를 이루고 있는 세상이다. 이런 시대에 많은 가톨릭 신자와 복음주의 개신교도들은 "이렇게 서투른 춤을 추다 부딪히

9　맥그래스, 『기독교, 그 위험한 사상의 역사』, 83.
10　맥그래스, 『기독교, 그 위험한 사상의 역사』, 37.

면서 서로 등을 마주하게 되었다." 이제 가톨릭과 개신교는 적이 아니라 마치 주변에 만연한 세속주의와 이슬람이라는 공동의 위협에 대항하여 함께 힘을 합해야 하는 동지라고 할 수 있다.[11]

마크 놀과 나이스트롬은 이렇게 가톨릭과 복음주의 개신교가 서로를 이해하고 가까워진 것에 대해 말하면서도 무조건적인 낙관론만을 펴고 있지는 않다. 양쪽에 모두 치명적인 약점이 있다는 것을 이들은 지적하고 있다. 먼저 가톨릭교회는 "엄청난 혼합주의, 형식주의, 패권 다툼에 오염된 콘스탄티누스주의(Constantinianism), 모더니즘(이 경우에는 권력)과 포스트모더니즘의 다양한 준–기독교적 변형들에 포로로 사로잡힌 위험한 형국을 계속해서 관용하고 있다"는 사실에 대해 경종을 올리고 있다.

반면에 복음주의 개신교회는 "엄청난 실천적 펠라기우스주의, 형식을 무시함으로써 발생한 생명력 상실, 폭 넓은 분파적 영지주의, 모더니즘(이 경우에는 인식론과 변증학)과 포스트모더니즘의 다양한 준–기독교적 변형들에 포로로 사로잡힌 위험한 형국에 포위되어 있다"는 사실을 경고하고 있다.[12]

놀과 나이스트롬은 심지어는 이신칭의에 대해서도 가톨릭교회와 복음주의 개신교가 대략 같은 것을 믿고 있다고 보고 있다. 가톨릭이나 개신교 모두 다음의 두 가지 전제에 동의한다.

(1) 구원은 하나님께서 절대적으로 값없이 주시는 선물이다.
(2) 선행으로 표현되지 않는 기독교인의 구원이란 것은 없다.

---

11 마크 놀·나이스트롬, 『종교개혁은 끝났는가?』, 411.
12 마크 놀·나이스르롬, 『종교개혁은 끝났는가』, 412.

물론 이 두 전제가 정확히 어떻게 개별적으로 기독교 교리로 이해되어야 하고, 그런 다음 어떻게 함께 묶어서 이해되어야 하는가에 대한 합의는 도출되지 않고 있다. 하지만 이신칭의에 관한 가톨릭과 개신교회의 차이는 어떤 면에서 가톨릭교회 내부에서의 의견차이나 개신교 내에서의 의견차이보다 크지 않다는 것이 놀과 나이스트롬의 생각이다. 그래서 가톨릭교회의 공식 가르침은 이제 존 웨슬리의 아르미니우스주의와 마틴 루터와 존 칼빈이 취하는 어거스틴주의 입장 사이의 어딘가에 위치하는 것 같다는 것이다.

> "칭의는 그 위에서 교회가 서기도 하고 무너지기도 하는 조항이다" (*iustificatio articulus standis vel cadentis ecclesiae*)라는 마르틴 루터 또는 장 칼뱅의 선언을 그들이 의지해야 하는 정박지로 인식하는 개신교인들이 한때 자주 반복했듯이, 만약 이것이 사실이라면, 종교개혁은 끝났다.[13]

북미에서 개신교 복음주의자이면서 토마스 아퀴나스를 추종하는 대표적인 토마스주의(Thomist) 신학자로 알려져 있는 노만 가이슬러(Norman Geisler, 1932-)는 『로마 가톨릭주의와 복음주의』라는 저서에서 가톨릭과 복음주의 사이에 교리적 동의 영역과 교리적 상이 영역, 그리고 실천적 협력 영역으로 나누어 설명하고 있는데 "구원"은 동의 영역에, "칭의"는 상이 영역에 분류하고 있다. 교리적인 모든 부분에서는 아니지만 상당한 부분까지 가톨릭과 복음주의가 합의하고 있음을 보여 주는 내용이다. 사실 이런 설명은 우리 한국의 개신교 신자들에게는 매우

---

13 마크 놀·나이스트롬, 『종교개혁은 끝났는가』, 383f.

생소하고 충격적이기까지 하다.

복음주의 신앙에 충실한 미국소책자협회는 2003년에 『천국으로 가는 길: 가톨릭 자료에 근거하여』을 발간하였는데 가톨릭교회가 사용하는 성경인 NAB(New American Bible)와 『가톨릭교회교리서』만을 인용하여 전통적인 복음주의 메시지를 설명하고 있다.

> 하나님이 거룩하시다는 것을 인정하라…인간이 죄인인 것을 인정하라…그리스도만이 당신의 죄를 위해 대가를 지불하셨음을 믿으라…구원받기 위해 회개하고 오직 그리스도만 의뢰하라…선행으로 당신의 구원에 생명이 있게 하라.[14]

기본적인 큰 틀에서 우리 개신교 복음주의에서 믿고 있는 것과 동일한 것을 표현하고 있다고 볼 수 있다.

가톨릭 신자와 개신교 복음주의자가 계속해서 서로 동의하지 못하고 있는 가장 심각한 주제는 교회론과 관련한 여러 문제들이다. 가이슬러는 "칭의" 이외에 성경관과 성찬, 교회론, 마리아론, 연옥에 대한 것을 가톨릭과 복음주의의 교리적 상이 영역에서 다루고 있다. 놀과 나이스트롬도 교황의 권위 문제, 동정녀 마리아 숭배, 성례주의와 관련한 문제, 사제의 의무 독신제도 및 다른 주제들이 가톨릭과 개신교가 서로 동의하지 못하는 문제로 제시하고 있다.

어떤 의미에서 각각의 경우에 개신교와 가톨릭 사이의 토론에서 의견의 불일치는 해소되지 않고 계속될 것이다. 이런 불일치는 결국 "어떻게

---

[14] American Tract Society, "The Road to Heaven: According to Catholic Sources" (Garland, TX: American Tract Society, 2003). 마크 놀, 나이스트롬, 『종교개혁은 끝났는가』, 50에서 재인용.

하나님이 이 세상에 있는 그리스도의 몸을 만드시는가, 그가 신자들을 위해 그 몸에게 요청하신 것이 무엇인가, 그가 어떻게 그 몸에 능력을 주셔서 그의 나라를 건설하는 사역을 수행하게 하시는가 하는 질문들에 대한 서로 다른 대답에서 파생된다."[15] 개신교와 가톨릭이 서로 의견을 달리하는 여러 문제들 가운데 마리아 숭배에 대해 살펴보자.

2. 마리아 숭배 유감

목회하던 교회가 천호동에 있었는데 천호 사거리에서 현대백화점을 끼고 우회전하여 좁은 길을 500여 미터 가면 천호동 성당이 있다. 처음 차를 몰고 교회를 가는데 천호동 성당의 종탑에 있는 글귀가 눈에 들어왔다.

"원죄 없이 잉태되신."

당연히 나는 원죄 없이 잉태되신 예수님에 대한 이야기인줄 알고 별로 신경을 쓰지 않았다. 그러다가 나중에 원죄 없이 잉태되신 밑에 있는 글귀들을 읽게 되었는데 "원죄 없이 잉태되신 성모 천호동 성당"이었다. 교회가 예수 그리스도의 교회가 아니라 성모 마리아 교회가 되어 버린 것이다. 본당 신부님을 한번 만나볼까도 생각했다. 마리아에 대한 우리 개신교와 다른 온도차라고 할까 그것을 확인하게 된 계기가 되었다.

마리아 숭배가 등장하게 된 배경에 대해서는 여러 가지 이야기가 있지만 기독론 관계 책을 읽어보면 중세에 예수 그리스도의 신성이 강조되면서 우리와 동일한 본성을 가졌다는 사실이 무시되었고 그래서 우리와

---

15 마크 놀, 나이스트롬, 『종교개혁은 끝났는가』, 385.

승천하신 그리스도를 연결하는 부가적인 형태의 인간 중재자가 필요하게 되었는데 동정녀 마리아가 그 해결책으로 채택되었다는 것이다.[16]

프란체스코 교황에 대한 영화가 2016년 봄에 개봉되어 극장에서 시청을 했다. 부에노스 아이레스 대주교 출신의 교황은 가난한 자들의 대변자라 할 수 있다. 어느 성도의 심방 요청을 받은 교황은 심방 후 함께 식사를 하는데 그 집의 부인이 울음을 터뜨리며 방을 나간다. 남편이 얼마 전부터 자꾸 저렇게 시도 때도 없이 운다고 말하자 교황이 부인을 따라 나가 왜 그러느냐라고 다정하게 묻는다. 이유인즉슨 집안이 가난한 관계로 아무도 몰래 낙태를 한 것 때문에 그런다는 것이다. 그때 교황이 말한다. 우리 성모께서도 아들을 잃은 경험이 있으시다.

피에타(Pieta)상이라고 하는 것이 있다. 십자가에 달려 죽으신 예수님을 십자가에서 내려 무릎에 안고 있는 예수님의 어머니 마리아를 조각한 것인데 복음서 구절이나 외경에 근거한 것이 아니라 오로지 인간의 경험에서 비롯된 것이라고 한다. 피에타라고 하는 것은 슬픔이나 비탄을 뜻하는데 예수님의 죽음을 애도하는 장면에서 마리아와 예수님만을 선택하여 분리시킨 이 피에타의 기원은 13세기 독일로 거슬러 올라간다고 하는데 성금요일 저녁을 기념하는 의미로 나무를 조각하여 채색하여 만들어졌다고 한다.

14세기에는 성 보나벤투라(St. Bonaventura, 1221-1274)의 「그리스도의 삶에 대한 명상」에 나오는 죽은 그리스도에 대한 성모의 애절한 고통이 큰 인기를 끌었다.

> 참을 수 없는 눈물을 흘리며, 이리저리 그리스도의 손과 옆구리에 난

---

16 로버트 리탐, 『그리스도의 사역』 황영철 옮김 (IVP, 2000), 29.

상처를 바라보았다. 그리스도의 얼굴과 머리를 바라본 마리아는 가시관의 흉터를, 쥐어뜯긴 턱수염을, 침과 피로 더러워진 얼굴을 응시하였다. 그녀는 눈물을 멈출 수가 없었다…. "무릎에 안고 있는 나의 아들아, 너는 인류를 구원하기 위해서 너 자신을 희생하였구나. 나는 기뻐해야 할 이 구원의 행위가 너무나 고통스럽고 괴롭구나."

독일에서 처음 나타난 피에타상은 14세기 중반 유럽 인구의 1/3의 목숨을 앗아간 흑사병과 더불어 이탈리아를 비롯한 전 유럽으로 확산되었다.[17]

개신교 신자들의 입장에서는 가톨릭 신자들의 마리아 숭배가 도무지 이해가 가지 않는다. 하지만 반대로 가톨릭 신자들 입장에서는 우리 개신교 신자들의 마리아 숭배에 대한 반감을 도리어 이해할 수 없다는 반응이다.

참척(慘慽)의 고통이라고 하는 것이 있다. 자식을 잃은 고통을 의미하는 말이다. 그 고통의 크기는 아무도 가늠할 수 없을 것이다. 그런데 예수님의 어머니 마리아가 그런 고통을 겪으셨다는 것이다. 영화 프란체스코를 보면서 '아 그래서 사람들이 마리아 숭배에 대하여 거부감이 별로 없이 그것을 수용하는구나' 이해하게 되었다.

내가 좋아하는 소설가 중에 박완서(1931-2011)가 있다. 말 그대로 격동의 세월을 온 몸으로 살아온 분이다. 서울대학교 국문과에 입학했으나 전쟁으로 중퇴하였고 6·25 전쟁 통에 오빠를 잃었으며 결혼하여 살아가다 마흔의 나이에 문단에 데뷔하여 수많은 소설을 발표하였다. 1988년 남편과 사별하고 같은 해에 하나뿐인 아들을 교통사고로 먼저 보내고

---

[17] http://navercast.naver.com/contents.nhn?rid=125&contents_id=5569 참조.

가톨릭으로 귀의하였다. 아들을 잃고 부르짖은 절절한 고백을 담은 『한 말씀만 하소서』에서 기억에 남는 구절은 아들을 다시 만나면 때려주고 싶다는 구절이었다. 그래 때려주려면 육체가 있어야 하지. 참 성경적이라고 생각했다. 지금 생각해 보니 박완서에게도 마리아는 자신의 참척의 고통을 공감해 주는 존재였을 것 같다.

 몇 년 전 프란체스코 교황이 방한하였을 때 알게 된 사실 한 가지가 있다면 그것은 8월 15일 광복절이 가톨릭교회에서는 성모마리아승천축일이라는 것이다. 가톨릭에서는 예수님의 어머니 마리아가 원죄 없이 잉태된 존재이며 평생 동정녀로 살다가 마지막에는 죽음을 보지 않고 승천한 것으로 믿는 모양이다. 이는 성경적인 근거는 없어 보인다. 피에타상이 성경적인 근거를 가지고 있는 것이 아니라 인간 경험에 기인한다는 설명과도 연결될 것이다. 성경에는 예수님의 육신의 동생들이 나온다. 신약성경 가운데 야고보서와 유다서의 저자들이 바로 예수님의 육신의 동생들이다. 이런 명확한 증거들을 가톨릭에서는 어떻게 해석하는지 궁금하기만 하다.

 아마도 가톨릭에서 마리아가 원죄 없이 잉태되었다는 주장을 하는 이유는 예수님의 무죄성을 확보하기 위한 배려라고 볼 수 있다. 하지만 이런 배려는 불필요해 보인다. 기독교 신학에서는 인간론에서 아담과 우리가 모종의 관계가 있다는 것을 원죄론을 통해 설명한다. 관건은 우리가 짓지 않은 죄의 책임을 우리가 져야 한다는 것이다. 여기에 쉽지 않은 논리적 어려움이 존재한다. 아담이 우리 인류의 대표로 죄를 지었기 때문이라는 설명이 등장하는 대목이다. 예수님은 참 하나님이심과 동시에 참 인간이셔야 한다. 그런데 예수님은 참 인간이심과 동시에 죄는 없으셔야 한다. 이 어려운 난제를 해결해 주는 것이 동정녀 탄생 교리라고 할 수 있다. 사도신경에 있는 표현대로 하면 "성령으로 잉태하사 동정녀 마리아에게 나신" 분으로 예수님을 설명하는 것이다.

히브리서 4장 15절에 있는 말씀이다.

> 우리에게 있는 대제사장은 우리의 연약함을 동정하지 못하실 이가 아니요 모든 일에 우리와 똑같이 시험을 받으신 이로되 죄는 없으시니라(히 4:15).

그리스도의 무죄성을 확보하기 위해 굳이 성모마리아 무염시태를 주장하지 않아도 되지 않을까?

마리아가 원죄 없이 잉태되었다는 것은 1854년에 비로소 교리화가 되었다고 한다. 이것만 보아도 성모무염시태가 성경적인 근거가 없음을 역설적으로 보여 주는 것 같다.

451년 작성되어 후대 기독론의 표준이 된 칼케톤 신조에 마리아와 관련하여 '하나님의 어머니'(*theotokos*)라는 표현이 등장한다. 이를 마리아 우상화라고 여기는 사람들도 있지만 그런 의미로 이해할 필요는 없다. '하나님의 어머니'와 대비되는 신학적 표현은 '그리스도의 어머니'(*christotokos*)이다. 여기 하나님은 신이이신 그리스도를 가리킨다면 하나님은 그리스도의 인성의 아버지는 아니시다. 하나님은 그리스도의 인성을 무에서 창조하신 것이 아니라 마리아에게서(*ex Maria*), 즉 마리아의 실체를 가지고 창조되었다. 그런 의미에서 마리아는 '하나님의 어머니'인 것이다. 전적으로 적절한 의미에서 그리스도는 '그녀의 태의 열매'(눅 1:47)였다. 마리아의 기여는 출산으로 끝나지 않았다. 마리아는 예수님이 성장하신 가정과 환경과 양육을 제공하셨다.

"마리아가 숭배를 받을 자격이 있다는 뜻은 아니다. 하지만 마리아는 우리의 감사를 받을 자격이 있다."[18]

나는 학생들에게 설교와 관련하여 외국 설교자로는 마틴 로이드 존스와 존 스토트, 국내 설교자로는 김홍전을 추천하곤 한다. 김홍전 목사님은 1964년 자신이 목회하던 성약교회를 모태로 하는 독립개신교회라는 교단을 만든 분으로 알려져 있다. 1990년 이후 이분의 책들이 우리나라 그리스도인들에게 널리 읽히고 있다. 이분의 책 가운데 『성탄절 강설』이라는 책이 있다. 1967년 성탄절부터 1982년 성탄절까지 모두 16회에 걸쳐 행했던 16편의 설교 가운데 12편을 싣고 있는데 그 가운데 4편의 설교가 "마리아와 요셉의 신앙"에 대한 것이다. 내가 이 설교들을 읽으며 느꼈던 감회는 개신교회에서는 거의 들어보지 못하던 설교라는 것이다. 우리는 그런 의미에서 예수님의 육신의 아버지 어머니에게 너무 무관심하다.

마리아에 대해 우리는 "갈릴리 나사렛에서 살고 있던 어떤 순진한 유대 처녀"라고만 생각해서는 안된다. 마리아는 "역사에 드물게 가장 위대한 신자의 한 사람에게, 또 거룩한 심정과 그런 마음의 상태를 늘 가지고 있어 모범이 될 신앙의 인물에게, 그리고 주께 전적으로 헌신하여 주의 뜻을 이루고자 하며, 그 당시의 상황 하에서 가질 수 있는 훌륭한 말씀 즉 계시의 내용을 보유하고 있던 그런 인물"이었던 것이다.[19]

현대 신학자들은 비교적 보수적인 신학자들조차도 동정녀 탄생 교리를 전설에 불과한 것으로 치부해 버리고 있다. 예를 들어 가톨릭 신학자인 한스 큉(Hans Küng, 1928-)은 이렇게 쓰고 있다.

"오늘날 가톨릭의 주해자들조차도 이러한 이야기들은 대개 불확실하며, 상호 모순되며, 상당히 전설적이며, 궁극적으로 말해서 신학적인 동

---

18 도널드 맥클라우드, 『그리스도의 위격』, 김재영 옮김 (서울: IVP, 2001), 51.
19 김홍전, 『성탄절 강설』 (서울: 도서출판 성약, 1986), 131.

기에서 기록된 기사라는 사실을 인정하고 있다."

에밀 브루너(Emil Brunner, 1889-1966)는 동정녀 탄생을 구원의 기적을 일종의 형이상학적인 문제로 바꾸려는 시도로 보고 있다.

"'무슨 일이 일어났는가?'라는 실존적인 질문은 '어떻게 그 일이 발생했는가?'라는 알고 싶어 하는 캐물음으로 바뀌고 있다. 어떻게 하나님이 사람이 되는 것이 가능한지를 묻는 것은 그 출발부터 잘못된 질문이다."

판넨베르그(Pannenberg, 1928-2014)는 그 교리를 헬라파 유대인 집단에서 부상한 전설로 보고 있으며, 그 내용에 관해서는 "바울과 요한의 글에서 발견되는 모순되는 것"이라고 보고 있다.

하지만 칼 바르트(Karl Barth, 1886-1968) 동정녀 탄생은 하나의 징조로서 특별한 위치를 차지하고 있다고 설득력 있게 주장했다.

"그것은 그 아들의 성육신을 다른 인간 존재의 모든 출발과 구별시켜 주는 신비로서, 성육신의 신비와 수반되며 그 신비를 시사하는 징조다."

적어도 성경의 권위를 조금이라도 존중한다면 이 가르침을 존중할 것이며 최소한 너무나도 많은 그리스도인들이 그 가르침에 대하여 말할 때 드러내는 경멸적인 어투는 제거되어야 할 것이다. 그렇다면 동정녀 탄생의 징조는 무엇을 가르치고 있는가? 세 가지로 제시할 수 있다.[20]

첫째, 그것은 예수님과 복음의 본질적으로 초자연적인 성격을 강조하고 있다. 동정녀 탄생은 크리스마스의 신비라는 문 앞에 서 있는 문지기이며 따라서 우리 가운데 어느 누구도 그 문을 성급하게 지나가려고 생각해서는 안된다. 복음의 시작에서 동정녀 탄생은 믿음의 행위는 합법적인 '사크리피기움 인텔렉투스'(*sacrificium intellectus*, 지성의 희생)라는 하나님의 은혜로운 선언이다.

---

20   맥클라우드, 『그리스도의 위격』, 41f.

둘째, 동정녀 탄생은 인간 본성에 대한 하나님의 심판을 나타내는 징조이다. 인류는 구속자를 필요로 한다. 그러나 인류는 그 구속자를 자체적으로 낳을 수 없다. 구속자는 밖에서 와야 한다. 하나님이 어린 양을 제공하신다 (창 22:8).

"인간 본성은 예수 그리스도의 인성이 될 능력을 전혀 소유하고 있지 못하다" (바르트).

셋째, 동정녀 탄생은 예수 그리스도가 새로운 시작이라는 징조이다. 그리스도는 이전에 있었던 어떤 것으로부터의 발전이 아니다. 그는 하나님의 개입이다. 하나님의 권능이 인간의 곤경 속으로 들어온 최후의, 위대한, 최종적 분출이다.[21]

1936년 설립된 정통장로교회(Orthodox Presbyterian Church)에서 분리한 성경장로교회(Bible Presbyterian Church)라는 교단을 올리버 버스웰(J. Oliver Buswell, 1895-1977) 등과 함께 1937년 설립한 칼 매킨타이어(Carl McIntire, 1906-2002)는 근본주의자이자 반공주의자로 알려져 있다. 매킨타이어는 1945년 가톨릭 신자의 통치를 받느니 공산당의 통치를 받는 편이 낫다는 극단적인 주장을 하였는데, 1969년에는 조금 달라진 입장을 대변하였다고 한다.

"나는 동정녀 탄생을 부정하는 자유주의 개신교인보다 그것을 믿는다는 점에서 가톨릭 신자에 좀 더 가깝다."[22]

마리아 숭배와 관련하여 아직 가톨릭교회의 공식적인 결정으로 확정된 것은 아니지만 1996년 가톨릭 신자들을 위해 발간된 『가톨릭교회교리서』는 거의 마리아를 공동 구속자(*co-redemtrix*)나 중보자(*Mediatrix*)로

---

21 맥클라우드, 『그리스도의 위격』, 42f.
22 마트 놀, 나이스트롬, 『종교개혁은 끝났는가?』, 68.

언급하고 있는 듯한 표현들을 많이 하고 있는데 개신교인들 입장에서는 의구심을 가지게 한다. 마리아도 구원을 받아야 한다고 주장하고는 있지만 원죄가 없는 존재라고 주장하고 있고 마리아를 삼위일체 하나님과 동등한 위치에 놓을 수 없다고 주장하면서도 마리아가 아버지의 딸이며 아들의 어머니이며 성령의 성전이라고 주장하고 있어 마리아가 삼위일체를 "잠입"(immersion)하고 침범하는 듯한 표현을 하고 있다.[23]

3. 개신교는 반가톨릭주의인가?

맥그래스는 개신교가 늘 한 마디로 정의하기 힘든 다소 산만한 개념이라고 말하고 있다. 개신교의 자기 정체성과 관련하여 우리는 어떻게 개신교를 규정하는 것이 좋을까라는 질문을 제기할 수 있다. 가장 일반적인 것은 개신교를 가톨릭을 반대하는 것 정도로 정의하는 것인데 이것은 꽤나 뿌리 깊은 역사를 가지고 있다.

로이드 존스는 가톨릭에 대한 강한 반대를 하였던 대표적인 복음주의 지도자였다. 그가 복음전도자 빌리 그래함(Billy Graham, 1918-)을 반대한 이유도 빌리 그래함의 전도방식에 동의할 수 없었다는 것과 함께 빌리 그래함 전도단이 가톨릭과 연합하였기 때문이라는 주장이 있을 정도로 로이드 존스는 가톨릭에 대해 비판적이다. 하지만 로이드 존스는 그럼에도 개신교는 가톨릭을 반대하는 반가톨릭 그 이상의 것이어야 함을 강조하고 있다.

19세기 프랑스의 역사가요 철학자인 에르네스트 르낭(Ernest Renan,

---

23 마크 놀, 나이스트롬, 『종교개혁은 끝났는가?』, 161.

1823-1892)은 민족적 동질감을 불러일으키는 요인에 대해 탐구하다가 그 무엇보다도 연대 의식과 공통된 가치관을 만들어내는 고난과 핍박의 중요성을 지적하고 있다. 르낭은 말하기를 "함께 겪는 고난이 기쁨보다 더 단결을 가져온다"라고 하였다. 이것은 개신교의 자기 정체성에 대입해 보면 명확한 해답이 나온다. 라이벌 종교 그룹인 가톨릭으로부터 폭력과 억압을 당하게 되거나 심지어 그런 일을 당할 수 있다는 위협만 느끼더라도 '타자'인 가톨릭에 맞서는 개신교의 자아 정체감은 더욱 공고해질 수 있다. 그런 의미에서 한 그룹을 가장 효과적으로 묶어주는 것은 불만과 고난과 증오, 어떤 경우에는 복수할 수 있으리라는 소망을 공유하는 것이다. 개신교가 자신의 정체성을 형성해 가는 과정에서 왜 가톨릭을 반대하는 적대주의를 취하게 되었는지를 이해하게 되는 대목이다.[24]

1560년대 초 그 세를 확장해 가던 개신교는 새로운 모습으로 태어난 가톨릭의 저항을 받았다. 가톨릭의 종교개혁은 신성로마제국의 합스부르크 왕가와 프랑스의 발루아 왕가(Valois dynasty) 사이의 싸움으로 오랫동안 지연되다가 비로소 그 효과를 발휘하기 시작했다. 가톨릭 내부에서 1490년 이후로 이미 어느 정도 이루어지고 있었던 내부 개혁이 개신교의 등장으로 촉진되어 가톨릭의 현실과 사상을 체계적으로 점검하게 하는 탄력을 받게 되었고 개신교에 대한 본격적인 폭력적인 응답이 시작되었다.

존 폭스(John Foxe, 1515/17-1587)가 1563년에 쓴 5권으로 이루어진 『순교자 열전』은 마지막 권에서 잉글랜드 국교회를 가톨릭으로 되돌리려 했던 메리 튜더 치하에서 순교한 토머스 크랜머(Thomas Cranmer, 1489-1556) 대주교 등의 이야기를 담고 있어서 개신교도들로 하여금 공

---

24 맥그래스, 『개신교, 그 위험한 사상의 역사』, 212.

통된 불만을 갖고 함께 고난당하고 있다는 의식을 공고히 다지는 역할을 했다. 1572년 프랑스에서 발생한 성 바돌로메 축일의 학살 사건에서는 작게는 3천에서 많게는 3만 명에 이르는 위그노 개신교도들이 학살을 당한 것으로 추산되고 있다.

프랑스에서 벌어진 학살극에 교황 그레고리 13세(Gregory XIII, 1502-1585, 재위 1572-1585)는 뛸 듯이 기뻐했다. 축포를 쏘고 기념 메달을 만들고 학살을 묘사하는 벽화를 그리게 하는 등 분별없는 행동을 자행하였던 것이다. 이런 일련의 행동들은 온통 혐오와 '반교황 정서'를 야기할 수밖에 없었으며, 이런 반응은 유럽의 개신교 지역 전체로 퍼져 갔는데, 이런 반가톨릭적인 정서는 최근까지도 일관되게 개신교도들을 규정하는 요소 역할을 해왔다. 특별히 영국 해군이 1588년 에스파냐의 무적함대를 격파하고 1605년 가톨릭교도들이 의회 개원식에 맞추어 왕과 귀족들을 살해하려했던 '화약 음모'(Gunpowder Plot)를 분쇄한 뒤로는 가톨릭교회 중에서도 교황이라는 인물을 향한 적개심이 개신교를 규정한다는 인식이 늘어갔고 그 결과 교황이라는 인물은 적이자 저항의 대상을 상징하게 되었다.[25]

이런 가톨릭에 대한 반감은 미국의 개신교에서 강화된다. 미국에 처음 정착했던 개신교도들이 갖고 있던 정체성은 제임스 1세와 찰스 1세가 다스리던 잉글랜드에서 희생당하고 차별 받았던 사람들이라는 것이었다. 이미 강한 정체성을 갖고 있었던 그들은 고난을 체험하면서 더욱 강한 정체감을 갖게 되었다. 그들은 이런 체험을 이스라엘 백성들이 바로가 다스리는 이집트에서 겪은 체험에 자주 비유하곤 했다. 대서양을 건너는 위험한 항해는 홍해를 건너는 것과 같았고, 뉴잉글랜드에 도착한

---

25 맥그래스, 『개신교, 그 위험한 사상의 역사』, 215f.

것은 약속의 땅 가나안에 들어가는 것과 같았다. 하지만 일단 아메리카에 정착한 뒤에는 개신교의 정체성은 약화되었다.

유럽에서 보냈던 기억들은 사라지기 시작했고, 새로운 세대는 과거를 간접적으로 알 뿐이었다. 대각성 운동과 그 뒤를 이은 운동들은 분명 미국의 종교적 신앙에 새로운 에너지와 방향 감각을 제공했지만 개인의 신앙 갱신은 '개신교'라는 이름으로 모든 교단을 포괄하는 통일체에 더 깊이 헌신하는 차원으로 이어지지 못했다. 그 결과 개신교라는 범주보다 '복음'이라는 범주를 사용하여 교파를 초월하는 어떤 정체감을 표현하였다. 이것은 식민지 문제 때문에 고조되고 있던 사회 내부의 긴장 때문이었을 것이다. 이런 긴장은 당시 미국 개신교 내부에 존재하던 갈등, 무엇보다도 성공회 신자들과 그 반대편에 있던 장로교 신자들 및 회중교회 신자들 사이의 갈등을 극명하게 보여 주었다.[26]

"외부의 힘이 미국의 모든 개신교 신자들의 미래를 위협한다는 믿음"으로 정의할 수 있는 적대주의(oppositionalism)가 1750년부터 1960년에 이르는 기간 동안 미국의 개신교도들의 정체감에 자양분과 연료를 공급한 특징적 모습 중 하나가 되었는데 그것은 바로 가톨릭을 공공연히 적대시하는 것이었다. 가톨릭을 향한 적대감이 교파의 경계를 넘어 모든 교파에 깊이 스며들었고, 미국 문화 전체에 철저히 파고들었다. 그리고 이런 적대감이 개신교의 문화적 종교적 정체성을 형성했다. 개신교 신자들은 늘 공격적인 태도로 가톨릭을 '남'(the other) 또는 '위협거리'로 묘사했으며, 근본적으로 미국의 자유주의 원리 및 공화제 원리와 어울리지 않는 종교로 치부했다.[27]

---

26 맥그래스, 『개신교, 그 위험한 사상의 역사』, 274.
27 맥그래스, 『개신교, 그 위험한 사상의 역사』, 274ff.

18세기에는 미국에 가톨릭 신자들이 거의 없었기에 이런 가톨릭을 적대시하는 입장은 이론적인 차원에 머물러 있을 때가 많았다. 하지만 19세기가 되어 가톨릭 이민자들이 급증하게 되면서 온갖 음모론이 확산되어 갔다. 개신교는 이 점증하는 위협에 맞서 일치단결했다. 그 전만 해도 개신교 신자들 사이에는 공통된 신앙과 가치관을 갖고 있다는 의식이 다소 박약하여 이리저리 흔들렸다. 그러나 교회와 국가가 외부로부터 중대한 위협을 받고 있다는 인식을 갖게 되자, 개신교도들은 그들이 공유하는 신앙과 가치관에 초점을 맞추게 되었다.

19세기 미국적인 상황에서 점증하는 가톨릭의 위협에 대해 적대적인 자세 가운데 이루어진 결정이 바로 로마 가톨릭 영세의 무효성에 대한 결정이다. 1835년 북장로교 총회는 로마 가톨릭교회가 그리스도의 신앙에서 이탈했기 때문에 기독교회로 간주할 수 없다고 명문화하였고, 찰스 피니의 부흥 운동을 반대했던 미국장로교 (PCUSA) 구학파(Old School)의 1844년 총회에서는 1835년의 결정을 그대로 받아들여 로마 가톨릭의 영세가 무효하다고 결정했다. 가톨릭의 영세가 무효하다는 쪽이 가톨릭의 영세를 인정하는 쪽보다 169대 8(기권 6)로 압도적으로 많았다. 총회 의사록에는 173대 8로 기록되어 있어 약간의 차이가 존재하지만 어느 쪽이든 압도적 표결임에는 분명하다.[28]

이런 가톨릭에 대한 반감은 최근 한국교회 일각에서도 감지되고 있다. 가톨릭에서 받은 영세를 우리 개신교에서 인정하여 가톨릭 교인이 개신교회에 나오게 될 때 다시 세례를 주지 않고 입교 절차를 거쳐 받아들이던 것을 재세례하기로 2014년 예수교장로회 합동교단 총회에서 결

---

[28] "한국장로교회와 성례"라는 주제로 열린 한국장로교신학회 28차 학술발표회 자료집 박용규, "로마 가톨릭 영세에 대한 개혁주의 관점, 그 역사적 신학적 고찰," 7f.

정한 것이다. 사실 나는 교단 총회에서의 의사결정 과정에 대해서 잘 모른다. 아마도 노회에서 상회인 총회에 헌의안의 형태로 질의가 가는 모양이다. 예컨대 열린 예배를 해도 되는가라고 질의하면 총회에서 열린 예배는 불법이다라는 식으로 결정이 된다. 그런데 열린 예배가 불법인지 아닌지에 대한 것은 열린 예배가 과연 무엇인지에 대한 논의 이후에 이루어져야 바른 결정이 가능하다. 그런 면에서 총회에서 바로 결정할 사안이 아니라 학적인 논의가 필요한 사안들까지 함부로 총회에서 마구잡이로 결정되는 것은 아닌가 하는 의구심을 가지게 된다.

가톨릭의 영세에 대한 결정도 어느 노회에서 헌의안이 올라갔을 것이다. 일선 교회에서 느껴지는 가톨릭의 성장세에 대한 긴장감 같은 것을 반영한 이런 질의에 대해 교단의 정치를 좌지우지하는 총회원들이 신중한 논의 없이 결정한 것은 아닌가 생각한다. 이보다 앞서 2004년 예수교장로회 통합교단 총회에서는 같은 문제에 대해 가톨릭의 영세는 유효하기에 재세례를 하지 않는 것으로 결정되었다고 한다.

모든 사안을 연구위원회를 통해서 몇 년의 유예를 두고 결정할 필요는 없을지 모르지만 총회석상에서의 논의만으로 결론을 내리기 어려운 문제들에 대해서는 때로 연구위원회를 발족하는 것을 제안하고 싶다. 실제로 미국의 칼빈신학교가 소속되어 있는 북미주개혁교회(Christian Reformed Church in North America)에서는 교단의 총회록에 상당한 분량의 연구보고서가 해마다 붙어있는 것을 발견할 수 있다.

1845년 미국장로교 총회에서 가톨릭 영세가 무효하다는 결정을 한 것에 대해 가장 강력하게 반대한 사람은 찰스 하지(Charles Hodge, 1797-1878)로 알려져 있다. 가톨릭의 세례가 세례의 요건을 갖추고 있기 때문에 유효하다는 것이다. 장로교회 세례가 장로교회 신자를 만드는 것이 아니라, 장로교회의 세례를 통해 보편교회의 회원을 만드는 것이듯이 로마 가톨릭의 세례도 가톨릭교회의 부패에도 불구하고 보편교회의

회원으로 가입하게 하는데 유효하다고 보았던 것이다.[29]

보수적인 장로교 신학자였던 하지는 가톨릭교회의 오류에 대한 개신교 논증을 철저하게 유지하면서도 가톨릭 세례의 유효성을 지지한 덕분에 엄청난 비판에 시달렸다. 당시의 시대 분위기가 급증하는 가톨릭이민자들에 대한 반감 때문에 반가톨릭주의로 흐르고 있었기 때문일 것이다. 하지는 "신분을 숨긴 가톨릭 스파이"가 절대 아니었다. 왜냐하면 하지는 자신이 보기에 가톨릭교회의 신학적 오류라고 생각하는 사항들에 대해 일생에 걸쳐 지속적으로 비판하였기 때문이다.[30]

이 글을 쓰는 동안 통계청의 발표가 있었다. 2015년 인구주택총조사 표본 집계 결과 종교가 있다는 사람이 43.9%, 종교가 없다는 사람이 56.1%로 조사되었다는 것이다. 각 종파별로는 개신교가 967만 6천 명으로 19.7%, 불교가 761만 9천명으로 15.5%, 그리고 가톨릭이 389만 명으로 7.9%라고 한다. 2005년과 비교하면 개신교는 844만 명에서 무려 123만 명이 증가되었는가 하면 불교는 2005년 1,058만 8천명에서 300만 명 가량의 감소세를 보였고 가톨릭도 2005년 501만 5천명에서 100만 명 이상의 신자가 감소한 것으로 조사되었다. 전수조사가 아니라 표본조사이기는 하지만 천만 가까운 사람들을 표본으로 했기 때문에 오차 범위는 그렇게 크지 않다고 한다.

이번의 발표가 예상과 달리 충격적인 것은 두 가지다.

첫째는 비종교인의 숫자가 처음으로 종교인의 숫자를 넘어섰다는 것이다. 우리나라 사회가 점점 세속화를 향해 나아가고 있다는 증거라고 할 수 있다.

---

29 김병훈, "로마 가톨릭 세례의 유효성에 관한 소고," 「한국장로교회와 성례」, 45.
30 마크 놀·나이스트롬, 『종교개혁은 끝났는가?』, 80.

둘째는 개신교인의 숫자가 불교인의 숫자를 처음으로 추월하여 개신교가 제1의 종교가 되었다는 것인데 이 부분이 충격적인 이유는 지금 일선 교회현장에서 체감하는 개신교 인구의 격감과는 자못 다른 수치이기 때문이다. 여기에 대한 해석이 분분하지만 어쨌거나 종교가 없다고 대답한 사람이 종교가 있다고 대답한 사람 보다 더 많은 것으로 조사된 것은 1985년 종교유무를 조사한 이후로 처음이라고 하니 세속화의 바람이 더욱 거세지고 있다고 볼 수 있을 것이다.

이 세속주의와 함께 이슬람의 위협은 가톨릭과 개신교 모두가 함께 경험하고 있는 공통의 위협이라고 할 수 있는데 이것은 우리나라에서도 마찬가지라고 할 수 있다. SBS에서 "예수 하나님의 아들인가, 사람의 아들인가"라는 특집이 방송된 적이 있었다. 3번에 걸친 특집 방송이었는데 나는 1편만 시청했다. 그나마 내 방에서 할 일을 하며 거실에 나와 찔끔찔끔 본 것이라 보았다고 할 수 있을지 모르겠다. 하지만 전체적으로 매우 편향된 방송이라는 인상을 지울 수 없었고 아니나 다를까 한기총을 비롯한 기독교 단체들의 항의를 받고 정정보도를 한 것으로 알고 있다.

보통 기독교인들은 MBC에 대해 기분 나빠한다. PD 수첩이나 여러 프로그램에서 한국교회의 부끄러운 모습들을 공격하니 좋은 감정일 수가 없다. 하지만 어떤 면에서는 옥한흠 목사님 마지막 부활절 설교에서 말씀하신 것처럼 한국교회가 자정능력을 상실하였다면 이런 공영방송을 통해서라도 비판을 받고 욕을 먹어야 한다. 그리고 MBC에서 공격하는 것은 우리가 섬기는 하나님에 대한 것이나 우리가 믿고 있는 신앙의 본질에 대한 것은 아니다. 우리 믿는 사람들의 잘못된 행태를 파헤치고 공격하는 것이니 어떤 면에서는 그럴 수 있다고 얼마든지 생각할 수 있는 부분이다. 그런데 SBS가 "예수 하나님의 아들인가, 사람의 아들인가"라는 특집을 통해 시도한 것은 기독교 신앙의 핵심을 언급하는 내용이었다. 1편 말미에 자신있게 예수는 신의 아들이 아니라 사람의 아들이라고 결론을 내리고 있다.

나로서는 기독교 2천 년의 역사를 어떻게 몇 달 취재해서 그런 결론을 내리는지 편집 의도에 대한 의구심을 지울 수 없었다. 그래서 기회 있을 때마다 학생들이나 목사님들 대상의 특강을 할 때면 그 부분을 강하게 비판하였다. 그랬더니 어떤 목사님 말씀이 SBS 배후에 이슬람이 있다고 하셔서 그러면 내가 이해가 된다, 그러지 않고는 SBS가 한 일을 나는 도무지 이해할 수 없다고 말하곤 하였다. 그러다가 어느 학회에서 SBS의 모기업인 태영건설이 이 프로그램 방영 이후에 중동에서 엄청난 수주액을 올리게 되었다는 사실을 알게 되었다.[31]

물론 이슬람 세력에 대한 대처에 있어서 우리는 최대한 신중을 기해야 한다. 정말 사실에 근거하지 않은 것에 대한 비난은 조심하면서 지혜롭게 대처해야 한다. 무조건적인 이슬람 공포증이나 혐오증(Islam phobia)은 조심해야 한다. 보통 이슬람이 오일 달러를 가지고 우리나라에 들어온다고 한다. 즉 돈을 가지고 들어온다고 우리는 비판한다.

이 부분에 대해 사실은 우리나라 개신교 선교 초기에도 가난한 우리나라를 위해 서구 선교사들이 돈을 들고 들어오지 않았는가?

그 부분에 대해서 무조건 반대하는 것은 지혜로운 자세는 아닐 것이다. 그것을 막을 수는 없을 것 같다. 그런 면에서 감정적으로가 아니라 두 눈을 바로 뜨고 이슬람의 위협에 대해 대처해야 한다.

이슬람은 한 마디로 "십자가 없는 하나님 나라 운동"이라고 존 스토트는 『그리스도의 십자가』에서 일갈하고 있다. 서울대학교 서양사학과 교수인 주경철은 "예수와 무함마드"라는 짧은 칼럼에서 기독교와 이슬람교

---

[31] 김은홍, "한국 내 이슬람화 전략인 '다와'와 기독교 선교·변증적 대응," 「한국개혁신학회 제41차 학술심포지자료집」, 8.

의 관계는 유라시아 대륙 역사의 흐름에서 가장 중요한 요소 중 하나이며 양측은 수많은 유혈충돌을 일으켰지만 두 종교의 교리는 생각보다 훨씬 공통점이 많다고 주장하고 있다.

> 이슬람교에서 예수는 신앙의 원수이기는커녕 지극히 중요한 성인이다. 예수는 모든 예언자 가운데 유일하게 신의 말씀으로 예고되었고 처녀잉태를 통해 탄생했다. 쿠란은 또 예수가 죽을 때에도 신이 개입하여 구원하였다고 기록하고 있다. 십자가 처형 현장에 있던 사람들은 예수가 십자가에 매달려 죽었다고 믿었지만 그것은 환상일 뿐이며 실제로는 신이 예수를 직접 하늘나라로 불러올린 것으로 해석한다. 그러므로 예수는 인간 중 유일하게 죽음을 면한 존재다. 쿠란에 의하면 알라는 인간들에게 마지막 심판의 소식을 전하는 임무를 예수에게 맡겼고, 예수는 무함마드도 하지 못한 여러 기적을 행하며 그 임무를 수행하고자 했다.[32]

이것이 주경철 교수가 소개하고 있는 이슬람에서 예수님을 어떻게 이해하고 있는가 하는 내용이다.

그런 면에서 보면 동정녀 탄생을 부정하는 자유주의 신학자들보다 이슬람에서 보다 정확하게 예수님을 이해하고 있다고도 볼 수 있지 않을까?

문제의 핵심은 예수님의 십자가에 대한 이해이다. 결국 한 마디로 예수가 진짜 예언자인 것은 맞지만 실패한 선지자라는 것이다.

왜? 십자가에 못박혀 죽음으로 예수가 알라로부터 받아온 신의 메시지가 상실되었기 때문이다.

---

[32] http://news.chosun.com/site/data/html_dir/2011/05/06/2011050601917.html

이슬람의 관점에서 보면 예수의 소명은 실패로 끝났다. 예수가 진짜 예언자인 것은 맞지만 그가 받아온 메시지가 불명확하게 된 이상 무함마드라는 마지막 예언자가 다시 필요하게 된 것이다. 물론 기독교의 관점에서 보면 무함마드는 거짓 예언자이다. 대부분 유사하되 결정적인 지점에서의 차이, 이것은 결코 쉽게 해결할 수 있는 문제는 아닌 것 같다.[33]

맥그래스는 이 부분과 관련하여 흥미로운 주장을 하고 있다. 코란에서 이해하고 있는 예수에 대한 이해는 기독교에서 이단으로 치부하는 공동체의 이해를 반영하고 있다는 것이다. 그런 의미에서 보면 기독교 신앙에 관한 지식을 코란에만 의존하는 무슬림들은 그리스도인이 예수에 관해 믿고 있다고 추정하는 내용과 그리스도인과의 대화에서 알게 되는 실제 내용이 서로 다른 것 때문에 종종 고민에 빠지곤 한다. 즉 코란에서 언급하고 있는 기독교나 예수에 대한 이해는 기독교 신앙의 주변부에 있는 사상을 대변한다고 할 수 있다. 사실상 모든 그리스도인이 결함이 있는 것으로 동의할 만한 이단적인 기독교인 것이다.[34]

삼위일체 교리에 대한 코란의 진술을 살펴보면 다소간의 논란이 있을 수 있지만 코란은 그리스도인들이 별개의 세 인격, 하나님, 예수, 마리아로 구성된 삼위일체를 예배하는 것으로 묘사한다. 이슬람 학자들 가운데 몇몇 사람이 그리스도인들이 실제로 믿는 내용을 조심스럽게 제시했음에도 불구하고 이러한 삼위일체론에 대한 삼신론적 묘사는 여전히 이슬

---

[33] http://news.chosun.com/site/data/html_dir/2011/05/06/2011050601917.html
[34] 알리스터 맥그래스, 『그들은 어떻게 이단이 되었는가: 교회가 신앙을 지켜온 치열한 역사』, 홍병룡 옮김 (서울: 포이에마, 2011), 333.

람 안에서 대중적인 영향을 미치고 있다.³⁵

이러한 코란의 삼위일체에 대한 묘사는 무함마드 당시 아라비아 지역에서 영향력이 컸던 기독교 내의 컬리리디아니즘(Collyridianism)이란 이단 종파와 어느 정도 유사점을 갖고 있는 듯하다고 맥그래스는 말하고 있다. 나는 사실 처음 들어본 이단인데 이 이단 종파의 가장 두드러진 특징은 하나님에게 어울리는 숭배와 경배를 마리아에게 드리는 등 마리아를 여신으로 대우하는 것이다. 5세기에 이 이단 종파가 크게 성행했던 지역은 그리스 여신들을 숭배하던 지역과 일치한다.³⁶

2, 30년 전 공중파에서 무함마드의 생애를 그린 영화를 방영해 주어서 시청했던 기억이 있다. 영화에는 무함마드가 등장하지 않는다. 카메라가 무함마드이다. 성상숭배에 대한 이슬람의 혐오를 확인하게 되는 대목이기도 하다. 영화 중에 박해를 피해 무함마드는 인근의 기독교 국가에 도망을 가 보호를 요청한다. 무함마드가 받은 계시를 쭉 들어본 기독교 국가의 왕은 우리 기독교와 비슷하다는 반응을 보이고 보호해 준다. 하지만 무함마드 입장에서는 당시의 기독교가 우상숭배 종교 비슷하게 보였을 것이다. 그리스 여신숭배의 영향으로 마리아를 숭배하고 삼신론적인 견해를 견지하고 있는 기독교였다면 그렇게 보였을 수 있다는 것을 인정하지 않을 수 없다.

"초기 이슬람의 지리적 위치와 문화적 현주소가 기독교를 이해하고 평가하는 데 중요한 영향을 미쳤던 것이다."³⁷

사정은 코란의 예수 그리스도에 대한 이해에도 마찬가지이다. 칼케돈

---

35 맥그래스, 『그들은 어떻게 이단이 되었는가』, 333.
36 맥그래스, 『그들은 어떻게 이단이 되었는가』, 334.
37 맥그래스, 『그들은 어떻게 이단이 되었는가』, 334.

신조를 따르는 정통 신앙과는 동떨어진 나사렛 예수의 정체성에 대한 이단적 견해가 아라비아반도에 널리 퍼져있었고 다른 대안이 없는 상황에서 이런 이단적인 기독론이 특히 대중적 차원에서 중대한 영향을 준 것으로 볼 수 있다. 코란의 예수 그리스도에 대한 묘사는 당시 아라비아 지방에서 상당한 영향력을 끼치고 있던 가현설(假現說, docetism)에 속하는 영지주의적 기독론의 맥락에서 이해할 수 있다. 가현설은 그리스도의 참된 인성을 부정하는 이단인데 요한일서에서 그 대표적인 비판을 발견할 수 있다.

> 사랑하는 자들아 영을 다 믿지 말고 오직 영들이 하나님께 속하였나 분별하라 많은 거짓 선지자가 세상에 나왔음이라 이로써 너희가 하나님의 영을 알지니 곧 예수 그리스도께서 육체로 오신 것을 시인하는 영마다 하나님께 속한 것이요(요일 4:1-2).

그런데 코란의 예수 그리스도에 대한 묘사는 바로 이 가현설의 영향을 받은 이단적인 주장이다.

> 코란의 그리스도론에 대한 비판이 세트파 영지주의의 영향을 받은 그 지방의 여러 그리스도론으로부터 자극을 받았다고 말해도 비판의 타당성이 줄어드는 것은 아니다. 다만 정통파의 신앙 유형이 아니라 비정통파의 유형이 비판을 받는 것에 주목할 필요가 있다.[38]

영지주의는 영육 이원론을 가지고 육체를 죄악시하는 주장이다. 이런

---

38 맥그라스, 『그들은 어떻게 이단이 되었는가』, 335.

입장에서는 당연히 그리스도의 참된 인성을 부정하게 된다.

이 대목에서 맥그래스가 언급하고 있는 세트파 영지주의(Sethianism, 아담의 세 번째 아들 셋[Seth]을 추종하는 영지주의 일파)의 중요한 저서 『위대한 셋의 둘째 논서』는 4세기에 집필한 것으로 보이는데 이 저서는 당시 이집트와 아라비아에 널리 퍼져 있던 나사렛 예수에 대한 영지주의적 이해를 보여 주는 중요한 증거 자료이다. 이 저술은 예수가 십자가에 죽었다는 사실을 받아들이지 않고 1인칭을 사용하여 성금요일 사건을 다르게 이야기하는데, 이 가르침은 위에서 말한 것처럼 예수 그리스도에 대한 이슬람의 가르침과 놀랄 만큼 비슷하다. 이슬람 역시 예수가 고난을 받고 십자가에서 죽었다는 사실을 받아들이지 않는다.

> 다만 그들의 눈에 그렇게 보였을 뿐이다…. 그들은 그를 죽이지 않았다…. 오히려 하나님은 전능하시고 지혜로우시기 때문에 그를 자신에게로 데려가신 것이다.[39]

예수의 인성을 부인하는 가현설이나 이슬람 모두 공통적으로 나사렛 예수의 십자가 죽음이 그의 신성을 손상시키는 굴욕적인 것이라는 이유로 부인한다. 그들은 주장하기를 십자가에 죽은 것은 예수가 아니라 구레네 시몬이라는 것이다.[40]

그렇다면 코란에 진술된 기독교 신앙에 대한 이해는 삼위일체론이나 기독론에 있어 정통적인 견해가 아니라 당시 아라비아 반도에 만연해 있던 이단적인 기독교의 한 형태라고 할 수 있다. 문제는 이런 코란에 제

39　맥그라스, 『그들은 어떻게 이단이 되었는가』, 336.
40　맥그라스, 『그들은 어떻게 이단이 되었는가』, 337f.

시된 삼위일체와 기독론에 대한 이단적인 견해들을 가지고 기독교 전체로 일반화할 소지가 다분하다. 물론 기독교 이단들이 아무리 결함이 있고 변형되고 왜곡되었다 해도 어디까지나 기독교의 유형이기는 하지만 진정한 기독교라고 하기는 어려울 것이다. 맥그래스는 이 부분과 관련한 두 종교 간의 진지한 대화를 통해 두 종교 간의 긴장이 어느 정도 완화될 수 있을 것이라고 기대하고 있다.[41]

필리핀에서 무슬림을 대상으로 선교한 경험이 있는 미국 선교사 필 파샬(Phil Pashall)이 쓴 『십자가와 초승달』(Cross and the Crescent)이라는 책을 20년도 더 전에 읽었는데 기독교 시각에서 쓰여진 책인데도 이슬람에 대해 매우 호의적으로 소개하고 있었다. 이슬람에서 말하는 한 가지 한 가지가 그리스도인인 내게 아무런 거부감이 없이 다 용납이 되었다. 내게 딱 한 가지 문제가 되었던 것은 책의 마지막 부분에 소개되어 있는 이슬람의 종말론이었다. 코란에서 그리고 있는 천국은 예쁜 여자 여럿 거느리고 술 진탕 마시며 사는 곳이다. 매우 여성차별적이고 심지어 종말론적 비전 가운데 일부다처제를 그 안에 담고 있다.

보통 우리가 가지고 있는 이슬람에 대한 이해는 서구의 시각에서 왜곡된 것이라고 할 수 있다. 이슬람하면 우리는 극단적인 테러리스트를 떠올리는데 그런 의미에서 보다 균형잡힌 이슬람에 대한 이해가 필요하다고 할 수 있다. 개신교와 가톨릭은 세속주의와 이슬람이라고 하는 공동의 적에 직면해 있다. 개신교 500년의 역사 동안 비교적 최근까지 견지해 오던 가톨릭에 대한 적대주의를 청산해야 할 이유이다. 개신교 종교개혁 이야기로 넘어가 보자.

---

41 맥그래스, 『그들은 어떻게 이단이 되었는가』, 339.

5
개신교 종교개혁

1. '개신교'(protestantism)라는 말의 유래

지금부터 500년 전인 1517년은 개신교 종교개혁의 시발점이 된 해로 알려져 있다. 당시 33세의 무명의 수도사였던 마틴 루터(Martin Luther, 1483-1546)는 신학박사였으며 1502년에 설립된 비텐베르크대학교 교수였다. 면죄부에 대한 95조의 반박문을 1517년 10월 31일 비텐베르크 성당 문에 붙이는 것으로 자신의 종교개혁을 시작하였다는 통념과는 달리 루터는 거창한 종교개혁의 계획을 가지고 그런 일을 한 것은 아니었다. 단지 면죄부의 효능에 대하여 학문적인 토론을 제안하였을 따름이다.

하지만 이 사건은 일대 격랑을 일으켰고 1518년 하이델베르크 논쟁을 통해 루터는 스콜라 신학자들의 영광의 신학에 반대하여 십자가 신학을 참된 신학으로 제시하였으며 1519년 라이프치히 논쟁을 통해 교황의 수위권에 대하여 의문을 제기하였다. 그리고는 1520년에 이르러 루터는 종교개혁 3대 논문인 『독일 크리스찬 귀족들에게 보내는 글』과 『교회의 바벨론 포로』, 그리고 『그리스도인의 자유』를 발표하였는데 『그리스도인의 자유』 발표 직후에 교황청에 의해 파문을 당하게 된다. 이 논문들은 사실 95개조 조항보다 더 큰 파괴력을 지녔으며 이른바 '루터 사건'이 제국의 문제로 확대된 것도 이들 문서의 신속한 확산과 관계가 있다.[1]

교황청의 특사 칼 폰 밀티츠(Karl von Miltitz, c. 1490-1529)의 권고에 의하여 쓰여진 『그리스도인의 자유』 앞에 붙어 있는 "교황 레오 10세(Leo X, 재위 1513-1521)에게 보내는 공개서한"에 보면 루터는 자신이 하고 있는 일이 교황 자신에 대한 적대행위가 아니며 교황 주변의 교황청에 있는 사탄의 세력과의 싸움임을 구별해서 말하고 있다. 이런 자세는 물론 나중에 교황을 적그리스도라고 생각하는 단계로 발전하게 되고 이런 생각이 16, 17세기 개신교의 일반적인 생각이 되었지만 처음부터 루터가 교황제도 자체에 대하여 문제를 제기한 것은 아니었다고 말할 수 있다.

개신교(protestantism)라는 말의 기원에 대해 보통 2차 슈파이어 의회(Diet of Speyer, 1529년)를 언급한다. 당시 신성로마제국의 황제였던 칼 5세(Karl V, 1500-1558, 재위 1519-1556)에 의해 소집된 보름스 의회(Diet of Worms, 1521년)에 루터는 소환되어 자신의 의견을 철회할 것을 종용받는다. 이에 대해 루터는 하루 생각할 말미를 요청하고 짐짓 흔들리는 모습을 보이기도 하였지만 그 다음날 다음과 같은 유명한 답변을 한다.

> 저는 교황도 공의회도 믿을 수 없습니다. 왜냐하면 그들은 종종 실수했고 모순되었기 때문입니다. 그러나 성서의 증언이나 명백한 이성적인 근거를 통해서 반박될 수 없을 때, 저는 제가 인용한 성서의 말씀을 따를 수밖에 없습니다. 저의 양심이 하나님의 말씀에 사로잡힌 한.

---

[1] 이성덕, 『종교개혁 이야기』 (파주: 살림, 2006), 26.

> 저는 어떠한 것도 취소할 수 없으며 할 의지도 없습니다. 왜냐하면 양심에 반하여 행동하는 것은 불확실한 것이며 구원을 위협하는 일이기 때문입니다. 주여, 나를 도우소서. 아멘.[2]

결국 루터는 위험한 이단이며 신성로마제국의 안전을 위협하는 인물임을 선언한 칙령이 반포되었으며 루터는 법의 보호를 받지 못하는 사람으로 선언되었다.

> 이 문제의 재판장이며 거룩한 아버지인 교황이 허락한 파문칙서가 완전히 실현되기까지 하나님의 교회에서 파문된 루터를 완고한 자요, 분리자요, 그리고 이단자임을 엄숙히 선포한다.[3]

하지만 그럼에도 1521년의 보름스 국회 칙령은 단지 합스부르크 왕가가 지배하는 영지들 안에서만 실행되었을 뿐 그 밖의 다른 영지들에서는 다소 어물쩍한 상태로 넘어가고 있었는데 그 이유는 보름스 의회를 주도하였던 칼 5세가 보름스 국회 직후 프랑스 왕 프랑수아 1세(Francis I, 1494-1547, 재위 1515-1547)와 전쟁에 돌입하였기 때문이었다(유명한 칼빈의 『기독교 강요』[초판 1535년]는 바로 이 프랑스 왕 프랑수아 I세에게 헌정되었다). 그러는 가운데 교황이 황제의 권위에 도전하는 어처구니없는 일이 발생하였다. 교황 클레멘트 7세(Clement VII, 1478-1534, 재위 1523-1534)가 프랑스와 동맹을 맺고 칼 5세와 신성로마제국에 대항하여 연합전선을 구축하였던 것이다. 이에 격노한 칼 5세는 1527년 2만 명

---

[2] 이성덕, 『종교개혁 이야기』, 24.
[3] 이성덕, 『종교개혁 이야기』, 25.

의 용병들로 이루어진 별동대를 보내 로마를 약탈하고 교황을 가택에 연금해 버렸는데, 분명 이것은 칼 5세가 독일 안에 있던 교황의 적들을 처리하려는 일말의 열정조차도 꺾어버린 사건이 되고 말았다.[4]

칼 5세는 프랑스 땅 부르고뉴에서 태어나서 부르고뉴에서 자랐으며 19세가 될 때까지 독일에 발을 들여놓은 적은 거의 없었다. 그에게는 독일민족의 피가 흐르고 있었지만 그의 모국어는 프랑스어였다. 그는 19세에 세계제국의 주인이 되었다. 평생에 걸쳐 40번이 넘는 전쟁을 치렀는데 숙적인 프랑수아 1세를 1525년 파비아 전투(Battle of Pavia)에서 포로로 잡는 혁혁한 전과를 올리기도 하였다.

칼 5세에 의해 자행된 이른바 '로마의 약탈'(Sacco di Roma)은 에라스무스에 의해 "한 도시의 파괴가 아니라 한 문명의 파괴"라는 말을 들을 정도로 엄청난 충격을 주었는데 사실은 '로마의 약탈'의 주역은 가톨릭교도였던 칼 5세가 아니라 로마에 침입하자마자 폭도로 변한 루터파 신자인 용병들이었다. 이들은 황제로부터 급료를 받지 못한 불만도 있기는 하였지만 루터가 표현한 대로 이교도인 터키인보다도 더 타락하고 퇴폐적인 로마에 대한 응징을 자신의 신앙행동과 일치시켰다.[5] 이 약탈을 통해 르네상스시대가 막을 내린 것으로 역사가들은 보고 있다.[6]

여기에 또 한 가지 변수가 등장하게 되는데 그것은 이슬람의 위협이다. 동쪽으로부터 훨씬 더 큰 위험이 몰려오고 있었던 것이다. 서유럽의 기독교 국가들에게 일종의 방파제 역할을 하였던 동로마제국 또는 비잔틴 제국의 수도 콘스탄티노플을 1453년에 함락시킨 이슬람 군대는 계

---

4 맥그래스, 『기독교, 그 위험한 사상의 역사』, 16f.
5 이성덕, 『종교개혁 이야기』, 80.
6 기쿠치 요시오, 『결코 사라지지 않는 로마 신성로마제국』, 이경덕 옮김 (서울: 다른세상, 2010), 204.

속해서 북쪽으로 서쪽으로 진군하며 그들 자신의 성전(jihad)을 수행하였다. 1526년에는 터키군이 헝가리 군대를 격파하였고 1529년에는 빈을 포위했다. 이슬람의 서유럽 정복이 이제 갑자기 실제로 이루어질 수 있는 일이 되고 말았으며 서구의 기독교 국가들은 당면한 이 명백하고 현존하는 위험을 해결하기 위해서 시급한 조치가 필요했다.

1526년 제1차 슈파이어 의회(Diet of Speyer)에서 결정적인 변수가 된 것은 교황의 주도로 결정된 반(反) 합스부르크 동맹이었다. 교황은 정치적인 이유로 종교개혁을 적극적으로 저지할 형편이 못되었고, 따라서 1차 슈파이어 의회는 보름스 칙령의 실행을 유보하고 현 상태를 인정하는 것으로 합의하였다. 하지만 1529년 3월에 열린 제2차 슈파이어 의회에서는 1차 슈파이어 의회의 결정을 철폐하고 보름스 칙령의 실행을 강력하게 요구하게 되었는데 동쪽에서 들려오는 이슬람의 위협이 결정적인 동인을 제공해 주었다.

제2차 슈파이어 의회의 첫 번째 목적은 가능한 한 빨리 동쪽에서 밀려오는 새 위협에 대처할 연합 전선을 확보하는 것이었다. 그러나 이때를 그들의 뒤뜰에 자리잡고 있는 더 경미한 또 다른 위협인 종교개혁 세력을 처리할 수 있는 절호의 기회라고 보았던 사람들이 있었다. 당시 독일 지역에서 영향력을 확대해 가던 개혁 운동들이 불안과 종교적 무정부 상태를 야기할 위험이 있다고 설득하는 것은 식은 죽 먹기였다. 이들은 가톨릭교회의 두 적인 이슬람과 개신교 종교개혁이 당장 멈춰서 죽어 없어지길 원했다. 그래서 이들은 신성로마제국 전역에 8년 전의 보름스 칙령을 엄격히 적용할 것을 요구하는 결의안을 힘으로 통과시켰다. 전체 제국의회 회원 400명 가운데 종교개혁을 지지하는 제후는 불과 19명에 불과했다.[7]

---

7 이성덕, 『종교개혁 이야기』, 55.

하지만 제국 의회의 이런 결정은 결국 아무 것도 바꾸지 못하는 무력한 것임이 드러나고 말았는데, 이러한 결정에 격분한 6명의 독일 제후들과 14명의 자치 도시 대표자들이 종교의 자유를 철저히 박탈하는 이 뜻밖의 조치에 맞서 공식 항거대열에 합류했고 그들과 그들이 대표하는 운동에 '항의자들'이라는 뜻을 가진 라틴어 '프로테스탄테스'(protestantes)가 붙여졌다.[8] 개신교도들이라는 말이 새로이 생겨나게 된 순간이다.

비록 개신교 종교개혁의 기원은 독일의 종교 상황에 있었지만 이 운동은 그와 관련된 개혁 운동들에 급속히 응용되었다. 대표적으로는 스위스의 훌드리히 츠빙글리(Huldrych Zwingli, 1484-1531)와 관련된 운동들, '재세례파 운동'이라 불렸던 보다 과격한 개혁 운동들, 그리고 존 칼빈(John Calvin, 1509-1564)과 관련된 제네바 시의 개혁 운동들이다. 우리는 여기에 영국 성공회도 포함시킬 수 있을 것이다.

'개신교'라는 말은 정치와 신학 면에서 중대한 위협에 직면한 가톨릭교회에게는 서로 느슨하게 이어져 있다가 결국 서로 뚜렷한 구별을 보이게 되는 일군의 운동들에서 연유한 위협들을 총칭하는 말로 사용되었다. 즉 다양한 복음주의 그룹들을 체계적인 가톨릭 반대 운동으로 규정하며 가톨릭교회 내부의 단결을 촉진하고 그 구성원들을 자극하여 행동에 나서도록 만드는데 개신교라는 말을 사용하였던 것이다.[9]

1560년대에 복음주의 진영에 존재하던 네 개의 큰 흐름인 루터파와 개혁파, 그리고 성공회와 재세례파 개신교도들에게는 되살아나는 가톨릭교회가 자신들의 존속을 위협하는 심각한 공통의 적이라는 공감대가 급속하게 확산되었다. 가톨릭이라고 하는 체계적이고 위험한 대적에 맞

---

8 맥그래스, 『기독교, 그 위험한 사상의 역사』, 19.
9 맥그래스, 『기독교, 그 위험한 사상의 역사』, 20.

서 힘을 합쳐야 할 필요가 분명해지자 그들 사이에 존재하던 반목과 분열과 상호 혐오가 수그러들게 되었는데 그들 사이에 존재하는 차이점에도 불구하고 그들은 모두 자신들을 '개신교도'라고 생각하게 되었다.[10]

로이드 존스는 이 개신교라는 말에는 일종의 떨림이 존재한다라고 주장하고 있다.[11]

> 개신교라는 말은 반가톨릭주의를 의미하는 것이 아니라 적극적 의미의 개신교를 의미합니다. 이 둘은 전혀 다릅니다. 개신교라는 말을 들을 때, 특히 이 단어와 연관된 역사를 깨닫는다면 반드시 전율을 느껴야 합니다.[12]

교권의 위협 앞에 분연히 저항한 자들이 바로 개신교 신앙을 형성한 자들이었으며, 세속 권력의 전횡에 맞서 항의한 자들에게 붙여진 이름인 이 개신교라는 말의 원래적인 뉘앙스를 우리는 잃어버리고 살아가고 있지는 않은지 돌아보게 된다. 특별히 우리나라에서는 개신교가 보수적이다 못해 수구 세력을 대변하는 상태에까지 이른 것을 볼 수 있다. 더 이상 젊은이들에게는 매력이 없는 종교가 되고 만 것이다.

벌써 오래 전 일이기는 하지만 2004년인가에 있었던 한국기독교총연합회가 주도한 구국기도회를 보면서 당시 나는 깊은 절망감과 분노를 느꼈다. "주한미군철수반대"를 기독교 신앙의 이름으로 소리 높이 외치는 모습을 보며 교회 안에서 젊은이들을 몰아내려고 작정한 모양이라는 생

---

10 맥그래스, 『기독교, 그 위험한 사상의 역사』, 20f.
11 마틴 로이드 존스, 『성령 하나님』, 이순태 옮김 (서울: CLC, 2000), 240.
12 마틴 로이드 존스, 『성령 하나님과 놀라운 구원』, 임범진 옮김 (서울: 부흥과개혁사, 2007), 282.

각이 들지 않을 수 없었다. 미군이 한반도에 주둔하는 것이 전쟁 억제력이 있다는 것을 우리가 현실적으로 인정한다 해도 적어도 신앙인들에게는 우리를 지켜주는 것은 미군이 아니라 하나님이라는 고백이 있어야 할 텐데 그리스도인들이 "우리는 미군을 원한다"(We want US army)는 구호를 부끄러운 줄 모르고 외치고 있었던 것이다.

학사 에스라는 "길에서 적군을 막고 우리를 도울 보병과 마병을 [아닥사스다] 왕에게 구하기를 부끄러워 하였다." 그 이유는 그 전에 자신이 왕에게 "우리 하나님의 손은 자기를 찾는 모든 자에게 선을 베푸시고 자기를 배반하는 모든 자에게는 권능과 진노를 내리신다"(스 8:22)라고 말하였기 때문이다. 순수한 구국기도회라고 하면서 인공기와 한반도기는 불태우고 성조기를 흔들어 된 행동은 편향된 행동이라고 밖에 볼 수 없다.

> 도움을 구하러 애굽으로 내려가는 자들은 화 있을진저 그들은 말을 의지하며 병거의 많음과 마병의 심히 강함을 의지하고 이스라엘의 거룩하신 이를 앙모하지 아니하며 여호와를 구하지 아니하나니 (사 31:1).

동족상잔의 상처를 간직하고 지금껏 분단의 아픔을 겪고 있는 우리나라에서는 북쪽에 있는 체제에 대해 특별한 반감이 있을 수 있다는 것을 우리는 인정할 수 있다. 하지만 지나치게 반공 이데올로기에 우리는 메어 있지 않은지 돌아보게 된다.

로이드 존스는 교회가 정치나 경제의 문제 등에 깊숙이 개입하는 순간, 교회는 복음화의 제1차적인 임무를 거스리는 일을 하고 있는 것이라고 지적하면서 "공산주의를 탄핵하는 것이 기독교의 임무는 아닙니다. 실제로 현재 교회는 바로 그 일을 하느라고 많은 시간을 보내고 있습니다. 교회의 제1차적인 임무는 공산주의자들을 복음화시키고 그들의 눈을 열어 그들이 회개하고 중생하도록 이끄는 것입니다"라고 말하고 있다. 냉전이 극에 달한 1959년과 1960년에 당시의 지배적인 이데올로기였던 반공 이데올로기에 동조하지 않고 있는 것이다.

> 만일 교회가 공산주의자들을 타도하는 데 시간을 허비한다면 공산주의자들 사이에서의 복음의 문을 가능한 한 단단히 닫아두는 것입니다. 공산주의자들은 이렇게 말할 것입니다. "당신들의 기독교는 반공이라 하고 자본주의자들을 치켜 세우는 일 외에는 아무 것도 아니란다. 난 기독교의 메시지를 듣지 않겠다." 그리하여 그에게 전도할 수 없게 되는 것입니다.[13]

우리가 새겨들을 필요가 있는 말이 아닐 수 없다.

한 걸음 더 나아가 로이드 존스는 우리 그리스도인들은 그리스도로 인하여 구원을 얻기 원하는 사람들을 향하여 적대적인 입장을 가져서는 안된다고 말하고 있다.

"만일 우리가 우리의 모든 시간을 그들에 대적하여 말하는 데만 보낸다면 우리는 결코 그들을 얻지 못할 것입니다."

로이드 존스는 자신이 한 번도 신경질적이고 감정적인 설교를 한 적이 없는 이유가 바로 그것이라고 말하고 있다. 우리 그리스도인의 임무는 술 먹는 것을 고발하는 것이 아니라 술 고래가 회심하게 하는 것이다.

> 나는 술고래가 회심하는 것을 보기 원합니다. 우리의 임무란 술 먹는

---

[13] 로이드 존스, 『에베소서 강해 6: 영적 생활』, 서문 강 옮김 (서울: CLC, 1994), 404.

것을 고발하는 것이 아닙니다. 가련한 술고래가 주 예수 그리스도를 믿게끔 하는데 있습니다. 왜냐하면 그것만이 그를 구할 수 있기 때문입니다.[14]

2. '개신교의 위험한 사상'

알리스터 맥그래스(Alister E. McGrath, 1953-)는 『기독교, 그 위험한 사상의 역사』에서 개신교 종교개혁의 위험한 사상으로 오직 성경(sola Scriptura)과 만인제사장설(priesthood of all believers)을 들고 있다. 가톨릭교회는 성경을 해석하는 권한을 '가르치는 교회'인 성직자들에게 제한하였다. 성직자들은 '가르치는 교회'이며 평신도들은 성직자들에 의해 가르침을 받아야 하는 사람들이다. 평신도들은 성경을 함부로 해석할 수 없다. 오직 성경이라는 종교개혁의 구호는 성경 위에 존재하던 이러한 가톨릭교회, 특별히 교황을 정점으로 하는 성직자들로 구성된 '가르치는 교회'의 권위를 제거해 버렸다.

이제 누구나 성경을 자기 마음대로 해석할 수 있는 길이 열린 것이다. 모든 그리스도인들이 스스로 성경을 해석할 권리를 갖고 있다는 이 위험한 사상은 개신교 종교개혁의 중심에 굳건히 자리 잡았다. 그러나 이 위험한 사상은 어떤 면에서 온갖 이단이 출현하는 길을 열어주었다고 볼 수도 있다. 각자가 성경을 해석할 권리를 가지게 되자 걷잡을 수 없는 혼란과 무질서가 도래한 것이다. 오직 성경이라는 종교개혁의 구호는 한편으로 그 이전과 비교할 수 없는 창조성과 성장을 가져왔지만, 다른 한

---

14 로이드 존스, 『에베소서 강해 6: 영적 생활』, 410.

편으로는 어떤 성경 해석이 바른 해석인지에 대한 새로운 긴장과 논쟁을 불러 일으켰으며, 이 긴장과 논쟁은 성경 위에 있는 모든 권위를 제거한 다음에는 어쩌면 해결이 불가능할지도 모르는 것이 되었다. 그러나 맥그래스는 이 새 원리에서 비롯된 창조적 긴장들이 바로 개신교가 세계의 주요 종교 세력 가운데 하나로 발전해 가는 데 결정적 동인이 되었다고 보고 있다.[15]

루터가 1522년에 쓴 소책자인 「모든 기독교인들에게 주는 마틴 루터의 진지한 권고: 소요와 난동을 막으라」는 1525년에 일어나게 되는 농민전쟁의 조기 경보를 루터가 감지하였음을 우리에게 알려준다. 루터는 심지어 성직자들의 대규모 학살이 임박했다는 소문을 듣기도 하였다. 이러한 농민전쟁에 대한 루터의 태도 변화는 만인제사장설이 얼마나 위험한 사상이며 이러한 생각이 결국에는 통제 불능의 상태에 이르게 하고 말 것이라는 확신을 심어주었다. 개신교의 정신을 따라 성직자들뿐만 아니라 만일 모든 개인이 자기 마음대로 성경을 해석할 수 있고, 성직자들뿐만 아니라 모든 신자들이 제사장이라면 그것이 가져올 결과는 무정부 상태요 급진적인 종교적 개인주의일 수밖에 없다.[16]

이렇듯 개신교는 위험한 사상을 그 안에 담고 있었지만 기독교 신앙의 정수(heart, 精髓)를 이해하고 있었다고 할 수 있다. 그리고 개신교는 지역 특유의 상황에 적응할 수 있는 역량을 갖고 있었는데, 이런 역량은 교회 역사 속에 선례를 찾아보기 어려운 것이었다. 개신교는 출발 당시부터 세계 어디에서도 적응과 이식이 가능한 종교로 만들어졌다. 미국은 대표적인 개신교 국가이다. 건국 이후 미국은 개신교도가 절대 우위를

---

15 맥그래스, 『기독교, 그 위험한 사상의 역사』, 11.
16 맥그래스, 『기독교, 그 위험한 사상의 역사』, 13.

차지해 온 나라였다. 하지만 맥그래스에 따르면 최근에 나온 일련의 연구들은 개신교도가 미국에서 다수를 차지하던 시대는 앞으로 수년 내에 끝날 것임을 시사한다.[17]

개신교 종교개혁의 위험한 사상을 맥그래스는 "신앙의 민주화"라고 하는 말로 표현하고 있다. 공교롭게도 개신교 종교개혁이 시작된 16세기를 기점으로 본격적인 민주주의가 서구 사회에 등장하였다고 볼 수 있다. 그런 면에서 민주주의와 개신교는 떼려야 뗄 수 없는 밀접한 관계라고 할 수 있다. 민주주의가 태동한 나라는 보통 영국이라고 알려져 있다. 1215년 결지(缺地, Landless) 왕 존(John, 1199-1216)이 '귀족들의 요구사항'에 굴복해 도장을 찍은 마그나 카르타(Magna Carta, 대헌장)는 민주주의의 효시가 된 사건으로 인구에 회자되고 있지만 실제 그 내용은 지금 살펴보면 매우 실망스러운 내용이다. 왕과 특권 귀족층의 권력 투쟁의 와중에서 나온 문서이기에 일반 백성들에 대한 언급은 눈을 씻고 보아도 보이지 않으며 자유에 관한 근대적 개념은 거기에 등장하지 않는다.

개신교 종교개혁은 그런 의미에서 모든 사람이 하나님 앞에서 제사장임을 선언하고 신앙의 민주화를 통해 개인의 중요성을 만천하에 널리 선언하였다. 루터는 1520년 『그리스도인의 자유』라고 하는 소책자를 써서 가톨릭교회와 통치자들을 향해 그리스도인의 자유를 소리 높이 외쳤다. 루터의 『그리스도인의 자유』는 전문이 30절로 구분되어 있는데 1-18절은 그리스도인의 자유함에 대하여 19-29절은 그리스도인의 사랑(奉仕)에 대하여 30절은 결론을 다루고 있다. 루터는 이 소책자를 다음과 같은 대명제로 시작하고 있다.

---

17 맥그래스, 『기독교, 그 위험한 사상의 역사』, 15

"그리스도인은 전적으로 자유로운 만물의 주이며 아무에게도 예속되어 있지 않다. 그리스도인은 전적으로 충실한 만물의 종이며 모든 사람에게 예속되어 있다."

이 두 명제는 서로 모순되는 듯이 보이지만 사실 이 두 명제는 모두 바울 자신의 말이다.

> 내가 모든 사람에게 자유하였으나 스스로 모든 사람에게 종이 된 것은 더 많은 사람을 얻고자 함이라(고전 9:19).
> 피차 사랑의 빚 외에는 아무에게든지 아무 빚도 지지말라(롬 13:8).

루터는 말한다.

> 사랑은 본질상 사랑의 대상이 되는 사람을 섬기고 그 사람에게 예속되고자 한다.[18]

칼빈은 루터처럼 그리스도인의 자유에 대한 단행본을 쓰지는 않았지만 그의 주저인 『기독교 강요』 초판(1536년)에서부터 최종판(1559년)에 이르는 모든 판본에서 "그리스도인의 자유"에 대해 다루고 있다. 최종판에서는 3권 19장에서 "그리스도인의 자유"를 다루고 있는데 비해 흥미롭게도 1536년의 『기독교 강요』 초판에서는 "그리스도인의 자유"가 보다 비중 있게 다루어지고 있다.

---

[18] 마틴 루터, "그리스도인의 자유," 존 딜렌버거, 『루터 저작선』, 이형기 옮김 (고양: 크리스챤다이제스트, 1994), 95.

> 율법과 믿음, 그리고 기도와 성례 등 기초적인 기독교 신학을 다룬
> 다음, 그리스도인의 영적 통치 영역(교회론)과 세속적 통치 영역(국가
> 론)을 설명하기 위한 도입부분에서 그리스도인의 자유 문제를 거론하
> 고 있다.[19]

『기독교 강요』 초판 영역본의 서론에서 포드 루이스 배틀스는 "그리스도인의 자유"를 다루고 있는 6장이 『기독교 강요』가 헌정되고 있는 프랑수아 1세에 대한 헌사와 비교해 보면 왕에 대한 탄원의 사실상의 결론임을 말하고 있다.

> 1-5장은 칼빈의 원래의 의도대로 근본적으로 교리문답서이나, 세 단락으로 구성된 6장은 특별히 왕에 대한 호소와 관련된 것이다.[20]

우리는 『기독교 강요』 초판 6장의 세속권력과 관련하여 그리고 최종판의 4권 마지막 장 20장의 마지막 32절 "인간에 대한 복종이 하나님께 대한 불복종이 되어서는 안된다"에서 일종의 저항권에 대한 칼빈의 주장을 읽어 낼 수 있다. 칼빈은 세속의 권력에 복종해야 한다는 점을 거듭 강조하고 있다. 심지어 악한 통치자들도 하나님의 섭리 가운데 하나님이 세우셨기 때문에 복종해야 한다는 것을 칼빈은 지속적으로 강조한다. 하지만 칼빈은 자신의 가르침에 예외를 두어야 한다고 주장하고 있다.

> 우선적으로 지켜야 하는 것이 있는데, 그것은 우리가 지배자에게 복

---

19 박건택, "칼뱅의 기독교 강요에 따른 〈그리스도인의 자유〉," 「신학지남」 244 (1995), 59f.
20 존 칼빈, 『기독교 강요』(초판), 양낙홍 옮김 (고양: 크리스챤다이제스트, 2008), 41.

종한다고 해서 하나님께 대한 복종으로부터 이탈해서는 안된다는 것
이다…. 그러므로 하나님만이 왕의 왕이 되신다. 그가 거룩한 입을 여
실 때는, 다른 모든 것보다도 먼저 그 말씀에 귀를 기울여야만 한다.
그의 말씀을 들은 다음에 우리는 지배하는 그 사람들에게 하나님 안
에서만 복종해야 한다. 만약 그들이 하나님을 거스르고 뭔가를 명령
한다면, 우리는 그것을 존중하지 말아야 한다.[21]

1646년에 작성된 웨스트민스터 신앙고백 20장은 "그리스도인의 자유와 양심의 자유에 대하여" 다루고 있다. 4절로 이루어져 있는 그 세부내용은 크게 두 가지로 나눌 수 있다. 1절과 2절은 각각 그리스도인의 자유와 양심의 자유에 대한 정의를 제시하고 3절과 4절은 그 자유가 남용되는 것에 대한 경고를 담고 있다. 2절에 등장하는 양심의 자유에 대한 설명을 보자.

하나님 한 분 만이 양심의 주이시요 신앙이나 예배 문제에 있어서 그
의 말씀에 상반되거나 벗어나는 것은 무엇이나 사람의 계명과 교훈
이 주장하지 못하도록 양심의 자유를 주셨다. 그러므로 양심의 자유
를 벗어나서 그런 교훈을 믿고 그런 계명에 복종하는 것은 양심의 참
된 자유를 저버리는 것이다. 또한 무조건적 신앙과 절대적이고 맹목
적인 복종을 요구하는 것은 양심의 자유와 이성을 파괴하는 것이다.

웨스트민스터 신앙고백을 비롯한 웨스트민스터 표준문서들은 장기의회(Long Parliament, 1640-1660)에 의해 소집된 웨스트민스터 총회

---

21   칼빈, 『기독교 강요』(초판), 422f.

(1643-1653)에서 작성되었는데 그런 면에서 보면 제한적으로 그리스도인의 자유를 논할 수밖에 없는 태생적 한계를 지닌다고 할 수 있다. 그럼에도 "무조건적 신앙과 절대적이고 맹목적인 복종"에 대한 거부를 분명히 하고 있는 것을 보면 이런 자유에 대한 주장들이 이후의 서구 민주주의의 역사에 적지 않은 영향을 미쳤으리라는 것은 어렵지 않게 짐작해 볼 수 있다.

영국 역사에 있어 찰스 1세(1600-1649, 재위 1625-1649)는 엘리자베스 1세에 의해 처형된 그의 할머니 메리 스튜어트(Mary Stuart, 1542-1587, 재위 1542-1567)와 함께 처형당한 왕이라는 불명예로 기록되어 있다. 하지만 찰스 1세를 처형한 것이 올리버 크롬웰(Oliver Cromwell, 1599-1658)의 청교도 공화정이기 때문에 찰스 1세의 처형은 그 자신의 불명예라기보다는 청교도들의 잔혹함을 영국인들의 기억 속에 깊이 각인한 사건으로 기억되고 있다. 찰스 1세와 윌리엄 로드(William Laud, 1573-1645) 캔터베리 대주교가 청교도들에게 자행한 잔혹한 행위는 기억 속에서 잊혀지고 청교도들이 이들을 처형한 사건은 오롯이 기억이 되고 있다.

크롬웰을 호국경(Lord Protector)으로 한 청교도 혁명의 승리는 1658년 그가 죽고 아들 리챠드 크롬웰(Richard Cromwell, 1626-1712)이 호국경의 자리를 이어 받자 급속하게 위협받게 되었다. 결국 1660년 왕정복고가 이루어지고 유럽에 망명 중이던 찰스 1세의 아들이 회중파 청교도였던 크롬웰의 공화정에서 상대적으로 소외되었던 장로파 청교도 세력과 결탁하여 찰스 2세(1630-1685, 재위 1660-1685)로 즉위하게 된다. 1662년은 청교도 운동이 철퇴를 맞은 해로 알려져 있다. 장로파 청교도와의 약속을 어기고 찰스 2세는 새로운 기도문을 작성 공표하고 이것을 받아들이기를 거부한 2천여 명의 청교도 목회자들을 성직에서 추방해 버린다. 영국에서의 청교도 운동이 막을 내린 순간이다.

찰스 2세를 이어 왕위에 오른 찰스 2세의 동생 제임스 2세(1633-1701, 재위 1685-1688)는 가톨릭으로 복귀하려는 움직임을 보였다. 찰스 2세와 제임스 2세의 어머니 즉 찰스 1세의 부인이었던 앙리에타 마리아(Henrietta Maria, 1609-1669)는 프랑스의 공주였기에 가톨릭 신자였다. 제임스 2세의 가톨릭 회귀 정책에 화들짝 놀란 의회는 개신교 신앙을 가지고 있었던 네덜란드의 오렌지 공 윌리엄에게 시집을 간 제임스 2세의 딸 메리에게 남편과 함께 그 군대를 거느리고 영국으로 쳐들어올 것을 요청하였고 1688년 명예혁명을 통해 제임스 2세를 폐위하고 윌리엄(William, 1650-1702)과 메리(Mary, 1662-1694)가 공동 통치자로 즉위하게 된다. 이 과정에서 채택된 권리장전(Bill of Rights, 1689년)은 입헌군주제의 시작을 알린 중요한 문서로 알려져 있다.

가톨릭 신자인 제임스 2세가 불러온 혼란을 경험한 영국 의회는 1701년에 제정된 왕위계승법(Act of Settlement)을 통해 가톨릭 신자는 영국 왕이 될 수 없음을 명시하였는데 아버지인 제임스 2세가 1701년 죽자 영국 왕을 참칭하고 있던 가톨릭교도인 제임스 에드워드(James Francis Edward Stuart, 1688-1766)에게 왕위가 넘어갈 염려 때문에 취해진 조치였다. 1694년 메리가 천연두에 걸려 32세의 젊은 나이로 죽고 8년 뒤 윌리엄이 1702년 과로로 세상을 떠나자 메리의 여동생인 앤 여왕(Anne Queen, 1665-1714, 재위 1702-1714)이 37살의 나이에 즉위하여 다스리게 되었다.

앤은 원래 덴마크의 조지 공과 결혼해 매우 헌신적으로 남편을 섬겨 원만한 결혼생활을 유지해오고 있었다. 하지만 그녀는 자식 복이 없는 불행한 여성이었다. 무려 18번이나 임신을 했는데 겨우 다섯 아이만 살아서 태어났고 그나마 태어난 아이들은 남자아이 한 명을 제외한 나머지 모두가 유년기를 넘기지 못하고 죽고 말았다. 그리고 1700년 말 남은 마

지막 아들마저도 죽고 말았다.[22]

앤 또한 언니 메리와 같이 왕위를 이을 자녀가 없이 죽게 되자 제임스 1세로부터 시작되었던 스튜어트 왕조는 막을 내리고 제임스 1세의 손녀딸에 해당하는 하노버 선제후비 소피아의 자손인 하노버 왕조의 조지 1세(George I, 1660-1727, 재위 1714-1727)가 1701년의 왕위계승법에 따라 왕위에 오르게 되었는데 그는 당시 이미 50대 중반의 나이였고 영어도 할 줄 모르는 상태였다고 한다. 이를 계기로 수상을 내각의 수반으로 하는 의원내각제가 영국에서 자리를 잡게 되었다.

조지 1세와 조지 2세(1683-1760, 재위 1727-1760) 치하의 로버트 월폴(Robert Walpole, 1676-1745)은 1721년에서 1742년까지 수상으로 재직하였는데 사실상의 영국의 첫 수상이자 최장수 집권한 수상으로 알려져 있다. 그 기간 동안 왕권은 필연적으로 축소될 수밖에 없었고 실질적인 권한은 의회로 넘어가게 되어 오늘날의 영국식 민주주의의 특징인 의원내각제의 기틀이 놓여졌다고 할 수 있다.

3. 청교도 혁명이 실패한 이유

청교도 혁명으로 잘 알려져 있는 잉글랜드 내전(1642-1651)은 한 국가 내에서 한 형태의 개신교가 다른 형태의 개신교와 대립함으로써 결국 개신교의 정체성에 엄청난 위기를 초래한 사건이다. 엘리자베스 여왕은 평생 결혼하지 않았고 후사가 없이 죽었기 때문에 튜더 왕조가 막을 내리고 스코틀랜드의 제임스 6세가 1603년 제임스 1세로 잉글랜드와 아일

---

[22] http://terms.naver.com/entry.nhn?docId=3326626&cid=56790&categoryId=58124

랜드의 왕으로 왕위를 물려받아 스튜어트 왕조가 시작되었다.

제임스 1세(1566-1625, 재위 1603-1625)는 스코틀랜드에서 청교도에 친근한 분위기에서 양육되었지만 영국의 왕이 된 후에는 왕권신수설을 주장하며 국왕을 교회의 수장으로 하는 국교회인 성공회를 지지하였으며 가톨릭과 청교도를 억압하였다. 위에서 말한 것처럼 제임스 1세의 아들 찰스 1세는 부친을 이어 왕위에 오른 직후 가톨릭 대국 프랑스 부르봉 왕가의 공주 앙리에타 마리와 결혼했다. 이들의 결혼에 청교도들은 격분하였고 왕과 왕비를 아합과 이세벨로 비유하면서 비판하였다. 찰스 1세는 1633년 윌리엄 로드를 캔터베리 대주교로 임명하고 가일층 청교도에 대한 박해를 강화하였다. 보통 이 로드의 예전 중심의 성공회는 성공회 고교회의 입장인 앵글로가톨릭주의(Anglo-Catholicism)로 이해되고 있다.

당시 청교도들은 장로파, 회중파, 분리파와 같은 여러 분파로 나뉘어 있었는데 위험할 정도로 자신들을 적대시하는 성공회 세력의 존재를 점점 더 명확하게 인식하게 되면서 단결하였다. 외부에 존재하는 적이 내부에 존재하는 불화와 불일치를 일소해 버리자 청교도주의는 잘 조직된 운동으로 바뀌어갔고 잉글랜드 내전에서 승리하여 1649년 찰스 1세를 처형하였다. 찰스 1세의 재판에 동의하는 의원들만을 의회에 출석시킨 '잔여 의회'(Rump Parliament)에서 유죄 선고를 받고 처형된 찰스 1세는 죽기 전날 밤, 13세의 딸 엘리자베스에게 자신이 "참된 개신교를 지키려고 하다가" 죽는 것이라고 말하면서 "교황의 종교(가톨릭교)에 반대하는 입장을 튼튼히 다지라고" 당부하였다. 찰스 1세는 자신을 위기에 빠진 채 청교도들에 의해 위협받고 있는 특수한 형태의 개신교인 성공회의

수호자로 보고 있었던 것이다.[23]

잉글랜드 국교회는 1643년부터 1647년까지 조직적으로 해체 당했다. 주교, 주임사제, 보좌사제, 신부제도가 폐지되고 장로들이 그 자리를 대신했다. 잉글랜드 개신교는 이제 주교제도를 지지하는 자들과 반대하는 자들로 완전히 갈려버렸다. 토머스 크랜머나 매튜 파커 그리고 제임스 1세 시대에 이들의 뒤를 이었던 대주교들이 일부러 개신교 개혁파를 따르면서 걸어왔던 중도적 입장은 사라지고 말았다.[24]

의회는 기성교회 체제를 끝장내고자 이 제도를 모두 쓸어버릴 조치들을 시행했다. 이 조치는 주교제도 폐지에서 끝나지 않았다. 청교도들은 기성교회의 도구들을 뿌리채 뽑아버리기 위해 모든 노력을 기울였다. 청교도들이 혐오했던 '공동 기도서'는 금지되었다. 성탄절을 포함하여 기독교가 기념하는 모든 축일이 금지되었다. 성공회에 공감하는 인물로 지목된 이들은 대학에서 추방되었다. 잉글랜드는 엘리자베스 시대에 나름의 개신교 형식을 발견해 그 나름대로 독특한 형태의 개신교 신앙을 형성했다. 그러나 이제는 모든 것이 변했다. 잉글랜드는 처음으로 국가 차원에서 당대의 루터주의보다 칼빈의 제네바 노선을 따라가게 되었다.[25]

'단결의 촉진제'였던 찰스가 처형되고 나자 청교도들은 나뉘어 싸우기 시작했다. 그리고 10여 년의 크롬웰의 공화정은 이내 환멸과 각성을 불러일으켰다. 결국 청교도 공화국은 에너지 소진과 내분과 환멸과 비전 상실로 막을 내렸다. 청교도들은 그 종교적 경직성 때문에 사람들의 공감을 잃어버렸다. 성탄절에 건포도 푸딩을 먹지 못하도록 금지한 일은

---

23 맥그래스, 『개신교, 그 위험한 사상의 역사』, 230.
24 맥그래스, 『개신교, 그 위험한 사상의 역사』, 230.
25 맥그래스, 『개신교, 그 위험한 사상의 역사』, 230f.

그들의 경직성을 잘 나타낸 가장 유명한 사건이었다. 체제는 달라졌지만 백성들을 억압하기는 이전이나 이후나 달라진 게 없어 보였다.

"새 '장로'가 옛 사제보다 한 술 더 뜨네"(New 'Presbyter' is but old Priest writ large)라는 밀턴의 24행시인 "장기 의회 시대에 나타난 새로운 양심 강제자들"(On the New Forcers of Conscience under the Long Parliament, 1646년)의 마지막 문구는 청교도 공화국의 마지막 몇 달 동안 이 공화국을 끈질기게 괴롭혔다.[26]

청교도 혁명의 실패와 관련하여 장종현은 『웨스트민스터 소요리문답강해』의 서론에서 웨스트민스터 총회 대표들의 4분의 3이 장로교회제도를 지지하는 다수파였음에도 불구하고 영국에서의 장로교 정치 체제의 실현을 관철시킬 수 없었던 것은 자유에 비중을 크게 두었던 사람들이 장로교와 거리를 두고 독립교회파를 지지하는 쪽으로 돌아섰기 때문이라고 지적하고 있다.

> 17세기를 통해 점증된 영국인들의 권위에 대한 저항은 실제로 영국교회의 입지를 상당히 위축시켰다. 그러나 그 과정에서 형성된 영국사회의 자유 추구 경향은 오히려 청교도 혁명의 사상적 기반이었던 칼빈주의와 혁명의 주력이 견지했던 장로교 체제 모두를 쇠락하게 만드는 결과를 낳았다.[27]

로이드 존스는 1962년 제임스 패커와 함께 개최하고 있던 청교도 학회에서 "청교도의 난제들—1640년부터 1662년이 주는 교훈들"이라는 주

---

26 맥그래스, 『개신교, 그 위험한 사상의 역사』, 231f.
27 장종현, 『웨스트민스터 소요리문답강해』 (서울: 기독교연합신문, 2015), 35.

제의 강의에서 청교도 운동이 막을 내리게 된 사건을 상세하게 되짚어 보며 장로파의 잘못을 다음과 같이 지적하고 있다.

> 우리가 그 좁은 파당 정신에 빠져 하나님의 영광과 교회의 순결 및 번영보다 자기 편의 관점의 승리에 더 관심이 있는 그러한 자세를 취하지 않게 지켜 주옵소서![28]

올리버 크롬웰의 공화정 아래서 회중파 청교도들에 의해 상대적으로 소외되었던 장로파 청교도들은 찰스 2세에게 속아 왕정복고를 지지하게 되었고 결국 청교도 운동 전체가 몰락하는 운명을 맞게 되었던 것이다.

1690년에 나온 관용령(Toleration Act)을 통해 청교도주의는 결국 허용되었다. 이 관용령은 잉글랜드 국민들에게 성공회에 속한 교구 교회, 성당, 예배소 이외의 장소에서 예배하는 것을 허용했다. 하지만 한번 상실된 청교도 운동의 동력은 다시 회복되지 않았다. 그 결과 사람들은 다른 대안도 선택할 수 있었다. 어디에서도 예배하지 않을 수 있게 된 것이다.[29]

나는 그리스도인의 자유의 남용이라고 하는 것이 오늘의 한국교회 개신교의 문제라고 생각한다. 루터와 칼빈, 그리고 웨스트민스터 신앙고백에서 공히 주장되고 있는 것은 이러한 자유를 남용하면 안된다는 것이다. 사실 그것은 갈라디아서에서도 마찬가지이다.

> 그리스도께서 우리를 자유롭게 하려고 자유를 주셨으니 그러므로 굳

---

[28] 마틴 로이드 존스, 『청교도 신앙: 그 기원과 계승자들』, 서문 강 옮김 (서울: 생명의말씀사, 1990), 79.
[29] 맥그래스, 『개신교, 그 위험한 사상의 역사』, 234.

굳게 서서 다시는 종의 멍에를 메지 말라(갈 5:1).

이렇게 말씀한 바울은 이어서 말씀하고 있다.

형제들아 너희가 자유를 위하여 부르심을 입었으나 그러나 그 자유로 육체의 기회를 삼지 말고 오직 사랑으로 서로 종 노릇 하라(갈 5:13).

교회 생활 중에 우리는 "만일 서로 물고 먹으면 피차 멸망할까 조심하라"(갈 5:15)는 말씀에 따라 서로 물고 먹으면 안된다. 교회 생활 중에 우리는 "모든 일을 원망과 시비가 없이 하라"(빌 2:14)는 말씀에 따라 원망과 시비가 없이 해야 한다. 바울 서신의 많은 부분이 이런 권면의 내용들로 가득차 있다.

그런데 우리에게는 이런 메시지가 왜 유독 눈에 잘 띄지 않을까?

억압된 가운데 살아가던 사람에게 선포되는 자유의 메시지는 거기에 담겨 있는 경고나 유보조항이 눈에 잘 들어오지 않는다. 그런 면에서 오늘의 시대는 자유의 남용이라고 하는 부분에 대한 경종이 필요한 시대라 할 수 있다.

2015년 2학기부터 2016년 1, 2학기 모두 3학기에 걸쳐 학교에서 나는 석·박사 학생들을 대상으로 청교도 신학을 가르쳤다. 가르쳤다기보다는 내가 공부할 겸 해서 개설한 것이니까 내가 배웠다는 표현이 더 나을지 모르겠다. 어쨌든 첫 학기는 "청교도 신학"이라는 과목으로 개설하였고 두 번째와 세 번째 학기는 "웨스트민스터 신앙고백서"와 관련된 과목으로 개설하였다. 그러던 중 『웨스트민스터 총회의 유산: 단번에 주신 믿음』이라는 책을 함께 읽는 시간이 있었는데 그 책은 여러 학자들의 논문을 모은 논문집이었다. 그런데 마지막 10장에 D. H. 하트(Hart)의 "그리스도인의 자유의 사용과 남용"이라는 논문에는 다소 충격적인 내용이 등장한다. 에모리대학교의 역사가 엘리자베스 폭스-제노브스(Elizabeth Fox-Genovese, 1941-2007)는 보수적인 페미니스트였는데 로마 가톨릭으로 개종하게 된 자신의 결정을 설명하면서 자신이 그리스도인으로서의 도덕률(예를 들어, 십계명)을 "매우 심각하게" 다뤘던 개신교 가정에서 자랐지만 어렸을 때나 성인이 되어서나 신앙이 없는 그리스도인, 즉 문화적으로는 그리스도인이었지만 여전히 그리스도를 믿지 않는 사람과 다를 바 없었음을 말하고 있다. 그러던 그녀가 현대 페미니즘의 임신중절 찬성에 대하여 이의를 제기하려고 애쓰는 과정을 통해 가톨릭으로 개종하게 되었다. 당시 폭스-제노비스의 고민은 다음과 같았다.

> 누가 생명에 대한 권리를 가지는가에 대해 우리들 중 누군가는 반드시 결정을 내려야 한다는 사실에 동의해야만 하는 나의 무능력함 때문에 낙태를 옹호하게 되는 현실이 나를 힘들게 했다…. 각자가 자신의 개인적인 도덕기준을 따라 사는 세상을 상상하기란 어려워 보였다…. 만일 누군가가 자신만의 도덕률만을 붙들고 산다면, 조만간 다른 이들의 도덕률과 충돌할 것이다. 그리고 어느 정도의 일반 기준의 겉모양이 없이, 그러한 충돌들은 하나의, 또는 다른 형태의 폭력이 발생하고 사라지는 것 이상일 것이다.[30]

이에 대해 하트는 다음과 같이 설명하고 있다. 인간의 자유(human freedom)에 대한 이해를 높이 사는 개신교와는 대조적으로, 폭스-제노비스는 로마 가톨릭 안에 있는 도덕적 권위를 인식했는데, 그녀가 볼 때,

---

[30] Elizabeth Fox-Genovese, "A Conversion Story," First Things 102 (April 2000): 41. Hart, "기독교인의 자유의 사용과 남용," 459f에서 재인용.

이러한 가톨릭교회 안에 있는 도덕적 권위는 개신교를 뒤흔드는 것처럼 보이는 회의론과 상대주의를 압도하는 것 같았다.

> 카이퍼 시대와는 다르게, 그리고 로마 가톨릭이 자유의 적으로 등장 하였던 때와는 다르게, 오늘날 많은 신중한 사람들에게 있어 로마 가 톨릭은 자유를 지키며 방종을 막을 최고의 희망으로 보인다.[31]

종교개혁의 후예임을 자처하는 개신교는 인간의 자유를 지고의 가치로 추구하다보니 도덕적으로는 회의론과 상대주의로 흐를 수밖에 없게 되었고 반대로 종교개혁 당시에는 자유의 적으로 규정되었던 로마 가톨릭이 도리어 자유를 지키고 방종을 막을 최고의 희망으로 여겨지게 되었다는 지적은 매우 뼈아픈 지적이 아닐 수 없다.

4. 개신교와 선교

"미션"이라는 영화는 1986년에 만들어진 영화인데 몇 년 전 "남자의 자격"이라는 TV 프로에서 "미션"의 영화음악에 가사를 붙인 "넬라 판타지아"라는 노래가 불려지며 다시 한 번 사람들의 관심을 끌었던 적이 있다. 영화 중 나오는 가브리엘 신부의 오보에 음악에 영국의 팝페라 여가수 "사라 브라이트만"이 가사를 붙여 노래를 만든 것이 넬라 판타지아라고 한다.

---

[31] D. G. 하트, "기독교인의 자유의 사용과 남용," 안토니 T. 셀바지오 편집, 『웨스트민스터 총회의 유산: 단번에 주신 믿음』, 김은득 옮김 (서울: P&R Korea, 2014), 459f.

나는 환상 속에서 모두들 정직하고 평화롭게 사는 세상을 봅니다.
나는 떠다니는 구름처럼 항상 자유로운 영혼을 꿈꿉니다.
깊은 곳까지 박애로 충만한 영혼을
나는 환상 속에서 밤조차도 어둡지 않은 밝은 세상을 봅니다.
나는 저 떠다니는 구름처럼 항상 자유로운 영혼을 꿈꿉니다.
영혼 깊은 곳까지 박애로 충만한 영혼을
환상에서는 친구처럼 편안하고 따뜻한 바람이 불어옵니다.

"미션"이라는 영화는 어떤 추기경이 교황에게 보내는 편지를 작성하는 것으로 시작한다. 추기경이 일단의 예수회 소속 신부들의 죽음에 대하여 교황에게 보내는 일종의 보고서를 서기관에게 대필시키며 영화는 과거로 거슬러 올라가 이과수 폭포 위에 살고 있는 과라니 족에 대한 선교 이야기 즉 미션을 시작하고 있다. 과라니 족은 예수회 선교사를 나무 십자가에 매달아 이과수 폭포 아래로 떨어뜨려 추방하지만 또 다른 신부가 이과수 폭포 위로 올려 보내지고 이 예수회 신부인 가브리엘(제라미 아이언스 분)은 오보에라는 음악을 접촉점으로 하여 과라니 족의 마음을 열고 선교의 결실을 맺게 된다.

한편 지금의 파라과이 수도인 아순시온에서 노예 사냥꾼으로 못된 짓을 하며 살아가고 있는 멘도사(로버트 드니로 분)는 자기 애인과 친동생의 불륜현장을 목격하곤 결투 끝에 동생을 죽이게 되는데 가브리엘 신부를 통해 감화를 받고 회개할 기회를 얻기 위해 과라니 족 땅에 선교사로 들어가게 된다. 각종 쇠붙이를 매 달고 이과수 폭포를 올라가는 멘도사의 모습은 일종의 보속 행위를 하는 장면으로 그려지고 있는데 그렇게라도 하지 않으면 견딜 수 없는 괴로움이 그 마음 가운데 있었기 때문이다.

남미 개척 초기였기에 스페인과 포르투갈은 브라질과 파라과이 그리고 아르헨티나 등지에서 국경 분쟁이 적지 않았다. 1750년 스페인과 포르투갈 사이에 맺어진 마드리드 조약으로 스페인 소유였던 과라니 족의 땅이 한 순간에 포르투갈로 소유권이 넘어가게 된다. 이로 인해 과라니 족과 스페인 신부들은 그곳을 떠나도록 강요받지만 결국은 그들이 일궈낸 땅을 지키기 위해 저항하다가 원주민들과 함께 순교한다. 멘도사는 가브리엘 신부에 대한 충성서약을 깨고 총을 들고 원주민 편에 서서 싸우다가 순교하고 힘이 정의인 세상에서 살 수 없다는 가브리엘 신부는 원주민들과 함께 비폭력으로 저항하다가 순교한다. 영화는 추기경의 마지막 보고로 마무리 된다.

> 그리하여 그들은 죽고 나는 살아남았습니다. 그러나 죽은 것은 나고 살아남은 것은 그들입니다. 왜냐하면 언제나 그렇듯 죽은 자에 대한 기억은 산 자의 기억 속에 영원히 남기 때문입니다.

30년의 세월이 지났지만 영화 "미션"이 주는 감동은 지금도 여전하다. 비록 가톨릭 선교라고 하는 것이 제국주의와 손을 잡고 이루어진 것에 대한 비판의 여지가 분명히 있음도 사실이지만 그런 과정에서 보여 준 예수회 선교사들의 모습은 적잖이 사람들에게 감동을 주기에 충분하다.

1588년 스페인의 무적함대를 격파한 영국은 이후 유럽의 새로운 강대국으로 부상하였고 차츰 가톨릭 국가인 포르투갈이나 스페인보다 식민지 경쟁에서 우위에 서게 된다. 1840년 발발한 아편전쟁은 '역사상 가장 부도덕한 전쟁'으로 불리는데 전쟁 이후에 체결된 난징조약에 기독교 선교에 대한 항목이 들어가 있는 것을 볼 수 있다. 당시 영국은 이 부도덕한 전쟁을 수행할지 여부를 국회에서 표결하였는데 근소한 표차로 통과되었다. 찬성 171, 반대 162이다.

어느 일간지에서 읽은 이야기다. 케냐의 어느 정치인의 말이라고 소개되어 있었는데 서양의 기독교 선교사들이 처음 자신들의 땅에 왔을 때 그들의 손에는 성경이 들려져 있었고 자신들의 손에는 토지문서가 들려 있었다. 그런데 선교사들이 기도합시다라고 해서 기도하고 눈을 떠보니 그들의 손에는 토지문서가 들려져 있고 자신들의 손에는 성경이 들려져 있더라는 것이다. 선교사들이 식민침탈의 앞잡이 노릇을 한 것을 꼬집는 것 같아 가슴이 아팠다. 물론 그 기사의 내용은 우리나라에 왔던 선교사들은 그렇지 않았다는 것이 주된 내용이었다. 아마도 손양원 목사님이 사역하신 것으로 유명한 애양원이 어떻게 시작되었는지를 소개하는 내용이었던 것으로 기억된다.

선교사의 이름은 포사이트(Forsyth)이다. 미국인 의료 선교사인데 1900년 어간에 이미 목포에 들어와 있었다고 한다. 그는 당시 광주에 있던 동료 의료 선교사가 자신의 몸에 난 병을 고쳐달라는 전갈을 보내자 말을 타고 광주로 가던 도중에 시궁창에 버려져 죽어가던 한센병에 걸린 조선여인을 자신의 말에 태우고 광주에 들어가게 되었다. 동료 선교사는 이미 병으로 운명을 달리 한 상황이었고 서양 선교사가 한센병 환자를 거두어 주었다는 소문은 당시 호남 지역 전역으로 퍼져나가 많은 한센병 환자들이 모여들게 되었고 이렇게 해서 애양원이 세워지게 되었던 것이다. 이 포사이트 선교사에 대한 기록은 지금도 애양원을 방문해 보면 1층에서 2층 올라가는 계단에 그의 행적을 확인할 수 있다.

> 포사이트는 광주에 최초의 한센병원을 세웠다. 그는 괴한에게 귀가 잘리는 봉변을 당하고 풍토병에 걸려 활동이 어렵게 되자 미국으로 돌아갔다. 거기서도 한국 한센병 환자를 돕는 모금·강연을 하다 1918년 세상을 떴다. 환자들은 돈을 모아 광주 한센병원에 포사이트를 기리는 비석을 세웠다. 이 병원은 1926년 총독부 퇴거 명령에 따라 여수로 옮겨져 애양원으로 불리게 됐다. 병원이 이사할 때 환자들은 광주에서 여수

까지 상여를 메듯 비석을 어깨에 지고 보름 동안 밤길을 걸어 옮겼다.[32]

다시 "미션" 이야기로 돌아와 보자. 예수회라는 가톨릭 종단은 종교개혁 직후인 1534년 "하나님을 향한 십자가의 길을 가도록 투쟁하고 오직 주님을 기리고 이 땅에 그의 대리자인 교황을 섬기고 절대복종함"을 기치로 하여 성 이그나티우스 로욜라(Ignatius Loyola, 1491-1556)가 프란시스 사비에르(Francisco Xavier, 1506-1552) 등과 함께 파리에서 창설하였다.[33] 1542년 프란시스 사비에르는 인도를 거쳐 일본까지 건너왔으며 1583년 예수회 선교사 마테오 리치(Matteo Ricci, 1552-1610)는 중국으로 건너왔다. 중국에 머물면서 중국인들에게 포교할 목적으로 쓰여진 마테오 리치의 『천주실의』는 이웃인 우리나라 조선에도 전해지게 되었다. 개신교 종교개혁 후 가톨릭은 발 빠르게 해외 선교에 착수한 것을 볼 수 있다. 그래서 가톨릭은 유럽이라는 안방에서 잃은 수 이상의 사람들을 해외 특별히 남미에서 확보하게 된다.

그런가하면 개신교 근대 선교의 아버지라는 윌리엄 캐리(William Carey, 1761-1834)가 인도에 도착한 것은 1793년이다. 맥스래스는 자신의 책 『기독교, 그 위험한 사상의 역사』라는 방대한 책에서 종교개혁으로부터 현대에 이르는 개신교회의 팽창의 역사를 논하고 다음 세대를 예측하고 있다. 1590년에는 서유럽 대륙의 약 50퍼센트를 개신교가 차지하고 있었는데, 1690년에는 그 비율이 20퍼센트로 급감했다. 유럽에서 개신교 교세가 이렇게 급감했지만, 그나마 북미에서는 개신교가 성장하며

---

32 "김태익의 만물상," 「조선일보」 (2012. 3. 23). http://srchdb1.chosun.com/pdf/i_service/pdf_ReadBody.jsp?Y=2012&M=03&D=23&ID=2012032300073.

33 이성덕, 『종교개혁 이야기』, 81.

일부나마 그 감소세를 만회할 수 있었다.[34]

처음에 개신교는 가톨릭교나 정교회에 둘러싸인 섬 같았다. 이런 상황에서 경계 밖의 이방인들에게 나아가는 것은 어려운 문제였을 것이다. 루터와 칼빈은 가톨릭과 정교회도 기독교라는 점을 강조했다. 그들이 요구하고 역설한 것은 선교가 아니라 개혁이었다. 대위임령이 유효함을 부인하지 않았던 칼빈조차 기독교 신앙의 확산은 교회가 관장할 일이 아니라 '기독교' 국가의 의무라는 입장을 견지하는 정도였다. 1560년대에 "그 지역을 다스리는 자가 그 지역의 종교를 결정한다"(cuius regio, eius religio)라는 말로 대변되는 신앙고백서 작성 열풍이 몰아닥치자 지역을 다스리는 제후의 활동이 전도의 첫 번째 방편이 되었다.[35]

1880년대에 들어와 선교학이라는 학문을 개척한 사람으로 알려져 있는 독일의 선교학자 구스타프 바르넥(Gustav Warneck, 1834-1910)은 개신교가 이토록 선교에 관심이 없었다는 것을 처음으로 간파했다. 자료들을 꼼꼼히 분석하여 자기 나름의 결론을 내놓은 바르넥은 16세기와 17세기에 개신교가 선교에 관심이 없었던 이유로 다음 세 가지를 들었다.

(1) 초기 개신교 신자들은 '대위임령'–"가서 모든 족속을 제자로 삼아라"는 명령(마 28:19)—을 사도 시대 이후의 교회가 아니라 1세기 사도들에게 주어진 명령으로 해석했다.
(2) 초기 개신교 신자들은 만물의 마지막이 가까이 왔으므로 해외 선교 같은 야심찬 사업을 새로 시작할 때가 아니라고 믿었다.
(3) 적절한 때가 되면 하나님이 사람들을 회개하게 하실 것이라는 것

---

34 맥그래스, 『기독교, 그 위험한 사상의 역사』, 279.
35 맥그래스, 『기독교, 그 위험한 사상의 역사』, 279f.

이 초기 개신교 신자들의 신학적 확신이었다.[36]

이 부분과 관련하여 윌리엄 캐리의 이야기는 매우 유명하다. 나는 주로 예정론에 대한 강의 때 예로 드는 사건인데 윌리엄 캐리는 제임스 쿡(James Cook, 1728-1779) 선장의 『남양 항해 이야기』를 읽고 나서 선교사를 모을 생각을 하기 시작했다. 1792년 캐리는 노샘프턴셔의 침례교 목사들에게 "복음을 이방 족속들에게 확신시켜야 할 그리스도인의 의무"를 놓고 논의하자고 제안했지만 대부분의 사람들의 반응은 냉담한 것이었다. 칼빈주의자인 한 나이 든 목사가 일어나 이런 말로 윌리엄 캐리를 비판했다.

"이보게, 젊은이, 자리에 앉게. 하나님이 이방인들을 회개시키고 싶으시면 자네나 내가 돕지 않아도 그리 하실 것이네."[37]

이처럼 고전적 개신교는 선교에 무관심했고 심지어 적대적이기까지 하였다. 그런 상황에서 18세기에 들어와 개신교 내부에서 선교활동이 등장한 것은 사실 아주 진기한 현상이라고 할 수 있다. 서구의 주류 개신교회들이 대부분 선교를 '좋은 일'로 여기게 된 것은 1830년대가 되어서였다.[38] 초창기 선교에 소극적이었던 개신교회는 19세기와 20세기에 엄청난 확장과 성장을 경험하였다. 19세기에는 북미의 미국과 캐나다를 중심으로 개신교는 놀라운 부흥을 경험하였고 20세기에는 아시아와 아프리카 그리고 남미에서 괄목할만한 성장을 이룩하였다. 다시 시계추를 종교개혁으로 되돌려 이 과정을 추적해 보자.

---

36 맥그래스, 『개신교, 그 위험한 사상의 역사』, 283.
37 맥그래스, 『기독교, 그 위험한 사상의 역사』, 283f.
38 맥그래스, 『기독교, 그 위험한 사상의 역사』, 284f.

6
종교개혁의 성공요인

　개신교의 시작이 된 종교개혁의 성공요인에 대해서 사람들은 인쇄술과 인문주의를 들고 있다.
　"인쇄술이 등장하지 않았다면 종교개혁은 없었을 것이며, 당연히 개신교도 존재하지 않았을 것이다."[1]
　인쇄술은 요하네스 구텐베르그(Johannes Gutenberg, c. 1398-1468)에 의해 1450년 경에 발명된 것으로 알려져 있다. 라틴어 벌게이트 성경을 찍어낸 것인데 42행 성경으로도 불린다. 물론 그보다 200년 앞서 우리나라 고려에서 1234년에 『상정고금예문』이라는 책을 찍어낸 것이 세계 최초로 알려져 있고 1377년에 발행한 『직지심체요절』이라는 불경이 현존하는 세계 최고(最古)로 인정을 받고 있다. 하지만 세계 역사에 미친 영향으로 말하면 구텐베르그의 인쇄술 발명은 서구 사회에 막 등장하였던 르네상스 운동의 발전과 이후의 개신교 종교개혁에 엄청난 영향을 미쳤다. 인쇄술이 없었다면 루터의 95조개 반박문이 그토록 급속하게 전유

1　맥그래스, 『기독교, 그 위험한 사상의 역사』, 48.

럽에 걸쳐 유포되지 않았을 것이고 인쇄술이 없었다면 16세기 가장 영향력 있는 책으로 『기독교 강요』가 자리매김하지도 못했을 것이다.

마찬가지로 "인문주의가 없었다면 종교개혁도 없었을 것이다."[2] 일반적으로 루터나 칼빈과 같은 종교개혁자들은 중세의 스콜라주의에 대해 반대하고 인문주의의 영향은 긍정적으로 수용한 것으로 알려져 있다. 물론 요즘에 들어서는 개신교 정통신학에서 중세의 스콜라주의 내용에 대해서는 반대하면서도 학문의 방법론으로서의 스콜라주의는 수용한 것으로 이해하고 있다.

인문주의(humanism)는 번역에 따라서 인본주의라고 번역할 수도 있다. 지금 시대는 인문주의가 '무신론'이나 '세속주의'와 같은 것을 의미하는 말로 사용되기도 하여 신을 믿는 믿음을 배척하는 세계관을 가리키는 말로 사용되고 있지만 종교개혁 시대에는 이 말이 아주 다른 의미로 사용되고 있었다. 인문주의는 말하자면 르네상스의 밑바탕을 이루는 세계관이라고 할 수 있다. 르네상스는 문예부흥이 두드러진 시대였고 이 문예부흥의 중심에는 과거의 문화유산, 그중에서도 특히 고대 희랍 및 로마의 유산과 고전으로 돌아가려는 움직임이 있었다. '아드 폰테스'(ad fontes) 곧 '원천으로 돌아가자'는 것이 인문주의의 유명한 구호였다.[3]

그 시대 인문주의자들은 대부분 교회의 갱신과 개혁에 관심을 가진 그리스도인들이었다. 그런 의미에서 특별히 종교개혁에 미친 로테르담의 에라스무스(Erasmus of Rotterdam, c. 1466-1536)의 영향은 엄청난 것이었다고 말할 수 있다. 에라스무스는 성직자의 사생자였다. 스테판 츠바이크는 에라스무스를 "종교의 광기에 맞서 싸운 인문주의자"로 그리고

---

2 맥그래스, 『기독교, 그 위험한 사상의 역사』, 61.
3 맥그래스, 『기독교, 그 위험한 사상의 역사』, 56.

있는데 이성의 법칙에 따라 가톨릭교회를 개혁하고자 한 사람이 바로 에라스무스였다.

> 그러나 운명은 시야가 넓은데다. 정신적이며 진보적인 인간인 그에게 행동하는 인간, 공허한 독일 민중의 힘으로부터 악마처럼 솟아오른 혁명가 루터를 보낸다. 마르틴 루터의 쇠주먹은, 단지 펜으로만 무장한 연약한 에라스무스의 손이 조심스럽고 정성스럽게 조화시키고자 했던 것을 단 일격에 부숴버린다.[4]

츠바이크가 보기에 에라스무스만이 유일한 개혁자이고 루터를 비롯한 다른 종교개혁자들은 혁명가들이었다.

> '회의론자' 에라스무스는 분명하고 객관적이고, 명확하게 말할 때 가장 강한 반면, '열광의 아버지' 루터는 격앙과 증오가 입술에서 격하게 튀어나올 때 가장 강하다.[5]

에라스무스는 물론 교황청의 압력과 절친이었던 토마스 모어(Thomas More, 1478-1535)의 강권에 의해 1524년 『자유 의지론』을 발표하여 종교개혁 반대진영에서 루터와의 논쟁을 벌이기도 하였지만, 그는 기본적으로는 개신교와 로마가톨릭의 싸움에서 중립을 지키려고 무던히 노력하였다. 1516년 에라스무스가 희랍어 신약성경을 출간한 것은 일종의 폭풍을 몰고 왔다. 중세를 거쳐 당시까지 가톨릭교회에서 절대적인 것으

---

4 슈테판 츠바이크, 『에라스무스 평전』, 정민영 옮김 (파주: 아롬미디어, 2006), 25.
5 츠바이크, 『에라스무스 평전』, 146.

로 받아들여졌던 라틴어 성경 벌게이트의 실제 본문에 대해 이의를 제기하게 된 것이다.

> 만일 에라스무스가 옳다면, 이전 세대가 '성경 말씀'이라고 받아들였던 말들이 신약 원문에는 전혀 없는 말일 수도 있었다. 그렇다면 이런 말들에 근거한 교회의 교리들은 어떻게 되는 것인지 많은 사람들이 의문을 품게 되었다.[6]

예컨대 벌게이트는 마태복음 4장 17절을 "참회(고해)하라, 천국이 가까이 왔느니라"라고 번역했다면 에라스무스는 이 부분의 희랍어 원문을 "회개하라, 천국이 가까이 왔느니라"로 번역해야 한다고 주장하였다. 벌게이트는 "겉으로 드러난 행위(고해성사)를 가르키는 것처럼 보였다. 그러나 에라스무스는 이 부분이 내면의 심리적 태도-'회개하는' 태도-를 말하는 것이라고 주장했다."[7]

17세기 잉글랜드의 신학자 윌리엄 칠링워스(William Chillingworth, 1602-1644)는 『구원으로 가는 확실한 길, 개신교도들의 종교』에서 "성경, 오직 성경만이 개신교도들의 종교다"(The Bible, the Bible alone, is the Religion of Protestants)라는 유명한 말을 했다. 우리가 익히 알고 있는 표현으로 하면 '오직 성경으로'(sola Scriptura)라는 라틴어 구호가 개신교 종교개혁의 핵심적인 주장이라고 할 수 있다.

> 요컨대 개신교는 끊임없이 성경으로 돌아가서 개신교의 믿음과 가치를 되살리고, 그 믿음과 가치를 재천명해야 할 필요가 있는 경우에는

6　맥그래스, 『기독교, 그 위험한 사상의 역사』, 58.
7　맥그래스, 『기독교, 그 위험한 사상의 역사』, 60.

재천명하며, 어느 한 세대나 개인이 개신교 전체의 의미를 규정하는 것을 허용하지 않는다.[8]

우리는 여러 가지 복잡한 문제가 있을 때 흔히 "성경으로 돌아가자"라는 구호를 외친다. 하지만 성경으로 돌아가면 모든 문제가 해결되리라는 생각은 양팔을 충분히 휘두르기만 하면 하늘을 날 수 있다고 생각하는 것과 같이 어리석은 것이다. 성경으로 돌아가도 문제가 해결되지 않는 경우가 한두 가지가 아니기 때문이다. 그래서 16세기 종교개혁의 중심에 자리 잡고 있었던 모든 기독교 신자들이 성경을 이해할 수 있다는 생각, 따라서 신자들이 모두 성경을 해석하고 그들 나름의 시각을 진지하게 받아들이도록 타인에게 요구할 수 있다는 생각은 일종의 "영적 민주주의"를 가져오게 되었고 그 결과 교회의 안정을 위협할 수도 있는 세력들이 등장했으며, 이는 결국 분열을 가져와 이탈 그룹들을 만들어내기도 하였다.[9]

17세기 영국의 왕정복고기의 대표적인 문인으로 알려져 있는 존 드라이든(John Dryden, 1631-1700)은 청교도 집안에서 태어났지만 1660년 왕정복고가 이루어지자 국교회 신자로 돌아섰고 급기야 제임스 2세가 즉위(1685년)했을 때에는 왕과 같은 로마 가톨릭으로 개종하였다. 통치자에 따라 자신의 신앙을 바꾼 것 때문에 시류에 영합하는 지조 없는 사람으로 비판을 받기도 하지만 참된 영혼의 안식을 찾으려는 진지한 태도라고 이해하기도 하는 모양이다.

개신교의 성경 해석과 관련한 드라이든의 두 개의 시는 개신교가 직면하고 있는 난점을 보여 주기에 인용할 가치가 충분하다. 이단이나 정통이

---

[8] 맥그래스, 『기독교, 그 위험한 사상의 역사』, 317.
[9] 맥그래스, 『기독교, 그 위험한 사상의 역사』, 10.

나 모두 성경을 근거로 삼고 있다. 다만 성경을 다르게 해석할 따름이다.

> 처음에는 아리우스가, 이제는 소키누스마저
> 독생자가 영원하신 하나님이심을 부인하지 않았는가?
> 이들 역시 오직 복음서 본문만을 내세워
> 우리 교리를 정죄하고 그들 자신의 교리를 고집하지 않았는가?
> 모든 이단들이 정통과 똑같이 굴면서
> 성경을 토대로 자신들의 주장을 방어하지 않는가?[10]

여기서 소키누스(Fausto Socinus, 1539-1604)는 종교개혁 시대에 전통적인 삼위일체론과 속죄론을 부정한 이단적인 생각을 유포한 사람이다.

드라이든은 또 다른 풍자시에서 개신교가 성경을 강조했지만, 만인이 인정하는 권위를 지닌 성경 해석자가 없었던 탓에 정작 이단을 확산시키는 결과를 가져왔을 뿐이라고 주장했다. 드라이든은 개신교가 그 근저에 있는 위험한 사상 때문에 이단에 맞설 힘을 잃어버렸다고 보았다. 뿐만 아니라 그는 평범한 그리스도인도 성경을 펼쳐보는 동안 틀림없이 정통이라는 평탄한 고원으로 인도받게 되어 있다는 개신교의 순진한 생각이 사실상 이단의 등장을 조장한다고 보았다.[11]

> 우리는 그리스도가 '하나님'이심을
> 성경으로 쉽게 증명할 수 있다 장담하지.
> 그러나 저 대담한 소키누스주의자는

---

10 John Dryden, *The Hind and the Panther* 2부, 150-55행. 맥그래스, 『기독교, 그 위험한 사상의 역사』, 333에서 재인용.
11 맥그래스, 『기독교, 그 위험한 사상의 역사』, 366.

> 똑같은 성경으로 그가 '사람'일 뿐이라고 우겨대네.
> 이제는 무슨 근거를 들이대야 이 중요한 싸움을 끝낼 수 있지?
> 양쪽 다 제가 옳다고 소리를 질러대는데.
> 유일한 규칙(성경)은 왜 이렇게 조용한 거야?[12]

"오직 성경"을 목소리 높여 외치는데 실제로는 너무나 제각각인 성경 해석을 어떻게 할 것인가 하는 것은 분명 개신교 종교개혁의 어려움 중의 하나이다. 그런 맥락에서 일부 신학자들은 올바른 성경 해석을 규정할 수 있도록 '개신교의 교황제도'를 만들자는 제안을 하고 있다. 하지만 맥그래스에 따르면 이런 제안은 두 가지 이유로 인해 성공할 수 없다.

첫째, 이런 노력들은 성경의 핵심 본문에 오직 한 가지 의미만을 강요하였지만 분명 개신교 역사에는 다양한 해석이 존재해 왔다.

둘째, 개신교는 그 본질상 어느 누구도 개신교를 이런 식으로 규정할 권리나 권위를 갖는 것을 허용하지 않는다.

실제로 종교개혁은 모든 신자가 성경을 스스로 읽고 해석할 수 있다고 주장했는데, 이는 교황과 같은 중앙 집중적 권위에 맞서 봉기한 것으로 볼 수 있다.[13] 그런 의미에서 보면 통일된 성경 해석을 위해 교황과 같은 사람을 뽑아세우는 것은 개신교의 기본정신을 위반하는 것이 될 수 있다. 맥그래스는 개신교라는 복잡한 그림을 온통 같은 색으로 칠해 버리려고 하거나 다양한 교파들로 이루어져 있는 전 세계의 개신교에 통일된 교리를 강요하는 것은 명백한 "지적인 폭력"이라고 말하고 있다.[14]

---

12 John Dryden, *Religio Laici*, 311–15행. 맥그래스, 『기독교, 그 위험한 사상의 역사』, 367에서 재인용.
13 맥그래스, 『기독교, 그 위험한 사상의 역사』, 350.
14 맥그래스, 『기독교, 그 위험한 사상의 역사』, 388.

루터교 신학자인 볼프하르트 판넨베르그(Wolfhart Pannenberg, 1928-2014)는 개신교 신학자 가운데 특이하게 개신교회들이 바티칸의 관할 아래 놓여야 한다는 것은 인정하지 않지만 하나의 일치의 표징으로서 전 세계적인 기독교회를 위한 교황 같은 대변인이 존재해야 한다는 주장에 대해 개방적인 입장을 견지하고 있다.[15]

나는 얼마 전까지만 해도 윌리엄 틴데일(William Tyndale, 1494-1536)이 성경을 영어로 번역한 죄 때문에 네덜란드에서 화형을 당한 것이 1517년 루터의 종교개혁이 일어난 지 20여 년이나 지난 1536년이었다는 사실이 도무지 이해가 되지 않았다. 틴데일은 루터의 영향을 받은 것으로 알려져 있는데 1526년 영어 신약성경을 완성하고 독일에서 인쇄하여 영국으로 보냈다. 이후 그는 구약성경 번역작업을 계속하다 영국인 밀고자의 고발로 황제의 대리인에게 붙잡혀 처형을 당했다.

당시까지만 해도 네덜란드는 독립국가가 아니라 신성로마제국의 영토에 속해 있었고 16세기 후반 일련의 독립전쟁을 통해 비로소 1648년 베스트팔렌 조약에서 독립국가로서의 지위를 인정받았다. 틴데일의 영어 성경 번역은 이후 1611년의 킹제임스 성경의 기초가 되었다는 평가를 받고 있다.

영어로 된 성경을 번역한 것은 틴데일보다 위클리프(John Wycliffe, c. 1320s-1384)가 먼저 였다. 위클리프는 1380년 신약성경을, 1382년 신구약 성경 전체를 번역 출간하였다. 하지만 틴데일의 영어 성경과 달리 두 가지 면에서 위클리프의 성경번역은 한계를 가지고 있었다. 가장 결정적인 것은 성경의 원어에서가 아니라 중세의 공인 성경인 라틴어 성경

---

15 Pannenberg, *Systematic Theology*, 3:420-31. 케이픽 & 맥코맥, 『현대신학 지형도』, 609에서 재인용.

벌게이트를 번역한 것이다. 아울러 위클리프의 영어 성경은 영어의 역사에서 초서의 『캔터베리 이야기』(*The Canterbury Tales*, 1387-1400년)와 함께 중세영어 시대(1100-1500년)에 속한다.

그런가하면 틴데일의 성경이나 킹제임스 성경은 초기현대영어 시대(1500-1700년)에 쓰여졌다. 그래서 중세영어에 속하는 위클리프 성경은 역사적인 의의만 있을 뿐 현대영어를 사용하는 사람들에게는 거의 이해가 불가능하다면 틴데일이나 킹제임스 성경이 쓰여진 초기현대영어는 여전히 지금의 영어와는 사뭇 다른 점이 있음에도 어렵지 않게 그 의미를 이해할 수 있다는 면에서 그 의의가 크다고 할 수 있다. 이 글을 쓰는 가운데 나는 지금 스마트폰의 바이블 25라는 프로그램을 통해 킹제임스 성경을 읽고 있다. 현대의 영어와 철자나 어미 등에 있어 많은 차이가 있어 다소 불편하지만 그래도 전체적으로 성경의 내용을 이해하는 데에는 어려움이 없다.

종교개혁의 성공요인 중 가장 중요한 한 가지는 신성로마제국의 특수성이다. 신성로마제국의 정치적인 상황은 종교개혁의 전개와 확장에 유리하게 작용했다.

만약 루터의 종교개혁이 지금의 독일에 해당하는 신성로마제국의 한 귀퉁이에서가 아니라 중앙집권적인 왕권이 확립되어 있었던 프랑스나 잉글랜드에서 발생했다면 어떻게 되었을까?

한 마디로 초기에 진압되었을 것이다. 신성로마제국은 황제선출권이 있는 7명의 선제후(마인츠, 쾰른, 트리어, 보헤미아, 팔츠, 작센, 브란덴부르크)와 수많은 제후들, 황제의 직접 통치를 받는 제국도시들로 이루어져 있었다. 이 가운데 루터가 종교개혁을 시작하였던 비텐베르크는 작센 지역에 속해 있었다. 당시 작센 선제후였던 현자 프레데릭(Frederick III, Elector of Saxony, 1463-1525)은 1502년 비텐베르크대학교를 설립하였다. 당시 비텐베르크는 인구 약 2,000명의 작은 도시에 불과했다.

"작센 선제후의 보호가 없었다면 루터의 종교개혁은 초기에 진압되었을 것이다."[16]

종교개혁과 관련하여 이전 세기에 있었던 1453년의 동로마제국의 수도인 콘스탄티노플이 오스만 투르크에 의해 함락된 것과 함께 유럽의 서쪽 끝에 위치한 이베리아 반도에서 1479년 '가톨릭의 두 나라' 카스티야의 여왕 이사벨라와 아라곤의 왕 페르난도가 결혼함으로써 스페인 왕국을 세우고 콜럼버스가 신대륙을 발견한 1492년 이슬람으로부터 실지를 회복하는 데 성공한 것을 언급할 필요가 있다. 종교개혁 당시 통일국가를 이루고 있던 나라는 프랑스와 잉글랜드, 그리고 스페인이었다. 이 가운데 잉글랜드는 도버해협이라고 하는 지리적 방파제 때문에 비교적 유럽 대륙의 종교개혁에 개입할 여지가 없었다면 프랑스와 스페인의 상황에 대한 이해는 종교개혁과 떨래야 뗄 수 없는 관계라고 보아야 할 것이다.

프랑스 왕 프랑수아 1세(Francis I, 1494-1547)와 합스부르그 가문의 스페인 왕이자 신성로마제국 황제였던 칼 5세(Karl I, 1500-1558)는 개신교 종교개혁의 주된 두 반대자들이었다. 하지만 이들은 서로 경쟁관계였고 종교개혁이라고 하는 공동의 적에 대항하는 데 서로의 힘을 모으지는 못했다. 루터의 종교개혁은 주로 이 칼 5세의 억압과 박해 가운데 느리지만 조금씩 독일 안에서 그 세력을 확장해 나갔다. 1519년 6월 28일 칼 5세는 막강한 금권력을 동원해서 경쟁자였던 프랑수아 1세를 꺾고 프랑크푸르트에서 거행된 황제 선거에서 7표 모두를 얻어 신성로마제국의 황제로 선출되었다. 하지만 금권 선거를 자행한 것은 프랑수아 1세도 마찬가지였다. 그래서 일각에서는 이들의 "엄청난 금권 선거는 훗날 루터의 종교개혁을 알리는 총소리가 되기도 했다"라고 주장하기도 한다.[17]

---

16 이성덕, 『종교개혁 이야기』, 7.
17 기쿠치 요시오, 『신성로마제국』, 201f.

7

루터와 츠빙글리

우리는 16세기 개신교의 종교개혁을 생각하면 온통 마틴 루터 (Martin Luther, 1483-1546) 한 사람에게 집중하는 경향이 있다. 사실은 16세기 개신교의 종교개혁은 서로 무관하게 출발한 일련의 개혁 운동들로 이해하는 것이 가장 정당하다. 훌드리히 츠빙글리(Huldrych Zwingli, 1484-1531)는 루터와 별다른 관련 없이 스위스 취리히에서 개혁 운동을 전개하였다. 종교개혁 1세대라고 할 수 있는 두 사람에 대해 살펴보자.

루터는 1483년 11월 10일 만스펠드 공작령인 아이슬레벤에서 한스 루터와 마가레트의 둘째 아들로 태어났는데 그의 아버지는 광부였다. 이곳에서 루터는 그 시대의 관례대로 출생한 날의 성인인 마틴(Martin)이라는 이름으로 세례를 받았다. 1501년 4월 말 루터는 에어푸르트대학교에서 학업을 시작하였는데 문법, 수사, 변증의 세 과목(Trivium)과 수학, 음악, 지리, 천문의 네 과목(Quadrivium), 이렇게 자유 예과(artes liberales) 7과목을 공부하는 인문학부에 등록하였다. 이 과정을 마친 사람만이 신학과 의학, 그리고 법학의 상위 학문을 공부할 수 있었다. 인문학부를 마친 루터는 아버지의 소원에 따라 법학공부를 시작하였다. 하지만 1505년 7월 2일 그는 만스펠트에 있는 부모를 방문하고 학교로 돌아오는 길에 스토테른하임에서 커다란 폭우를 만났다. 번개가 그의 옆 숲을 때렸고 죽음의 공포에 휩싸인 채 루터는 자신도 모르게 광부들의 수호성인인 마리아의 어머니 안나에게 도움을 요청했다. "성 안나여, 도우소서. 제가 수도사가 되겠습니다." 이렇게 하여 루터는 에어푸르트의 어거스틴 은둔 수도회에 들어가게 되었다.[1]

루터는 과연 언제 종교개혁적 원리를 인식하게 되었는가?

즉 언제 이신칭의 교리를 발견하게 되었는가?

이 부분과 관련하여 루터는 1532년 『탁상담화』에서 다음과 같이 말하고 있다.

> "의로운" 그리고 "하나님의 의"라는 말들이 번개처럼 내 양심을 찔렀다. 그 말들을 들을 때 나는 무기력해졌다. 하나님이 의롭다면, 그는 벌을 내리실 것이 틀림없다. 한 번은 내가 이 탑(비텐베르크의 아우구스티누스 은둔 수도원에 있는 탑 방) 속에서 "의인은 그의 믿음으로 살 것이다"(롬 1:17)라는 말씀과 "하나님의 의"에 대하여 깊이 묵상했을 때, 곧 이런 생각이 들었다. 만일 우리가 의로운 자로서 믿음으로 살고 하나님의 의가 믿는 사람을 구원으로 이끈다면 그것은 우리의 공로가 아니라 하나님의 자비가 된다는 것이다. 이 일을 통해 내 영혼은 다시 기운을 얻었다. 하나님의 의는 우리가 그리스도를 통해 의롭게 되고 구원을 받는다는 사실에 그 본질이 있기 때문이다. 이제 이러한 말들은 내게 가장 사랑스런 말이 되었다. 이 탑에서 성령이 성서를 내게 드러내 보이셨다.[2]

---

1 이성덕, 『종교개혁 이야기』, 9f.
2 M. Luther, WA TR 3. 228, 24-32. 이성덕, 『종교개혁 이야기』, 12f에서 재인용.

이 사건은 이른바 루터의 신학적 돌파(theological breakthrough)라고 명명되고 있는데 이 사건이 과연 언제 일어났는지에 대해서는 1514년에서 1519년에 이르기까지 학자들마다 의견이 분분하다. 주도홍은 루터의 종교개혁적 신학의 결정적 등장이 1518년 3월 이후에 이루어진 것이라고 주장하고 있다.[3] 맥그래스는 『루터의 십자가 신학』에서 1515년에 '하나님의 의'에 대한 발견을 통해 1518년의 십자가 신학으로 이어지는 일련의 과정을 통해 루터의 신학적 돌파가 이루어졌다고 보고 있다.

> 1514-19년에 걸쳐 일어난 루터의 칭의교리 발전은 상호무관한 에피소드가 아니다. 오히려 그것은 칼뱅과 같은 논리적 엄격함을 가지고 그의 신학적 혁파의 결과를 그의 칭의 교리에 포함시킨 하나의 통일된 과정이다.[4]

물론 우리는 루터의 위대함을 일방적으로 폄하하는 것 또한 조심해야 한다. 맥그래스는 루터를 다루는 장의 제목을 "우연히 혁명가가 된 혁명가—마틴 루터"라고 붙이고 있다. 당대에 벌어진 사건들의 원인이나 촉매제가 된 개인의 중추적 역할을 부인하지는 않지만 보다 중요한 사회적인 맥락을 살펴보는 것이 필수적이다. 루터 이전과 루터 시대에 교회의 '개혁'을 요구했던 사람들은 아주 많았다. 그럼에도 유독 루터의 개혁에 대한 요구가 하나의 실체로 응결되어 나타났으며 이렇게 응결되어 나타난 실체가 어떻게 살아남게 되었는가를 살펴보아야 한다.[5] 사실 루터가 재

---

[3] *Theologische Real Enzyklopädie* 21, 517. 주도홍, 『세계교회사』 (개혁주의신학총서, 2003), 168.
[4] 알리스터 맥그라스, 『루터의 십자가 신학』, 정진오 옮김 (서울: 컨콜디아사, 2001), 109.
[5] 맥그래스, 『기독교, 그 위험한 사상의 역사』, 48.

직하고 있던 비텐베르크대학교는 "당시 유럽에서 가장 하찮은 대학들 가운데 하나"에 불과했고 루터는 "한 이름 없는 독일 학자"에 불과했다.

그런 루터의 "시시해 보이는 저항"이 많은 서구교회들을 집어 삼킨 대화재를 일으킨 불꽃으로 판명된 이유는 무엇인가?[6]

루터에게 있어서 핵심적인 두 가지 문제는 "기독교 신학이 기독교의 핵심 사상에 도달할 방도는 무엇인가"라는 문제와 "인간이 어떻게 하면 구원을 확보할 수 있는가"라는 문제였다. 1516년경, 루터는 첫 번째 문제에 대해 분명한 해답을 얻게 되었다. '성경과 어거스틴'이 바로 그 해답이었다. 아리스토텔레스의 철학이나 중세의 스콜라 신학 전통 역시 기독교 신학의 첫 번째 근거가 될 수 없다. 루터는 기독교 신학의 첫 번째 근거가 성경, 그 중에서도 특히 초기 기독교 신학자인 히포의 어거스틴(Augustine, 354-430)의 저작을 통해 해석된 성경에 있다는 확신에 도달하였다. 이러한 성경의 중요성에 대한 루터의 강조는 결국 "위험하면서도 새로운 신학의 영역"으로 이어지게 된다.[7]

종교개혁 사상의 핵심은 뭐니 뭐니해도 루터의 이신칭의 교리라고 할 수 있다. 위에서 말한 것처럼 종교개혁의 근간이 된 이 사상을 루터는 언제 확고하게 깨닫게 되었는지에 대해서는 학자들의 견해가 조금씩 엇갈리고 있다. 심지어는 1519년으로 주장하는 사람들도 있다. 그렇다면 면죄부에 대한 95개조 반박문을 붙일 때인 1517년에 루터는 믿음으로만 의롭게 된다는 이신칭의 교리를 명확하게 이해하지 못하고 있었다는 말이 된다. 조금은 우리 같은 상식인들에게는 충격이 되는 주장이 아닐 수 없다.

---

6 맥그래스, 『기독교, 그 위험한 사상의 역사』, 35.
7 맥그래스, 『기독교, 그 위험한 사상의 역사』, 75.

루터가 이신칭의 교리를 깨닫게 된 것을 1517년 이전으로 잡더라도 자신의 칭의 개념이 가지고 있는 급진적인 함축을 받아들이는 데 루터는 주저하였다. 루터는 "중세 동안에 건축된 구원이라는 복잡한 건축물"이 그다지 견고한 기초 위에 서 있지 않음을 알게 되었다. 하지만 그럼에도 루터는 교회제도와 교회가 행하는 일을 폐지할 마음은 갖고 있지 않았던 것 같다. 이제 교회는 구원을 베푸는 일에서 부차적 역할을 하게 되었고, 하나하나의 인간과 하나님의 직접적 만남에서 종속적 위치를 차지하게 되었다. "우리의 주시며 스승이신 예수 그리스도는 '회개하라…'(마 4:17)고 말씀하심으로 각 신자의 모든 삶이 참회이기를 원하셨다"(1조)로 시작하는 루터의 95개조 반박문을 읽어보면 루터는 면죄부 판매에 맹렬히 반대했지만 여전히 연옥의 존재에 대해서는 의심하지 않았음을 알 수 있다.[8]

"실제로 교황은 연옥에 있는 영혼들에 대하여 교회법이 현세에서 치러야 한다고 선언하고 있는 그 어떠한 형벌도 사할 수 없다"(22조).

면죄부(indulgence)는 보다 정확하게 말하면 면죄부(免罪符)가 아니라 면벌부(免罰符)라고 해야 할 것이다. 죄를 없이 해 주는 것이 아니라 죄에 대한 벌을 줄여주는 것이기 때문이다. 이 부분과 관련하여 두산백과 사전의 "면벌"에 대한 설명을 살펴보자.

> 신자들이 고해성사를 통해 사제로부터 죄를 사면받은 후에도 이승과 연옥에서 치러야 하는 남아있는 형벌을 가톨릭교회가 일련의 참회 행위를 통하여 면해 주는 것을 말한다. 초기 교회에서 명하는 참회 행위는 고행의 측면이 강하였으나 중세 중반으로 가면서 자선, 기

---

[8] 맥그래스, 『기독교, 그 위험한 사상의 역사』, 79.

도, 선행 등으로 완화되는 모습을 보였다. 하지만 면벌은 십자군 전쟁에 이용되기도 했으며 중세 말에는 금전 수단으로 변질, 남용되어 많은 비난을 받았다.[9]

면죄부는 당시 대중들에게 인기가 있었다고는 하지만 그 신학적 근거는 매우 부실하다고 말할 수 있다. "예수 그리스도의 교회의 성인들의 본보기가 되는 행동을 통해 경건한 그리스도인들이 필요한 때 필요한 만큼 끌어다 쓸 수 있는 '공로의 보고'를 만들어놓았다"는 생각이 바로 그 근거라고 할 수 있다.[10] 루터는 "교회의 참된 보화는 바로 가장 거룩한 복음이다"라고 단언함으로써 면죄부 논리의 핵심인 '교회보화론'을 거부하였다. '공로의 보고' 교리 또는 '교회보화론'은 1230년 성 체르의 휴고가 확립한 것으로 그리스도와 성인은 자신을 구원하고도 남을 만큼의 공로를 지녔는데 이것을 교회가 보화로서 지니고 나누어줄 배타적인 권한을 지닌다는 것이다.[11]

면죄부 판매상 요한 테첼(Johann Tetzel, c. 1465-1519)이 당시 독일어로 내건 광고 문안은 사람들의 마음을 휘어잡았다. 이 문구는 루터의 95개조 반박문 가운데 27번째 항목에 암시되어 있다.

> 금화가 짤랑 소리를 내며 돈궤로 떨어지는 순간,
> 영혼은 연옥에서 하늘로 뛰어오른다.
> (So bald das Geld im Kasten klingt,

---

9 http://terms.naver.com/entry.nhn?docId=1081007&ref=y&cid=40942&categoryId=31589
10 맥그래스, 『기독교, 그 위험한 사상의 역사』, 82.
11 이성덕, 『종교개혁 이야기』, 18.

Die Seele aus dem Fegefeuer in den Himmel springt).

    루터는 95개조 반박문에서 면죄부 판매에 반대하는 일련의 주장들을 제시했다. 이 주장들은 크게 두 가지 원리로 요약할 수 있다.

    첫째, 면죄부 판매는 독일 민족을 재정적으로 착취하는 것이다. 잘 알려진 것처럼 면죄부를 팔아 당시 가톨릭교회는 성 베드로 성당 재건 자금으로 사용하였는데 어떤 경우에는 군사작전을 위한 전쟁비용으로 사용하기도 하였다. 교황 율리우스 2세 (Pope Julius II, 1443-1513, 재위 1503-1513) 때인 1512년 교황청과 스페인 연합군이 프랑스군과 충돌한 라벤나 전투가 그 예라고 할 수 있다.

    이 율리우스 2세 교황은 체사레 보르지아에게 독살될 뻔한 줄리아노 델라 로베레 추기경인데 동일한 방법으로 교황 알렉산더 6세를 독살하려다 실패하였고 바티칸을 떠나 도망자 신세가 되었다. 알렉산더 6세가 말라리아에 걸려 죽고 같은 시기 그의 아들인 체사레도 같은 병에 걸려 병상에서 일어나지 못하는 틈을 타 자신의 군대로 바티칸을 포위하여 교황 선거를 장악하고 교황 자리에 오른 비오 3세(Pius III, 1439-1503)는 교황으로 선출된 지 26일만에 사망하였다. 이때 10년의 망명생활 끝에 바티칸으로 돌아온 줄리아노 추기경은 체사레 보르지아를 구슬려 그가 장악한 스페인 출신 추기경들 12명의 표를 끌어들여 마침내 교황의 자리에 올라 체사레 보르지아를 제거해 버린다.

    "남을 속이고도 전혀 양심의 가책을 느끼지 않은 것은 보르자 부자(父子)나 율리우스 2세나 매한가지다."[12]

    이 율리우스 2세는 적어도 2번 직접 군사원정을 한 "전사 교황"(The

---

[12] 시오노 나나미, 『신의 대리인』, 235f.

Warrior Pope)으로 알려져 있다. 시오노 나나미의 『신의 대리인』의 표지인물이 바로 이 율리우스 2세인데 라파엘로(Raffaello, 1483-1520)가 그린 초상화로 알려져 있다. 율리우스 2세는 또한 미켈란젤로(Michelangelo, 1475-1564)에게 시스티나 성당 천장에 "천지창조"를 그리게 한 장본인이기도 하다. 르네상스 시대 교황들이 문예부흥을 위해 많은 돈을 사용한 일례라 할 수 있을 것이다.

둘째, 루터는 교황이 연옥에는 아무런 권위를 행사하지 못하며, 따라서 어떤 사람이 연옥에 얼마나 오래 머물러야 할지 결정하는 데 아무런 영향력을 행사할 수 없다고 주장했다. 루터의 95개조 반박문을 읽어본 사람들은 이 반박문의 잠재적 폭발력보다 이 논제들이 근본적으로 전통적인 가톨릭교회와 연속선상에 있다는 점을 읽어낼 가능성이 더 크다. "루터는 연옥 자체를 문제 삼지 않았다. 루터가 이의를 제기한 것은 가능한 한 빨리 연옥에 있는 사람을 끄집어낼 수 있다는 방법에 관한 것이었다."[13]

'연옥'(purgatory)이라고 하는 것은 더러운 것을 깨끗하게 하는 장소라는 의미의 정화소(淨化所)라는 의미가 있다. 인간 사후에 모종의 정화의 과정인 연옥이 필요하다는 주장을 한 대표적인 사람은 『나니아 연대기』의 작가 루이스(C. S. Lewis, 1898-1963)이다.

> 우리의 영혼은 연옥을 필요로 한다. 그렇지 않은가?
> 만일 하나님께서 우리에게 "내 아들아, 사실 너에게서 악취가 나고 네 낡은 의복에서 진흙과 오물이 떨어지고 있다. 하지만 이곳에서 우리는 너를 불쌍히 여기고 있으니 아무도 그런 것들로 너를 비난하지

---

[13] 맥그래스, 『기독교, 그 위험한 사상의 역사』, 85.

않고 너를 배척하지도 않을 것이다.

이 기쁨에 동참하겠느냐?"라고 말씀하신다면 우리의 마음이 어떻겠는가?

루이스를 문제삼는 사람들은 성경무오를 루이스가 믿지 않은 것과 함께 연옥을 인정한 것을 가장 큰 문제점으로 지적한다. 루이스가 그 무엇보다도 성경의 권위를 받아들였고 성경무오에 대한 논의 자체가 미국적인 정황과 관련된 것이라고 하는 것을 인정한다면 성경무오를 인정하지 않았다는 혐의는 연옥에 대한 주장보다는 심각해 보이지 않는다. 이런 연옥의 필요성에 대한 루이스의 주장은 유고집인 『기도』에 나온다.

루이스의 『천국과 지옥의 이혼』이라는 책은 윌리암 블레이크(William Blake, 1757-1827)의 『천국과 지옥의 결혼』을 패러디한 책인데 이 책에서 루이스는 천국과 지옥 사이의 중간지대라고 할 수 있는 연옥에 대하여 아무런 언급도 하지 않고 있다.

사실 루터의 이신칭의 교리를 통해 성인숭배와 연옥은 신학적으로 설자리를 잃게 되었다고 말할 수 있다. 각 사람은 하나님과 직접적인 사귐을 가질 수 있다. 이 사귐에 마리아나 성인 같은 중개자는 더 이상 필요하지 않다.

또한 그리스도의 의가 신자들에게 전가된다면 연옥은 무슨 의미가 있단 말인가?

그래서 연옥이란 수도사들과 탁발수도사들이 자신들의 돈궤를 채우고 타락한 욕망을 만족시키고자 급조해 낸 것이라는 비판을 듣기도 하였다. 구원을 불확실하게 만들어 "죽은 친족들을 염려하는 가난한 인생

들의 등골을 빼먹는 인간들"이 바로 당시의 성직자들이었다.[14]

루터는 신자가 "의인인 동시에 죄인"(simul iustus et peccator)이라고 주장하였다. 루터는 '성경과 어거스틴'을 자신의 권위로 받아들였지만 어거스틴의 주장에 결정적으로 손질을 가한다. 하나님의 선물인 의를 어거스틴은 인간 안에 두었다면 루터는 그것을 인간 밖에 두었다. 루터는 이 의의 선물이 "우리에게 나누어진 것이 아니라 우리에게 '지워진 것' 또는 '전가된 것'이라고 주장했다."[15]

어거스틴은 초대교회를 대표하는 영적 거인이다. 물론 그렇기 때문에 부정적인 의미에서 그가 드리운 그림자도 큰 사람이 바로 어거스틴이라고 할 수 있다. 일반적으로 생각하면 그의 교회론은 가톨릭교회에 그의 구원론은 개신교회에 영향을 미친 것으로 볼 수 있으나 꼼꼼하게 살펴보면 그의 구원론은 개신교보다 가톨릭에 가깝다고 할 수 있다. 우리 개신교에서는 어거스틴의 구원론에 두 가지 변형을 가했다. 첫째는 내면적인 의를 외면적인 의로 바꾸었고 둘째는 구원의 확신을 가질 수 있다는 주장을 하였다. 어거스틴은 모든 성도들을 하나님께서 끝까지 견인하지는 않으리라 생각했다.[16]

우리는 어거스틴은 우리 편이고 아퀴나스를 가톨릭의 우두머리라고 생각하지만 이런 이분법도 사실을 지나치게 단순화한 주장이라고 할 수 있다. 아퀴나스가 아리스토텔레스 철학의 영향을 받은 것은 널리 알려진 사실이다. 하지만 아퀴나스가 어거스틴의 은혜의 신학에 영향을 받았다는 사실도 유념할 필요가 있다.

---

14 맥그래스, 『기독교, 그 위험한 사상의 역사』, 82f.
15 맥그래스, 『기독교, 그 위험한 사상의 역사』, 77.
16 제임스 패커, 『성령을 아는 지식』, 홍종락 옮김 (서울: 홍성사, 2002), 174.

루터의 영적 스승인 요한 스타우피츠(John Staupiz, 1460-1524)는 1518년 4월 26일 하이델베르크에서 열리는 수도원 총회에서 루터에게 자신의 입장을 밝혀줄 것을 요청하였고 유명한 루터의 하이델베르크 논쟁이 이루어지게 되었는데 루터는 이 논쟁에서 스콜라 신학자들의 '영광의 신학'(theologia gloria)에 반해 자신의 신학을 '십자가의 신학'(theologia crucis)이라고 불렀다.

루터는 이 논쟁에서 "하나님의 비가시적인 것들을 피조된 가시적인 것을 통해 이해하고 인식하는 사람이 신학자가 아니라, 십자가와 고난을 통해서 하나님의 일을 인식하고 이해하는 사람이 신학자이다"라고 주장하였고 '십자가 신학'이 없으면 인간은 스스로 가장 선한 것을 가장 나쁘게 오용한다고 보았다. 이 논쟁을 통해 루터는 마틴 부처와 같은 남부 독일 출신의 젊은 신학자들을 자기편으로 만들 수 있었다.[17]

1519년에 루터는 비텐베르크대학교 동료 교수였던 칼슈타트와 함께 잉골슈타트대학교의 교수였던 요한네스 에크(Johannes Eck, 1486-1543)와 라이프치히 논쟁을 벌이게 되었는데 이 논쟁의 핵심은 교황의 수위권과 공의회의 권위에 관한 것이었다. 에크는 교황 실베스테르 1세(Sylvester I, 재위 314-335) 이전에는 로마교회가 다른 교회보다 우위에 있지 않았다는 주장을 부인하면서 교황이 처음부터 베드로의 신앙과 직위를 가지고 있었으며 그렇기 때문에 교황은 베드로의 후계자요 그리스도의 대리자라고 주장하였다. 하지만 루터는 이러한 주장이 400년 이후에야 등장한 로마 교황의 근거없는 교령에서 나온 것이며 교회역사와 성경 본문, 그리고 니케아 공의회는 이것을 반대한다고 주장하였다.

---

17 이성덕, 『종교개혁 이야기』, 19f.

> 루터는 교황의 수위권은 엄격한 의미로 볼 때 황제 콘스탄티누스 4세(Constantine IV, 재위 668-685) 치하에서 비로소 형성되었다고 보았고 동방정교회는 결코 로마의 수위권 주장을 받아들이지 않았으며, 로마교회와 동일한 권한을 가진 기독교회로 생각한다고 주장하였다.[18]

루터의 개혁은 1520년에서 1524년까지 비텐베르크에서 전개되었다. 아래와 같은 루터의 개혁의 특징은 개신교의 첫 단계가 지녔던 특질인 동시에 다른 사람들에게 기준이 되었다.

(1) 성경은 모든 그리스도인들의 믿음과 실천의 궁극적 기초다.
(2) 성경 본문과 성경 본문에 기초한 모든 설교는 자국어로 이루어져야 한다.
(3) 구원은 하나님이 거저 주시는 선물로서, 인간의 공로가 아니라 믿음으로 받는 것이다.
(4) 성직자와 평신도 사이에는 본디 구분이 없다.
(5) 교회의 삶과 사상을 개혁하는 것은 모든 것을 다시 건설하겠다는 광기에 취해 처음부터 다시 시작하자는 것이 아니다.[19]

루터에게 당대의 가톨릭교회는 기독교 복음의 몇 가지 테마들을 잊어버렸으며 "행위로 의롭다 함을 얻는다"는 개념을 가르치는 이단으로 보였다. 즉 가톨릭교회는 인간이 자신의 도덕적·종교적 업적으로 자기의

---

18 이성덕, 『종교개혁 이야기』, 21.
19 맥그래스, 『기독교, 그 위험한 사상의 역사』, 98-100.

구원을 얻을 수 있다는 개념을 주장하였다는 것인데 여기서 루터는 비판받을 소지가 있다. 루터는 자신이 살던 지역의 상황만 보고 유럽 전역의 교회 상황 역시 자신이 사는 지역교회의 상황과 같다고 추론하였으며 중세교회를 교리적으로 완전히 부패하거나 신약성경으로부터 동떨어진 교회로 보았다. 그러나 역사가들은 이런 루터의 견해를 지지하지 않는다.[20]

이 장의 앞부분에서 말하였던 것처럼 종교개혁은 서로 무관하게 출발한 일련의 개혁 운동들로 이해하는 것이 가장 좋다. '개신교'라는 개념은 16세기 초에 일어난 일련의 사건들을 연결하여 '변화'라는 공통 주제를 지닌 하나의 이야기(narrative)를 만들어내려는 시도에서 유래했다.[21]

츠빙글리는 1519년 1월 1일 스위스 취리히 대성당에서 '민중의 사제'(people's priest)로 취임함으로써 자신의 35번째 생일을 축하하였다. 오늘날은 츠빙글리를 루터나 칼빈보다 아래로 평가하지만 그는 스위스 종교개혁을 논하는 데 없어서는 안될 중요한 역할을 했다. 츠빙글리는 옛 스콜라주의 사상이 인문주의 사상으로 대체되어 가고 있던 시기에 빈대학교에서 공부하였으며 스위스 동부의 인문주의자 그룹들과 유대를 맺었다. 슈테판 츠바이크는 에라스무스에 대한 츠빙글리의 다음과 같은 말을 인용하고 있다.

> 당신의 글을 읽을 때면 마치 당신의 이야기를 직접 듣고 있는 기분입니다. 그리고 작지만 귀여운 체구인 당신이 정말 호감이 가는 모습으로 변해가는 것을 보고 있는 듯합니다.[22]

---

20 맥그래스, 『기독교, 그 위험한 사상의 역사』, 101.
21 맥그래스, 『기독교, 그 위험한 사상의 역사』, 105f.
22 츠바이크, 『에라스무스 평전』, 65

츠빙글리를 사로잡은 것은 완전히 새로운 모습으로 태어나 사도 시대의 소박함과 생명력을 회복한 '거듭난 기독교'(Christianismus renascens)라는 인문주의적 이상이었다. 츠빙글리의 개혁 비전은 1510년대 중반에 아인지델른(Einsiedeln)의 베네딕트 수도원에서 '민중의 사제'로 있을 동안 전개되기 시작했다. 츠빙글리도 성경을 자신의 개혁 프로그램의 중심으로 여겼다.[23]

흥미로운 것은 츠빙글리의 개혁 프로그램이 "오직 믿음만으로 의롭다 함을 얻는다"는 루터의 핵심 교리를 전혀 언급하지 않았다는 것이다. 개혁을 도덕적 차원에서 이해하는 츠빙글리와 하나님의 은혜를 강조하는 루터 사이에 엄연한 긴장 관계가 존재하였던 것이다.[24] 그런 면에서 츠빙글리의 개혁에 대한 생각은 희랍 및 로마의 고전들과 신약성경을 가르쳐 제도와 도덕 개혁을 이루려고 했던 에라스무스의 이상에 훨씬 더 가까웠다.[25]

1520년대 스트라스부르그에서 개혁 운동을 이끌고 있던 마틴 부처(Martin Bucer, 1491-1551)도 성경으로 돌아가자는 루터의 입장을 기꺼이 따랐지만 루터의 이신칭의보다는 제도의 소박함과 도덕 갱신에 관심을 기울였던 에라스무스로부터 더 큰 영향을 받았다.

> 부처는 루터의 이신칭의 교리에 미묘하면서도 중대한 변경을 가하여 하나님이 죄인을 받아주신 뒤에는 도덕적 거듭남이 중요하다는 것을 강조했다.[26]

23　맥그래스, 『기독교, 그 위험한 사상의 역사』, 113f.
24　맥그래스, 『기독교, 그 위험한 사상의 역사』, 115.
25　맥그래스, 『기독교, 그 위험한 사상의 역사』, 116.
26　맥그래스, 『기독교, 그 위험한 사상의 역사』, 123.

츠빙글리가 1524년 9월에 쓴 『참 종교와 거짓종교에 관한 주석』은 "개혁주의 신앙에 대한 최초의 체계적 해설"로 알려져 있다. 츠빙글리는 이 책을 10여 년 후 칼빈이 『기독교 강요』를 헌정하게 될 프랑스 왕 프랑수아 1세에게 헌정했는데 이 책이 소르본느대학교의 신학자들에 의해 검토되기를 기대하였기 때문이다. 이 책에서 츠빙글리는 교황을 죄에 굴복한 인간으로서 적그리스도라고 비판하였으며 루터처럼 세속정부가 로마교회를 바로잡아야 한다고 생각했다.

츠빙글리의 개혁은 루터와는 달리 에라스무스의 인문주의적 이상을 그 목표로 하였으며 칭의에 관한 주장은 츠빙글리에게 나타나지 않는다고 보기도 하지만 점차적으로 츠빙글리는 자신에게 인문주의적인 영향을 끼쳤던 에라스무스를 교회의 위계구조의 권력을 과감하게 끊지 못한 낙오한 선각자로 보게 되었으며, 인간은 오직 그리스도의 의에 의해 의롭다 여김을 받는 것임을 주장하는 칭의론에서, 츠빙글리는 루터와 마찬가지로 에라스무스적인 자유의지 옹호를 단호하게 거부하였다.[27]

루터나 칼빈에 비해 츠빙글리에 대한 관심은 매우 미미하다. 그나마 다행인 것은 연세대학교 대학출판문화원에서 『츠빙글리저작선집』이 2014년 1권을 시작으로, 2015년 4권, 2017년 3권이 출간되었다는 것이다. 위에서 말한 『참 종교와 거짓종교에 관한 주석』은 3권에 수록되어 있다. 녹녹하지 않은 국내출판 시장의 사정을 생각하면 대단히 용기있는 결정이 아닐 수 없다.

루터와 츠빙글리의 차이점은 성상(聖像)을 바라보는 태도에서도 나타났는데, 루터는 교회 안의 성상에 관용을 베풀 준비가 되어 있었으나, 츠빙글리는 모든 형상을 금지하는 구약의 말씀이 모든 그리스도인을 구속

---

27 이성덕, 『종교개혁 이야기』, 47.

한다고 주장했다. 1524년 취리히 시는 모든 성상을 교회에서 제거하도록 하였고 성상파괴폭동이 베른(1528년), 바젤(1529년), 스트라스부르그(1530년), 제네바(1535년) 등지를 휩쓸었다. 대중들의 폭력과 신성 모독 행위가 종교개혁을 확산시킨 것이다.[28]

하지만 루터와 츠빙글리의 긴장 관계를 가장 잘 보여 준 것은 성찬 때 예수 그리스도가 떡과 피에 "실제로 임재하신다"는 말의 의미가 무엇인가를 놓고 루터와 츠빙글리 사이에 벌어진 논쟁이었다. 이 논쟁은 종교개혁 당시 라이벌 진영 사이에서 벌어진 가장 중요한 토론들 가운데 하나였다.[29] 이 논쟁은 독일의 개혁 운동과 스위스의 개혁 운동을 갈라놓았다. 대립하는 양측의 견해를 조정하려는 시도가 마르부르크 회담(Marburg Colloquy, 1529년)에서 이루어졌다. 헤센 공 필립(Philipp von Hessen, 1504-1567)이 소집한 이 회담에는 부처, 루터, 루터의 동역자 필립 멜란히톤(Philip Melanchton, 1497-1560), 바젤의 개혁자 외콜람파디우스(Johannes Oecolampadius, 1482-1531), 그리고 츠빙글리 같은 개신교 내의 쟁쟁한 인물들이 참석했다.[30] 하지만 회담은 결렬되었다.

이 사건에 대해 우리는 두 가지로 말할 수 있다.

첫째, 우리는 여기에서 종교개혁이 마주친 근본적인 어려움을 보게 된다. 성경 해석을 놓고 다툼이 벌어졌을 때 결정을 내려줄 권위 있는 성경 해석자가 없다는 게 바로 그것이다. 성경 위에 자리 잡은 권위라는 개념은 개신교가 지극히 혐오하는 것이었다.[31]

둘째, 우리는 개신교의 다양성을 보게 된다. 어떤 면에서 이것은 첫

---

28 맥그래스, 『기독교, 그 위험한 사상의 역사』, 115.
29 맥그래스, 『기독교, 그 위험한 사상의 역사』, 116.
30 맥그래스, 『기독교, 그 위험한 사상의 역사』, 124f.
31 맥그래스, 『기독교, 그 위험한 사상의 역사』, 118.

번째 사실의 필연적인 결과일지도 모른다. 성경 해석에 이견이 생겼을 때 이런 이견을 해결해 줄 그 어떤 상위의 권위도 개신교에는 존재하지 않는다.

마르부르크 회담이 있은 지 3개월이 지난 후 마틴 부처가 활동하던 스트라스부르그는 취리히, 바젤 그리고 베른과 보호동맹을 체결하였다. 루터는 이러한 동맹 결성을 신성로마제국으로부터 이탈한 행위로 보았고, 결국 츠빙글리의 추종자들이란 반란세력에 불과하다는 자신의 심증을 확인시켜준 것으로 보았다. 1531년 10월 스위스에서 벌어진 제2차 카펠 전쟁(Battle of Kappel)에서 츠빙글리가 죽고 이어서 11월에 외콜람파디우스가 죽자, 루터는 토마스 뮌처에게 내렸던 하나님의 심판이 그들에게 임했다고 믿었다. 그러나 츠빙글리의 종교개혁은 스위스 북부와 서부로 점점 확대되었다. 츠빙글리의 사망 후 27살의 하인리히 불링거(Heinrich Bullinger, 1504-1575)가 취리히에서 그의 사역을 이어가게 되었는데 1536년 불링거에 의해 '스위스 개혁교회 첫 신앙고백'이 작성됨으로써 개혁은 더욱 공고해졌다.[32]

루터와 츠빙글리는 각각 독일과 스위스에서 개혁 운동을 시작하였다. 하지만 성경의 권위에 호소한다는 것을 제외하고 루터와 츠빙글리는 여러 면에서 달랐다. 맥그래스에 따르면 루터는 고대의 성경 해석자인 어거스틴의 우월함을 주장한 반면, 츠빙글리는 오리겐(Origen, 184/185-253/254)의 우월함을 주장했다. 루터와 츠빙글리는 전혀 다른, 때로는 정반대인 신학을 갖고 있었다고 말할 수 있다. 그럼에도 루터와 츠빙글리는 둘 다 중세교회의 좋은 점은 그대로 지켜나가고 나쁜 점은 개혁하자고 주장했다는 면에서 과거와 현재의 연속성을 옹호했다고 말할 수 있

---

[32] 이성덕, 『종교개혁 이야기』, 50f.

을 것이다. 비텐베르크와 취리히 양쪽 모두에서 이들보다 더 급진적인 개혁자들이 등장했다. 이들은 루터와 츠빙글리의 개혁이 타협이라고 주장했다. 교회의 전통이 성경을 구속하고 있었다. 필요한 것은 혁명이지 개혁이 아니었다.[33]

비텐베르크는 동·서독으로 분리되었을 때 베를린이나 라이프치히와 함께 동독에 속하였었다. 1990년 극적인 독일통일이 이루어진 다음에야 자유롭게 관광할 수 있게 되었는데 2006년 여름 내가 가 본 비텐베르크는 여전히 작은 소도시였고 비텐베르크대학교는 더 이상 존재하지 않았다. 루터가 95개조 반박문을 붙였다는 대성당은 지금도 건재해 있었는데 입구에 루터의 95개조 반박문이 동판에 새겨져 있었다. 21세기에도 여전히 소도시에 불과한 이 비텐베르크가 500년 전 종교개혁의 중심지였다는 것이 믿겨지지 않았다. 지금 현재 인구수는 5만여 명으로 알려져 있다. 1520년대 초 비텐베르크의 종교개혁의 중심에는 아주 상이한 역동성과 카리스마를 지닌 세 사람이 자리 잡고 있었다. 그 세 사람은 마틴 루터, 안드레아스 칼슈타트(Andreas Karlstadt, 1486-1541), 그리고 토마스 뮌처(Thomas Müntzer, 1489-1525)였다.[34]

칼슈타트는 루터의 비텐베르크대학교 동료 교수였다. 1519년 요한네스 에크와 벌였던 라이프치히 논쟁에 루터와 함께 참여했다. 1521년 보름스 의회 이후 루터가 현자 프레데릭에 의해 보호를 받으며 바르트부르그 성에서 에라스무스의 헬라어 신약성경을 독일어로 번역하고 있을 동안 비텐베르크 개혁 운동을 주도하였다. 루터의 충실한 조력자였던 필립 멜란히톤이 열 살 가량 연장자였던 칼슈타트의 독주를 막아내기에는 역

---

33 맥그래스, 『기독교, 그 위험한 사상의 역사』, 130.
34 맥그래스, 『기독교, 그 위험한 사상의 역사』, 107f.

부족이었다. 칼슈타트는 츠빙글리와 같이 성상 파괴에 열정적이었다. 루터에게 비전과 담력이 없다고 보아 깊은 이질감을 느낀 칼슈타트는 루터가 비텐베르크로 돌아온 후 결국 비텐베르크를 떠나 오를라뮌데로 가서 그곳의 목사가 되었다. 이곳에서 그는 자신이 비성경적이라고 보았던 유아세례를 폐지하는 등 급진적 개혁 프로그램을 계속할 수 있었다. 이후 칼슈타트는 스위스로 옮겨가 훨씬 더 급진적인 교회개혁을 전개했다.[35]

토마스 뮌처가 처음 루터를 만난 것은 1519년 7월 라이프치히 토론이 진행될 당시로 알려져 있다. 뮌처는 루터의 추천으로 1520년 5월 츠비카우의 성 마리아교회 담당 사제일을 대행하였고 이후 그 지역의 수공업자, 광부, 그리고 직조공으로 구성된 카타리교회를 맡게 되었다. 뮌처는 그곳에서 츠비카우 예언자들의 신앙에 영향을 받아 직접적인 성령체험을 주장하면서 성서의 문자에 의존하는 인문주의를 열렬히 비판하게 되었는데 과격한 주장으로 인해 해임당한 후 보헤미아의 프라하로 도망하였다. 1521년 11월 1일 뮌처는 소위 '프라하 선언'을 통해 추종자들을 얻고자 노력하였으며 여기에서 최초의 신비적이며 천년왕국적인 사상을 표명하였다.[36]

뮌처도 루터에게 중대한 도전을 제기했다. 항상 신중한 인물이었던 루터는 자기 지역의 개혁에 대해 당국자들의 지지를 확보하고자 당국자들에게 협력할 준비가 되어 있었다. 루터는 개혁을 주로 사상의 문제로 본 반면 뮌처는 개혁을 성경에 비추어 정당한 사회적 행동으로 보았다. 뮌처의 이 사상은 1525년의 농민전쟁을 일으키는 데 결정적 역할을 했다. 뮌처는 주인들에게 맞서 일으킨 농민들의 반란을 성경의 관점에서

---

[35] 맥그래스, 『기독교, 그 위험한 사상의 역사』, 109.
[36] 이성덕, 『종교개혁 이야기』, 39.

정당한 것이라고 보았으나, 루터는 그런 폭동을 하나님이 세우신 사회구조에 맞선 형이상학적 반란이라고 보았다.[37]

루터는 공권력을 가진 정부가 농민들의 폭동에 대해 모든 수단을 다 동원하여 대응할 것을 요구하면서 "할 수 있는 자는 찌르고, 치고, 목을 조르라. 만약 죽는다면 복된 것이며, 더 복된 죽음을 너는 결코 다시 얻지 못하리라"고 격분하여 말했다. 루터는 농민들이 요구하는 경제적·법적인 요구가 그리스도인의 자유와 혼동되는 것을 경계하였으며 국가의 외적인 질서와 평화를 유지하기 위해 세속정부가 자신이 가진 통치수단인 검과 법으로 이를 수행하는 것을 정당한 것으로 보았다.

"뮌처는 결국 뮐하우젠 근처의 프랑켄하우젠에서 벌어진 전투에서 패하여 동료들과 함께 처형당했다."[38]

취리히 내부의 더 급진적인 개혁자들로부터 점점 더 많은 위협을 받고 있었던 츠빙글리는 1527년 펠릭스 만츠(Felix Manz, c. 1498-1527)를 처형한 경우를 비롯해 이런 개혁자들을 억압하고 처형하는 데 직접 개입하기도 했다. 그 이전만 해도 츠빙글리의 가장 가까운 동지 중 하나였던 만츠는 성경이 유아세례를 인정하지 않는다고 주장했다. 끝까지 자신의 견해를 철회하지 않은 만츠는 결국 결박당한 채 리마트 강에 던져져 죽임을 당했다.[39]

---

37 맥그래스, 『기독교, 그 위험한 사상의 역사』, 110.
38 이성덕, 『종교개혁 이야기』, 41.
39 맥그래스, 『기독교, 그 위험한 사상의 역사』, 120.

8

급진 종교개혁

 16세기 종교개혁은 그리스도인이 믿는 모든 것들을 성경이라는 기초에 비추어 비판적인 시각으로 재검토했다. 주류 종교개혁은 삼위일체론과 기독론에 있어 니케아와 콘스탄티노플, 그리고 칼케돈 공의회에서 확립한 교리에서 별반 문제를 발견하지 못했다. 개혁자들은 기독교 정통의 핵심 신앙, 그 중에서도 특히 예수 그리스도의 '두 본성'과 삼위일체 교리를 일반적인 말로 재차 강조했다. 하지만 모든 개혁자들이 여기에 동의한 것은 아니었다. 정통적인 삼위일체론과 기독론의 적절한 근거를 성경에서 발견할 수 없다고 생각한 일부 급진적 개혁자들은 종교개혁 초기부터 작은 규모이기는 하지만 이 두 믿음을 부인하는 운동들을 전개했다. 예컨대 복음에 입각한 삼위일체 반대론 같은 것이 그 예다.[1]

 '오직 성경으로'라는 원칙을 일관되게 철저히 적용할 것을 요구한 이들 급진 종교개혁자들은 로마제국 황제였던 콘스탄틴 대제(Constantine the Great, 272-337)의 313년의 기독교 공인을 황제 권력을 수용함으로

---

[1] 맥그래스, 『기독교, 그 위험한 사상의 역사』, 388.

써 교회의 고결함을 손상시킨 교회사의 분기점으로 보았는데 이 잘못된 방향 전환은 반드시 바로 잡아야 했다. 반면에 루터와 츠빙글리는 모두 이 방향 전환을 정당하다고 보았다.[2]

성경을 문자대로 철저히 읽은 결과, 그렇지 않아도 통일성이 희박했던 개혁 운동들 사이에 더 큰 긴장이 초래되었다. 가장 급진적인 저술가들은 오직 믿음만으로 의롭다 함을 얻는다는 루터의 교리를 거부했다. 많은 급진 개혁자들은 성경이 삼위일체 교리를 명시하지 않는다고 주장했다. 이 교리는 진정한 기독교 교리가 아니며, 잘못된 지식에 빠진 후대의 신학자들이 사색하여 만들어낸 것이라는 게 이 개혁자들의 생각이었다. 이미 1520년대 말에 분명히 나타난 반(反)삼위일체론은 1550년대에 이르러 재세례파 운동을 상징하는 표지가 되었으며, 개신교와 가톨릭 양 진영에 큰 우려를 불러일으킨 원인이 되었다.[3]

루터는 재세례파들을 '광신자들'이라고 부르며 모욕적인 말을 퍼부어댔다. 이런 비판은 종교개혁의 과정에는 분명히 어떤 선이 있으며, 이 선을 넘어가는 것은 허용되지 않는다는 전제를 반영하는 것 같았다.[4] 하지만 맥그래스에 의하면 '급진적 개신교 신자'는 '정신 나간 인간들'이 아니며 이들에 대한 문제는 결코 사소한 문제가 아니다. 이들이 정당한가는 누구의 시각을 받아들이는가에 따라 결정된다.[5]

1534년에 발생한 재세례파에 의한 뮌스터 점령은 독일 지역에 큰 충격파를 던졌다. 그것은 개혁의 대의를 심각하게 저해하는 일이었다. 뮌스터 주교는 재세례파가 차지한 뮌스터 시를 포위했다. 1535년 봄에 이

---

2 맥그래스, 『기독교, 그 위험한 사상의 역사』, 131f.
3 맥그래스, 『기독교, 그 위험한 사상의 역사』, 132.
4 맥그래스, 『기독교, 그 위험한 사상의 역사』, 134.
5 맥그래스, 『기독교, 그 위험한 사상의 역사』, 389.

르러 재세례파의 뮌스터 점령은 무력으로 막을 내리면서 이상주의로부터 어리석은 웃음거리로 전락했다.

재세례파가 점령하였을 당시 뮌스터 시에서는, "돈은 폐지되었다. 일부다처제가 법으로 인정되었다. 여성들은 반드시 혼인해야만 했다. 이런 명령을 거부한 사람들은 처형되었다. 재세례파의 점령이 끝장나고 뭔가 정상에 가까운 상태가 회복되자, 많은 사람들이 안도의 한숨을 내쉬었다."[6]

재세례파가 광범위하게 전개했던 주장들은 일부 개신교도들이 보기에 '극단적'이었을 수도 있다. 하지만 재세례파 역시 분명 개신교도였다. 역사가들은 개신교가 너무나 다양한 스펙트럼을 보여 주고 있기에 어쩌면 개신교가 아니라 '개신교들'이라고 말해야 할지도 모른다는 결론을 내릴 수도 있다.[7]

1535년에 이르자, 개신교 내부에 중심적 권위가 없다는 것이 갖는 정치적이고 신학적인 함의들을 절실히 느끼게 되었다. 많은 사람들은 뮌스터에서 벌어진 사건들을 보면서 개혁 요구가 판도라의 상자를 열어버렸다는 확신을 갖게 되었다. 그 상자 속에는 통제와 예측이 불가능하고 지역 안정을 위협하는 너무나 위험한 세력들이 들어 있었다. 이전에는 성경에 호소하는 것이 아주 소박하고, 아주 정직하며, 아주 큰 해방을 안겨주는 것처럼 보였다. 그러나 이제는 많은 사람들이 안정을 희구하고 있었다.[8]

루터나 츠빙글리와 칼빈의 주류 종교개혁을 관주도 종교개혁

---

6 맥그래스, 『기독교, 그 위험한 사상의 역사』, 136.
7 맥그래스, 『기독교, 그 위험한 사상의 역사』, 136f.
8 맥그래스, 『기독교, 그 위험한 사상의 역사』, 137.

(magisterial reformation)이라 부르는 것에 비하여 16세기 개신교 종교개혁의 일단의 흐름을 지칭하기 위해 붙여진 이름이 급진 종교개혁(radical reformation)이다. 보통은 재세례파(Anabaptists)를 지칭하는 말로 사용되기도 한다.

종교개혁이라고 하는 것은 가톨릭교회로부터의 개혁을 의미한다. 그런데 루터나 츠빙글리가 벌인 개혁 운동이 미진하다고 생각한 사람들이 루터 주위에도 츠빙글리 주위에도 있었다. 물론 루터와 츠빙글리는 성상에 대한 견해에 있어서 서로 의견을 달리하기는 했지만 기본적으로는 가톨릭교회와의 연속성을 주장하였다면 급진 종교개혁을 주장한 사람들은 가톨릭교회와 단절을 강조하였다고 볼 수 있다. 일차적으로 핵심적인 문제는 유아세례(infant baptism)였다.

초대교회 이래로 중세교회에서 광범위하게 이루어지던 유아세례가 성경적인 근거가 없다고 부정하는 사람들이 등장한 것이다. 유아세례에 반대되는 말은 성인세례 또는 신자의 세례(believer's baptism)이다. 믿지도 않는 사람에게 세례 주어서는 안된다는 말이다. 반면에 유아세례를 주장하는 사람들 입장에서는 구약성경의 할례와 신약 시대의 세례를 연결시켜 유아세례의 정당성을 주장한다. 지금에 이르러 광범위한 합의에 도달한 것은 성경은 유아세례에 대해 명확하게 말하지 않고 있다는 것이다. 즉 유아세례를 금하는 명확한 성경 본문도 유아세례를 명하는 명확한 본문도 존재하지 않는다는 것이다.

사실 교회 현장에서는 유아세례가 거의 문제가 되지 않는다. 심지어는 유아세례를 부정하는 교단들에서도 헌아식(dedication ceremony)을 거행하는 것을 보면 유아세례라고 하는 것이 가지는 목회적 효용성을 부정하기는 어려울 것 같다.

유아세례를 부정하고 신자의 세례를 주장하여 유아세례를 받은 사람들의 재세례를 주장하였고 가톨릭교회에서 받은 세례도 무효이기 때문에 다시 세례를 받아야 한다고 주장한 종교개혁 시대의 재세례파를 현대의 침례교회들이 이어받고 있다고 볼 수 있다. 하지만 종교개혁 시대의 재세례파와 지금의 침례교회 사이의 직접적인 연결을 짓는 것은 무리가 있다. 왜냐하면 침례교회 이외에 16세기 재세례파의 직접적인 후계자들이 지상에 존재하기 때문이다. 이를테면 미국의 메노나이트(Mennonite) 교단이 바로 그들이다.

메노나이트 교단은 메노 시몬스(Menno Simons, 1496-1561)의 주도 아래 1536년에 세워졌는데 네덜란드의 가톨릭 신부였던 시몬스는 1536년 가혹한 박해로 인하여 위기에 처한 재세례파 운동을 규합한 사람으로 알려져 있다. 재세례파는 급진적 재침례파와 평화주의 재침례파로 나눌 수 있다. 급진적 재침례파는 "새 예루살렘"을 땅 위에 건설하기 위해 폭력을 사용할 것을 인정했다. 급진적 재침례파로 인해 발생한 사건이 바로 뮌스터 반란인데 일단의 재세례파가 독일의 도시 뮌스터에서 신정정치를 실현하려고 시도하였다.

뮌스터는 1534년 2월부터 1535년 6월까지 18개월 동안 재세례파의 지배 아래 있었으며 재세례파의 본부 역할을 하였다. 그 기간 동안 베른하르트 크니페르돌링(Bernhard Knipperdolling)이 시장을 역임했다. 이 사건은 멜히오르 호프만(Melchior Hoffman, c. 1495-c. 1543)의 종말론적 재세례파의 영향을 받은 것이다. 메노 시몬스는 두 부류의 전통적인 재세례파인 평화적인 오비파(Obbe Philips, ca. 1500-1568)와 급진적인 호프만파 사이에서 고민하다가 "어떻게 그리스도인이라 자부하는 자가 영적인 무기는 내버려두고 세속적인 것을 취하는 것이 하나님의 말씀에 부합하겠는가?"라고 반문하며 평화주의자인 오비파 쪽으로 가입한 것이 계기가 되었고, 비폭력주의를 주장하는 평화주의자들이 되었다.

이 메노나이트 교단의 가장 유명한 인물은 『예수의 정치학』으로 유명한 존 하워드 요더(John Howard Yoder, 1927-1997)이다. 스위스 바젤에서 칼 바르트(Karl Barth)의 지도로 박사학위를 취득한 요더는 기독교 사회윤리학의 새로운 지평을 열었다는 평가를 받는다. 한 마디로 자신이 속한 교단인 메노나이트의 신학적 전통인 절대평화주의를 주창하는 사람이다. 하지만 기존의 재세례파의 경향과는 반대로 주류 신학계에 편입하여 활동한 사람이며 그가 소속되어 있던 메노나이트 교단도 더 이상 신학적 게토(ghetto)에 머물러있지 않고 다른 기독교회들과 활발하게 교류하고 있다.

요더의 영향을 받은 대표적인 신학자는 스탠리 하우어워스(Stanley Hauerwas, 1940-)인데 하우어워스는 생존하는 가장 유명한 기독교 윤리학자 중 한 사람이다. 2016년에는 그의 신학적 회고록 『한나의 아이』가 우리나라에서도 번역 출간되었다. 하우어워스는 요더와 같이 절대평화주의자로 감리교 신학자이지만 재세례파, 심지어 가톨릭의 영향도 받은 사람으로 알려져 있으며 지금은 부인과 함께 성공회 교회에 출석하고 있다. 교단의 경계를 넘나드는 초교파적인 인물이라고 할 수 있다.

종교개혁 시대에 가톨릭과 주류 개신교 종교개혁 모두로부터 비판과 혹독한 박해를 받았던 재세례파는 현재 일각에서는 "재세례파가 21세기 개신교가 갈 방향을 제시해 주고 있다"라는 평가를 받기도 한다. 루터와 츠빙글리의 주류 종교개혁이 각각 독일과 스위스 동부에서 전개되고 이런 루터와 츠빙글리의 개혁을 거부하고 보다 급진적인 개혁을 요구하는 목소리가 그 저변에 퍼져 가고 있는 시점에 불어권인 프랑스와 스위스 서쪽에서 새로운 개혁 운동이 등장한다. 바로 제네바가 그 중심이다.

9

칼빈의 등장

종교개혁하면 우리는 루터를 떠올린다. 그럼에도 장로교회에서는 루터보다 칼빈을 더 많이 언급한다. 여기에 다소의 오해가 있을 수 있다. 왜 우리는 루터보다 칼빈 칼빈 할까?

특별히 우리나라는 루터교회가 많지 않다. 칼빈은 루터보다 26살이 어리다. 보통 하는 말로는 한 세대 정도가 어린 셈이라고 할 수 있다. 그래서 칼빈은 루터와 츠빙글리와는 달리 종교개혁 2세대라고 할 수 있다. 칼빈이 등장할 즈음 1530년대의 종교개혁의 상황은 루터의 독일 종교개혁과 츠빙글리의 스위스 취리히 종교개혁으로 양분되어 있는 상태였다. 비록 취리히가 스위스에 소속되어 있기는 했지만 언어는 독일어였다.

칼빈의 생애에 대한 것은 많이 알려져 있지 않다. 특별히 제네바에서의 사역 이전에 대한 것은 거의 알려져 있지 않다. 프랑스 북부도시 노용(Noyon)에서 출생하였으며 대학에서는 법학을 공부한 법학도였다. 칼빈의 첫 저술은 『세네카의 관용론 주석』(1532년)이었는데 인문주의의 영향을 엿볼 수 있는 책이다. 1533년 칼빈의 친구인 니콜라 콥(Nicolas Cop, c. 1501-1540)은 "마음이 가난한 사람은 복이 있나니 천국이 저희의 것임이요"(마 5:3)를 본문으로 한 파리대학교 학장 취임 설교에서 개혁을 역설했다. 이 설교의 사본은 칼빈의 친필 기록 속에 남아있다. 그래서 많은 사람들이 칼빈을 이 설교의 진정한 저자로 지목하고 있다. 그렇지 않다면 적어도 그 연설문을 초안하는 데 칼빈이 참여했을 것으로 추정하고 있다. 어쨌거나 칼빈은 콥과 함께 체포를 피해 파리를 떠나야 했다.

1534년 10월, 파리 곳곳에 '무시무시하고 엄청나며 참을 수 없는 교황의 미사 남용에 관한 진실'이라는 제목이 붙은 반가톨릭 벽보들이 나붙었다. 이 일을 계기로 프랑스 왕 프랑수아 1세는 개신교도들을 향한 심한 박해를 시작하였다. 더욱이 재세례파의 뮌스터 점령을 목격하면서 프랑수아 1세는 교회개혁에 관심을 가진 사람이라면 누구든 치안을 위협할 수 있는 인물로 간주하게 되었다. 칼빈은 스트라스부르그를 거쳐 결국 개신교의 보루가 된 스위스 바젤로 가 몸을 숨겼다.[1]

'칼빈이 최종적으로 종교개혁 사상을 인식하게 된 때가 정확하게 언제인가?'라는 질문에 대해서는 여전히 논쟁 중이다. 1527년 이미 칼빈은 루터나 부처의 저술을 알고 있었다고 한다. 칼빈은 1528년 스트라스부르그를 방문하였는데 그것도 그의 종교개혁적인 회심에 영향을 끼쳤다고 볼 수 있다. 칼빈 자신의 증언에 따르면 칼빈의 종교개혁적인 전향은 소위 '갑작스런 회심'으로 이루어졌다. 칼빈의 회심은 내적인 갈등과 투쟁이 있던 1533년 8월에서 1534년 5월 사이에 일어난 것으로 볼 수 있다. 이 시점에 칼빈은 12살부터 받기 시작하였던 자신의 성직록을 포기하였다.[2]

개신교 종교개혁의 이야기 가운데 잘못된 상황판단으로 일을 더 악화시킨 경우가 여러 번 있는데 1534년의 벽보 사건도 그 중의 하나라고

---

1 맥그래스, 『기독교, 그 위험한 사상의 역사』, 148.
2 이성덕, 『종교개혁 이야기』, 67.

할 수 있다. 벽보를 만든 사람이 누구인지는 알려지지 않았는데 많은 사람들은 나중에 칼빈을 제네바에 머물도록 요청한 기욤 파렐(Guillaume Farel, 1489-1565)이라고 생각하였다. 기욤 파렐이 맞다면 그야말로 파렐의 대표적인 정치적 오판이었다고 할 수 있다.

존 낙스(John Knox, c. 1513-1572)는 스코틀랜드교회 개혁자요 장로교회를 세우는 데 혁혁한 공을 세운 것으로 알려져 있다. 하지만 낙스가 제네바에 있을 동안 쓴 『기괴한 여인 부대에 맞선 첫 번째 나팔 소리』(*The First Blast of the Trumpet against the Monstrous Regiment of Women*, 1558년)는 그를 유명하게 만들어주기는 했지만 종교개혁의 대의에 적잖이 부정적인 영향을 미쳤다. 낙스가 직접적으로 염두에 두었던 여성 통치자들은 잉글랜드의 메리 여왕(Mary Tudor, 1516-1558, 재위 1553-1558)이나 스코틀랜드의 메리 여왕(Mary I of England, 1542-1587, 재위 1542-1567)이었지만 엘리자베스 여왕(1533-1603, 재위 1558-1603)에게 부정적인 영향을 미쳐 청교도들의 개혁에 부정적인 영향을 주었다는 평을 받고 있다. 여성에 대한 폄하와 혐오를 담은 이 팜플릿은 낙스의 가장 유명한 저술이면서도 가장 악명이 높다.

오늘 우리의 시각으로 보면 여성차별을 넘어 여성혐오에 가까운 정서를 드러내고 있다. 낙스는 성경과 교부들을 근거로 "여인을 부추겨 어떤 왕국이나 국가나 도시를 다스리게 하거나, 그 위에 군림하게 하거나, 지배하게 하거나, 그것들을 통치하는 황제가 되게 하는 것은 자연에 모순되는 것이요, 하나님을 모독하는 것이며, 하나님이 계시하신 뜻과 그분이 인정하신 법에 지극히 어긋나는 일이다"라고 주장하였다.[3]

바젤에 은신하는 동안 시간을 갖게 된 칼빈은 자신이 지지하던 개혁

---

3 맥그래스, 『기독교, 그 위험한 사상의 역사』, 164.

파의 관점에서 바라본 기독교 신앙의 기본 요소들을 제시한 작은 책을 저술했다. 그는 이 책에 십계명과 사도신경, 그리고 주기도문에 관한 자신의 견해와 함께 프랑수아 1세에게 바치는 서문을 기록해 놓았다. 그는 이 서문에서 온건한 복음적 형태의 기독교에 관용을 베풀어줄 것과 이 기독교를 과격하고 폭력적인 재세례파와 구별하여 봐줄 것을 호소했다. 이리하여 1536년 5월에 첫 출간된 『기독교 강요』는 결국 16세기에 나온 가장 영향력 있는 출판물 가운데 하나가 되었다. 그것은 이 책의 정중한 서문 때문이 아니라 이 책이 기독교 개혁파의 기본요소들을 명료하고 체계적이며 설득력 있게 설명하고 있기 때문이다.

사람들은 대체로 칼빈이 『기독교 강요』를 쓸 때 그 구성형식에서 1529년에 나온 루터의 『요리문답』을 따르고 있으며 루터가 1520년에 발간한 논문인 "그리스도인의 자유" 및 "교회의 바벨론 유수"를 인용했다는 점에 동의하고 있다.[4] 칼빈의 『기독교 강요』는 "개신교 개혁파를 지리적·문화적 속박으로부터 해방"시킨 책이라고 할 수 있다.[5]

우리는 지금 『기독교 강요』를 조직신학 책으로 알고 접근하지만 처음 이 책을 기록할 당시 칼빈이 가지고 있던 생각은 조금은 달랐다. 『기독교 강요』의 초판부터 마지막 판까지 책 앞머리에 한결같이 붙어 있는 프랑스왕 프랑수아 1세에게 쓴 "헌사"에서 칼빈은 자신의 책의 목적을 다음과 같이 밝히고 있다.

> 저의 목적은 단지 어떤 기초적인 사실들을 전달함으로 그것에 의해 종교에 열심을 가진 사람들이 참된 경건에 도달하게 하는 것이었습

---

4 맥그래스, 『기독교, 그 위험한 사상의 역사』, 148f.
5 맥그래스, 『기독교, 그 위험한 사상의 역사』, 154.

니다. 그리고 저는 특별히 우리 프랑스 사람들을 위하여 이 일에 착수하였는데 그들 중 상당수는 제가 보기에 그리스도에 굶주리고 목마른 사람들이었습니다. 그리스도에 대해 약간의 지식이라도 가지고 있는 자는 극소수에 불과했던 것입니다.[6]

말하자면 기독교 신앙에 대한 "단순하고도 초보적인 가르침"을 제시하는 것이 처음 칼빈의 저술 목적이었다. 그래서 칼빈은 루터의 『대소요리문답』의 순서를 따라 율법과 믿음, 그리고 기도, 성례에 대한 것을 다룬 후 가톨릭의 거짓 성례를 비판하고 마지막 6장에서 기독교인의 자유와 교회의 권세, 그리고 세속 정부에 대하여 다루고 있다. 하지만 칼빈의 저술 목적은 조금씩 달라지기 시작하였다. 1521년과 1536년에 나온 멜란히톤의 『신학총론』(*Loci Communes*)의 영향을 받아 1539년 2판에서『기독교 강요』의 구조를 바꾸게 되는데 처음의 요리문답 순서는 사라지고 일반적으로 사도신경의 순서를 따라 총 4권으로 구성된 최종판의 완성을 보게 된다.

아울러 저술목적도 변화되었는데 『기독교 강요』 최종판의 "독자에게 드리는 글"에서 칼빈은 『기독교 강요』의 저술 목적을 다음과 같이 말하고 있다.

> 본서에서 내가 목적한 것은 신학을 공부하는 사람들로 하여금 하나님의 말씀을 읽을 수 있도록 준비시키고 가르쳐서 그들이 하나님의 말씀에 쉽게 접근하며 아무 장애 없이 그 말씀 안에서 생(生)의 걸음

---

[6] 존 칼빈, 『기독교 강요』 (상) (서울: 생명의말씀사, 1988), 41.

을 걸어나갈 수 있게 하려는 것이다.[7]

말하자면 신학을 공부하는 사람들을 위한 일종의 교과서로 읽혀지기를 원한 것이 칼빈의 저술 목적이었음을 알 수 있다. 그래서 『기독교 강요』는 분명 현대적 의미의 조직신학 책은 아니지만 16세기 문맥에서는 조직신학적인 내용을 담고 있다고 볼 수 있다. 현대적 의미에서 칼빈의 신학을 이해하려면 『기독교 강요』뿐 아니라 그의 주석과 설교를 함께 보아야만 한다.

1536년 여름 칼빈은 하루 밤만 머물 작정으로 제네바에 잠시 들리게 된다. 칼빈을 알아본 파렐은 제네바에 소개된 개혁 조치들을 공고히 다지는 일에 칼빈의 도움을 요청하게 되었고 내키지는 않았지만 칼빈은 제네바에 머물기로 했다. 칼빈은 제네바에서 "성경 '독사'(讀師, lector) 직을 맡았다. 그러나 그는 어떤 의미의 '서품이나 안수'도 받지 않았다."[8]

당시 제네바에서는 피에르 비레(Pierre Viret, 1511-1571)가 파렐과 함께 동역하고 있었는데 1536년 9월에 로잔 시는 제네바 시를 따라 종교개혁 원리들을 수용할 것인지 토론을 열게 되었다. 파렐과 비레는 당시 의사 결정 과정에서 필수 요소였던 공개 토론에 참석하고자 로잔으로 갔다. 이때 그들은 칼빈을 데리고 갔다. 로잔 지역의 성직자들과 비레와 파렐의 토론은 파렐과 비레에게 불리하게 전개되었다. 가장 핵심적인 질문 가운데 하나는 제네바에서 실시한 개혁 프로그램의 핵심을 건드리는 동시에 재세례파의 망령을 떠올리게 만들었다.

"비레와 파렐은 사람들이 초기 교회 저술가들의 견해를 진지하게 고

---

7 존 칼빈, 『기독교 강요』 (상) (서울: 생명의말씀사, 1988), 14.
8 맥그래스, 『기독교, 그 위험한 사상의 역사』, 149.

려하지 않고 성경을 마음 내키는 대로 해석하도록 허용하지 않았는가?"라는 질문이 바로 그것이었다. 만일 제네바의 개혁이 재세례파와 같은 급진파와 연관이 있는 것으로 결론이 난다면 제네바 개혁의 신뢰성에 결정타를 입히게 될 상황이었다. 이때 칼빈이 일어나 답변했다. 칼빈은 자신이 외우고 있던 초기 기독교 저술가들을 분명하게 인용하면서, 자신과 자신의 동료들은 이 저술가들을 아주 진지하게 받아들일 뿐만 아니라 이 저술가들을 중요한 권위자로 간주한다는 점을 강조했다.

청중들은 칼빈의 명석한 설명에 압도당했다. 이때 칼빈이 인용한 것으로 알려져 있는 초대교회 교부들의 글은 3세기 저술가 '키프리안의 서신들을 담은 두 번째 책 속에 들어 있던 세 번째 편지'와 4세기 신학자요 설교자인 존 크리소스톰의 21번째 설교였는데 칼빈은 이들의 글을 정확하게 암기하여 인용하였다. 칼빈이 자리에 앉을 때쯤에는 모든 사람들이 두 가지를 분명히 알게 되었다.

"첫째는 제네바 종교개혁이 교회의 갱신이자 연속이라는 것이요, 둘째는 개신교라는 하늘에 새 별이 등장했다는 것이었다."[9]

이후 비레는 피에르 카롤리(Pierre Caroli, 1480-1550)와 함께 로잔에서의 개혁 운동을 이어갔고 칼빈과 파렐은 제네바에서의 개혁을 이어가게 되었다. 하지만 잘 알려진 대로 칼빈의 제네바에서의 사역은 순탄하지 않았다. 얼마 전에 사보이공국이라는 정치권력과 교황이라는 종교권력을 몰아냈던 제네바 시는 반드시 예배에 참석하여 다소 긴 설교를 들어야할 의무를 받아들이기를 거부하였다. 1538년 4월 파렐과 칼빈은 제네바에서 추방당했다.

3년 여의 스트라스부르그 체재 기간 동안 칼빈은 『기독교 강요』 초판

---

[9] 맥그래스, 『기독교, 그 위험한 사상의 역사』, 150f.

을 개정하고 확장한 『기독교 강요』 2판을 펴냈고 (1539년), 이어서 『기독교 강요』의 초판을 불어로 번역하였다(1541년). 이 기간 칼빈은 스트라스부르그의 유력한 개혁자 마틴 부처와 교분을 나누었다. 이윽고 1541년 가을, 칼빈은 제네바로부터 돌아와 달라는 초청을 받고 제네바로 돌아와 죽을 때까지 제네바 개혁의 임무를 수행하였다.

칼빈의 제네바 귀환 이후의 사역은 비교적 평탄하였다. 하지만 갈등과 반대가 아주 없었던 것은 아니었다. 특히 세르베투스 사건과 관련해 심각한 갈등이 있었지만, 사실 칼빈은 유명한 재세례파인 미카엘 세르베투스(Michael Servetus, 1509/1511-1553)를 정죄하고 처형한 이 사건에서 비교적 적은 역할을 했을 뿐이었다.

"칼뱅이 살아있는 동안 모든 세속 권력뿐만 아니라 적지 않은 종교 권력까지 틀어쥐고 있었던 이는 칼뱅이 아니라 제네바 시의회였다."[10]

그런 면에서 칼빈이 제네바에서 신정정치의 이상을 구현하려 했다는 말은 더 이상 받아들여지지 않고 있다. 하지만 그럼에도 이 사건은 종종 칼빈을 살인마에 가까운 잔인한 사람으로 묘사하는 데 빌미를 제공하였다. 유튜브에는 이단 신천지에 의해 칼빈을 잔혹한 살인마로 매도하는 동영상이 유포되어 있으며 심지어 공지영 작가 같은 사람도 칼빈을 독재자 비슷하게 기억하고 있다.

> 스위스라면 칼뱅(Calvin)의 종교개혁이 엄혹하던 땅으로 나는 기억하고 있다. 전통은 거부되고 새 질서는 아직 자리 잡지 않은 곳에 몰아치던 독재에 가깝던 칼뱅의 통치기간에 대해 츠바이크(Zweig)가 쓴

---

[10] 맥그래스, 『기독교, 그 위험한 사상의 역사』, 513.

책을 재미있게 읽었던 기억이 아직도 남아 있으니까.[11]

공지영 작가가 언급하고 있는 20세기 최고의 전기 작가로 불리는 슈테판 츠바이크의 글은 『폭력에 대항한 양심』이다.[12] 세르베투스 처형에 대해 격렬하게 칼빈을 비난하였던 세바스찬 카스텔리오(Sebastian Castellio, 1515-1563)를 주인공으로 하고 있다. 그 외에 종교개혁과 관련한 츠바이크의 글은 『에라스무스 평전: 종교의 광기에 맞서 싸운 인문주의자』와 『메리 스튜어트: 스코틀랜드의 여왕』이 있는데 흥미진진한 내용을 담고 있기는 하지만 조금은 편향된 작가의 시각이 느껴지는 책들이다.

이 세르베투스 사건에 대해 많은 사람들은 당시 정황에 비추어 판단해야만 한다고 주장하고 있다. 물론 칼빈이 잘한 행동이었다고 말하는 것은 억지가 될 수 있겠지만 그 행동 하나로 모든 것을 매도해 버리려는 것 또한 경계해야 한다. 종교개혁 시대는 공공질서를 유지할 목적으로 인간의 생명을 범상하게 빼앗던 시대였다. 또한 칼빈은 시 당국의 위촉을 받아 종교문제를 담당하던 사람이었지 제네바 시의 통치자가 아니였다는 점을 기억하는 것이 필요하다.[13]

츠빙글리도 한때 자신의 동료였던 재세례파 펠릭스 만츠를 처형하였다. 그래서 2차 바티칸 공의회 이후 가톨릭과의 대화에서 개혁교회 대표들은 자신들의 조상들이 때때로 가톨릭교회가 저질렀다고 비난한 그 잘못과 똑같은 잘못을 저질렀음을 애통해 하였다.

---

11 공지영, 『수도원 기행』 (서울: 김영사, 2001), 140f.
12 슈테판 츠바이크, 『폭력에 대항한 양심』, 안인희 옮김 (서울: 자작나무, 1998). 이 책은 절판되었는데 슈테판 츠바이크, 『다른 의견을 가질 권리』 (서울: 바오출판사, 2009)라는 제목의 책으로 동일한 역자의 번역으로 출판되어 있다.
13 맥그래스, 『기독교, 그 위험한 사상의 역사』, 152f.

> 때때로 공격적인 정치제도를 옹호하기도 했고, 성직자중심주의에 빠져들기도 했으며, 소수자의 의견에 관용하지 못했다. 그들은 스위스의 아나뱁티스트 사례에서 보여 주듯이, 때때로 정죄하고 불태우고 유배시키는 죄악을 저질렀다.[14]

츠빙글리가 만츠를 처형하고 칼빈이 세르베투스를 처형하고 17세기 영국 청교도들이 국왕 찰스 1세를 처형한 것은 당대의 기준에 비추어보면 얼마든지 이해할 수도 있는 대목이지만 어쨌거나 도를 넘어선 지나친 행위였다는 점을 인정할 수밖에 없을 것 같다. 하지만 루터는 보통 자유의 수호자 비슷하게 이해하면서 그에 비해 칼빈은 엄혹한 사람으로 이해하는 것은 오해라고 할 수밖에 없다.

비록 루터가 의도한 것은 아니지만 이신칭의 교리는 당시 등장하고 있던 개인의 정체감에 강력한 호소력을 발휘했다. 종교개혁 이전의 중세 교회에서는 교회에 속하는 것이 그 사람의 구원을 결정했다면 이제 신앙이라고 하는 것은 하나님과 개인의 관계 문제였다. 루터의 이신칭의 교리는 많은 사람들에게 각 개인이 교회라는 제도나 교회의 성직자나 교회 의식이 중간에 끼어들 필요 없이 하나님과 직접 사귐을 가질 수 있다는 의미로 이해되었다. 이 교리는 신앙을 각 사람의 사사로운 영역에 속하는 것으로 보는 생각과 아주 잘 들어맞았다. 1520년대에 유럽 전역의 독자들은 루터의 이신칭의 교리를 이렇게 개인 중심의 시각으로 이해했다.[15]

---

14 Gros, Meyer, and Rusch, *Growth in Agreement* II, par. 23. 마크 놀, 나이스트롬, 『종교개혁은 끝났는가?』, 157에서 재인용.

15 맥그래스, 『기독교, 그 위험한 사상의 역사』, 399.

기독교는 단지 하나님과의 개인적인 관계로 끝나지 않는다. 그런 의미에서 이신칭의 교리를 이런 개인주의 시각에서 이해하는 입장은 적절한 교정이 필요했다. 칼빈을 비롯한 두 번째 세대의 개신교 개혁자들은 균형을 회복하고 자신들을 따르는 이들에게 신앙이 공동체적 차원을 갖고 있다는 사실을 일깨워주어야 할 필요를 느꼈다. 그런 의미에서 칼빈이 교회의 역할을 언급하는 것은 철저히 개인주의 시각에서 루터를 이해하려는 입장을 바로잡으려는 중요한 교정수단으로 볼 수 있을 것이다. 그래서 칼빈은 『기독교 강요』에서 "교회를 어머니로 부르지 않는 자는 하나님을 아버지라 부를 수 없다"는 초대교회 교부 키프리안(Cyprian, c. 200-258)의 유명한 말을 인용하고 있다.[16]

중세 서유럽의 교회는 구원을 철저하게 교회라는 제도를 중심으로 이해하였다. 키프리안의 말 대로 "교회 밖에는 구원이 없다." 구원을 받고자 하는 자는 누구나 가톨릭교회에 들어와야 했다. 이 교회로부터 떨어져 나가는 것은 구원에서 멀어지는 것을 내포하고 있었다. 그런 의미에서 갓 태동한 개신교회가 가톨릭교회로부터 떨어져 나간다는 것은 신학적 위험을 내포하고 있었다. 이런 맥락에서 등장하게 된 것이 칼빈의 교회론이다.[17]

칼빈 이래로 주류 개혁자들은 기독교회가 반드시 갖춰야 할 요소, 즉 참된 교회의 표지(marks)로 두 가지를 들었다. 하나는 하나님 말씀의 선포요, 다른 하나는 성례의 적절한 시행이었다. 칼빈은 이것을 이렇게 말했다.

---

16 맥그래스, 『기독교, 그 위험한 사상의 역사』, 400.
17 맥그래스, 『기독교, 그 위험한 사상의 역사』, 400f.

> 하나님의 말씀을 순전하게 선포하고 경청하며, 그리스도가 제정하신 제도에 따라 성례를 시행하는 곳이라면, 그곳은 틀림없이 하나님의 교회다. "두 세 사람이 내 이름으로 모인 곳에는 나도 그들 중에 있느니라"(마 18:20)라는 그리스도의 약속은 틀림없기 때문이다.[18]

맥그래스는 이러한 칼빈의 교회론을 '급진적인 새로운 교회론'이라고 부르고 있다. 왜냐하면 더 이상 가톨릭교회라고 하는 기존의 제도를 통해서 교회를 정의하지 않고 "하나님의 말씀인 설교를 중심으로 함께 모여 성례를 통해 복음을 기뻐하고 선포하는 공동체가 바로 교회임을 생생히 보여 주고 있기 때문이다. 복음이 참되게 설교되는 곳에는 그리스도께서 계시고 그리스도께서 계신 곳에 교회가 모이게 되어 있다. 그래서 개신교 신학자들은 "그리스도가 계신 곳은 어디나 교회다"(*ubi Christus ibi ecclesia*)라는 안디옥의 이그나티우스(Ignatius of Antioch, ?-110)의 말을 좋아했다.[19]

1500년대 초에 탄생한 이러한 개신교의 독특한 교회론은 19세기와 20세기에 들어와서야 그 완전한 의미가 분명하게 드러났다. 이러한 개신교의 교회론은 개신교 신자들이 자신들이 원하는 대로 교회를 세울 수 있는 자유를 부여하였다. 이것은 개신교의 강점인 동시에 약점이 되었다. 이러한 교회론은 교회의 급증을 가져왔지만 동시에 수많은 교파의 분열을 가져오기도 하였다. 이러한 교회론에 따라 개신교 신자들은 자신들의 필요와 믿음과 열망에 적합한 지역교회를 스스로 고를 수 있게 되었다.

---

18 존 칼빈, 『기독교 강요』, IV.1.9.
19 맥그래스, 『기독교, 그 위험한 사상의 역사』, 402f.

> 그 결과 개신교 신자들 사이에는 자신을 소비자로 생각하는 심리가 만들어졌다. 이 소비자들은 말 그대로 옳은 교회를 찾지 못하면 스스로 자신들만의 교회를 세울 수도 있었다. 개신교를 비판한 가톨릭 신자들은 개신교에 분열을 추구하는 성향이 내재해 있다고 지적하곤 했다.[20]

일반적으로 개혁신학과는 달리 칼빈주의라는 말은 부정적인 함의를 가지고 있다. 특별히 하나님의 주권을 높이는 개혁신학에서 칼빈이라는 사람의 이름을 사용하여 하나의 '주의'를 주장하는 것에 대한 반감이 있을 수 있다.

나는 풀러신학교의 총장이었던 리차드 마오(Richard Mouw, 1940-)의 『칼빈주의, 라스베가스 공항을 가다』(*Calvinism in the Las Vegas Airport*)라는 책 제목을 접하고 적지 않게 놀랐던 기억이 있다. 초교파 복음주의 신학교의 총장이 공공연히 스스로 '칼빈주의자'임을 표방하고 있는 것이다(그 책에서 마오는 자신을 '카이퍼리안 칼빈주의자'라고 자임하고 있다). 개혁파 신학교 안에서 자신을 칼빈주의자로 자처하는 것과는 달리 가능한대로 상호 간의 신학의 이질성을 극소화해야하는 초교파 신학교의 수장(首長)으로서 아무런 거리낌 없이 '칼빈주의'라는 말을 사용하고 있는 것이다. 그 책을 통해서 어쩌면 나는 칼빈주의라는 말에 대해 잘못된 생각을 갖고 있지는 않은가 하는 반성 아닌 반성을 하게 되었다.

마오는 칼빈주의보다는 개혁주의라는 표현이 좀 더 넓어 보인다는 친구의 충고를 거부하고 칼빈주의에 대한 책을 쓰기로 한 자신의 결정에 대해 설명하면서 자신이 칼빈주의라는 용어를 중요하게 여기게 된 것을

---

[20] 맥그래스, 『기독교, 그 위험한 사상의 역사』, 403f.

조나단 에드워즈(Jonathan Edwards, 1703-1758)의 영향이라고 말하고 있다. 마오는 에드워즈의 『의지의 자유』(Freedom of the Will)의 한 구절을 인용하고 있다.

> 하지만 '**칼빈주의**'라는 말은, 오늘날 '**알미니안**'(Arminian)이란 말보다 더 심한 비난을 받고 있다. 그러나 나는 날 구별하기 위해서라도, '**칼빈주의자**'라는 말을 거부하지 않을 것이다.[21]

최근에 칼빈대학 철학교수인 제임스 스미스(James K. A. Smith, 1970-)의 『칼빈주의와 사랑에 빠진 젊은이에게 보내는 편지』가 국내에 번역되어 소개되었다. 이 책은 에이미라는 가상의 인물에게 보내는 편지 형식으로 되어 있는데 그 가상의 인물은 필자 자신이라고 할 수 있다. 오순절교회 출신이면서 성경학교에서 공부하다가 칼빈주의에 접하게 되었고 개혁신학으로 넘어온 특이한 이력의 소유자이며 '급진 정통주의 신학'(Radical Orthodoxy)의 주창자 중의 한 사람으로 주목받고 있다. 포스트모더니즘에 대한 관심에서부터 어거스틴에서 칼빈, 조나단 에드워즈, 그리고 아브라함 카이퍼에 이르는 개혁신학의 전통에 대한 그의 사상의 폭은 매우 넓다고 말할 수 있다. 스미스는 '칼빈주의'가 구원 교리에만 국한되지 않으며 삶의 모든 것이 하나님의 은혜로 세워지고 자라가는 것을 의미한다고 보고 있다.

종교개혁자들이 주창한 구호 가운데 하나가 항상 개혁되어간다는 뜻

---

21 Jonathan Edwards, *Freedom of the Will, Work of Jonathan Edwards*, ed. Paul Ramsey (New Haven, Conn: Yale Univ. Press, 1957), 131. 리차드 마우, 『칼빈주의, 라스베가스 공항에 가다』, 김동규 옮김 (서울: SFC, 2008), 24에서 재인용.

의 셈페르 레포르만다(*semper reformanda*)임에도 불구하고, 개혁주의 신학을 완전한 성취를 이룬 만고불변의 이상처럼 떠받드는 것은 오히려 개혁주의 정신과 정면으로 배치되는 행동이다. 평생 동안 진리를 추구할수록 네가 이십대 때 생각했던 것들이 더욱더 공고해지고 확실해질 거라 생각하면 오산이다.[22]

'칼빈주의'란 말은 세르베투스의 처형과 관련하여 1553년 말 처음으로 사용되었으며 이단에 대한 처리문제에 관한 자세와 관련하여 이단자를 죽여야 한다는 칼빈의 요구에 동조하는 사람들을 칼빈주의자라 불렀다고 한다. 하지만 이런 용례는 널리 대중화되지 못하였고 이후에 루터파 신학자들에 의해 사용되고 대중화된 '칼빈주의'는 개혁교회를 이단적이고 분파적으로 보이게 하려는 악의적인 목적에서 사용된 것이다. 그리고 이렇게 대중화된 칼빈주의는 초기의 '성례전과 예정론과 관련한 함의에서 발전하여 교회 정치, 구제, 교회 권징, 그리고 윤리 혹은 삶의 모습 등의 문제까지 확대되었다.

결론적으로 독일을 중심으로 한 루터파 신학자들은 개혁신학이 외래의 것임을 부각시키고자 '칼빈주의'라는 용어로 개혁신학의 독특성을 드러내려고 하였다. '칼빈주의'라는 개념의 생성과 발전은 16세기 후반 독일의 하이델베르그를 중심으로 이루어졌다. 맥그래스와 같은 사람의 글에는 칼빈이 자신의 생애 말년에 자신의 이름을 사용한 '칼빈주의'라는 말이 사용되는 것을 보고 적잖이 당황하였다는 내용이 나온다.

소위 '튤립'(TULIP)으로 알려져 있는 칼빈주의 5대 강령은 도르트레히

---

[22] 제임스 스미스, 『칼빈주의와 사랑에 빠진 젊은이에게 보내는 편지』, 장호준 옮김 (서울: 새물결플러스, 2011), 52.

트 회의(1618-1619년)의 결과물인 도르트 신경을 요약한 것으로 알려져 있다. 하지만 정작 튤립의 나라 네덜란드어로 튤립은 튤립이 아니라 툴프(Tulp)이다. 주도홍 교수는 자신의 『세계교회사』에서 한 장을 할애하여 도르트 총회와 그 결과물인 도르트 신경에 대해 논하고 있는데 칼빈주의 5대 강령이라는 말은 등장하지 않는다.[23]

케네스 스튜어트(Kenneth J. Stewart)에 따르면 튤립으로 알려진 칼빈주의 5대 강령은 1920년대 이전에는 문헌에 등장하지 않는다고 한다.[24] 토드 빌링스(J. Todd Billings)도 칼빈주의를 튤립으로 요약하는 것은 매우 조잡한 요약에 불과하다고 말하고 있다. "TULIP이 요약하는 바는 개혁신학이 아니라 17세기 도르트 신조의 요약, 그것도 조야한 요약이다."[25]

루터파는 1540년대에 일련의 위기에 부닥친다. 특히 1546년에 루터가 사망한 것은 큰 위기였다. 훗날 독일 역사가들은 슈말칼텐 동맹(1531년)을 '개신교 국가인 독일 제국'의 잠재적 기초라고 보았지만, 이때만 해도 사람들은 이 동맹을 황제의 압력을 밀어내는 잠정적 수단이라고 보았다.[26] 이 동맹은 1543년까지 훌륭한 성공을 거두었다. 헤센 공 필립과 작센 선제후 요한 프리드리히의 지도 아래 루터파는 사실상 아무런 견제도 받지 않고 루터파에 공감하는 제후들의 영내에서 발전해 갈 수 있었다. 그러나 1543년에 이르러 동맹 내에 갈등이 발생했다. 헤센 공 필립의 중혼이 추문을 일으켰던 것이다.

---

23 주도홍, 『세계교회사』, 327-338 참조.
24 Kenneth J. Stewart, *Ten Myths about Calvinism: Recovering the Breadth of the Reformed Tradition* (IVP, 2011).
25 J. 토드 빌링스, 『그리스도와의 연합』, 김요한 옮김 (서울: CLC, 2014), 132.
26 맥그래스, 『기독교, 그 위험한 사상의 역사』, 141f.

부처와 루터와 멜란히톤은 필립의 중혼을 눈감아 주었다가 혹독한 비판을 받았으며, 종교개혁은 오명을 뒤집어쓰고 말았다. 1547년 슈말칼텐 전쟁이 일어나 칼 5세는 이제 그 영역이 축소된 개신교 그룹과 전쟁을 벌이게 되었다. 이 전쟁은 현저하게 이후의 정세를 결정지었다. 1547년 6월, 필립과 요한 프리드리히는 사로 잡혀 독일 남부에 있는 감옥에 갇혔다. 이 과정에서 헤센 공 필립의 사위이자 작센 선제후 요한 프리드리히의 사촌 형제요 그 자신 개신교도였던 모리츠(Maurice, Eletor of Saxony, 1521-1553)의 배신이 결정적인 역할을 하였다.[27] 1년도 못되어 루터파는 창시자요 지도자인 루터와 가장 중요한 정치적 후원자 두 사람 필립과 프리드리히를 잃었다. 루터파 개혁 운동의 사기가 땅에 떨어진 시기였다. 1547년 비텐베르크 시는 어쩔 수 없는 운명에 굴복하여 황제의 군대에게 항복했다.[28]

1547년 슈말칼텐 전쟁에서 칼 5세가 승리하며 힘의 균형은 결정적으로 가톨릭측에 유리하게 전개되고 있었다. 때마침 이탈리아 북동부의 트리엔트(Trent)에서 종교개혁에 대항하는 공의회가 열리고 있었는데 트리엔트 공의회(1545-1563)는 칼 5세의 압도적인 승리에 오히려 두려움을 느끼고 이단 결의를 늦추었다. 칼 5세는 전쟁의 승리를 통해서도 이미 확산된 종교개혁의 성과를 완전히 제거할 수는 없었다. 그 결과 칼 5세는 '아우구스부르크 잠정안'(Augsburg Interim, 1548년)을 발표하였는데, 이 문서는 루터교 신자들에게 다음 공의회가 열릴 때까지 평신도에게 잔을 주는 것과 성직자가 결혼하는 것을 허락하고 그 외에는 대부분 가톨

---

[27] 기쿠치 요시오, 『신성로마제국』, 205f.
[28] 맥그래스, 『기독교, 그 위험한 사상의 역사』, 142.

릭의 교리와 관례를 따르게 하였다.[29]

가까스로 군대를 재정비한 개신교도들은 칼 5세를 압박하여 독일의 종교적 지형을 결정한 아우구스부르크 평화조약(Peace of Augsburg, 1555년)을 받아들이게 했다. 이 과정에서 다시 모리츠가 결정적인 역할을 담당하였다. '마이센(작센의 수도)의 유다'라는 조롱을 받던 모리츠의 마음에 황제 칼 5세에 대한 역심이 싹트기 시작하였던 것이다. 그는 프랑수아 1세의 뒤를 이어 프랑스 왕이 된 앙리 2세와 비밀 동맹을 맺고 아우구스부르크에 무방비 상태에 있던 칼 5세를 급습했고 당황한 칼 5세는 인스부르크로 도망쳐야 했다. 칼의 동생 페르디난트가 중재에 나섰고 1552년 모리츠와 페르디난트는 파사우에서 협정(Peace of Passau)을 맺었다. 아우구스부르크 잠정안은 폐기되었고 감옥에 갇혀있던 프로테스탄트 제후들이 풀려났다. 3년 후 칼 5세는 아우구스부르크 평화조약을 받아들이지 않을 수 없었고 이를 통해 제국을 재건하려던 칼 5세의 꿈도 물거품이 되고 말았다.[30]

각 통치자의 영토는 그 통치자의 종교를 따라야 했고, 통치자는 자신의 종교를 그 백성들에게 강제할 수 있었다. 통치자가 믿는 종교에 동의하지 않는 백성들은 다른 영지로 자유롭게 이주할 수 있었다. 제국 도시에는 가톨릭과 루터파가 허용되었다. 중요한 것은 오직 이 두 종교 중에 하나만을 선택할 수 있었다는 것이다. 재세례파, 그리고 독일 남부와 스위스에 있던 개신교 형태들은 고려 대상에서 분명하게 의도적으로 제외되었다. 그 결과 "한 사람의 통치자가 있는 그곳에 하나의 종교가 있다"(ubi unius dominus, ibi una sit religio)라고 선언하였는데 이 원칙

29　이성덕, 『종교개혁 이야기』, 61.
30　기쿠치 요시오, 『신성로마제국』, 206f.

은 후에 "그 사람의 영토가 곧 그 사람의 종교를 결정한다"(*cuius regio, eius religio*)라는 유명한 표어로 대치되었다. 모멸감을 느낀 칼 5세는 이듬해 제위에서 물러났다.

신성로마제국은 칼의 동생 페르디난트 1세(Ferdinand I, 1503-1564, 재위 1558-1564)에게, 스페인은 그의 아들 필립 2세(Philip II, 1527-1598, 재위 1556-1598)에게 그 제위가 넘어갔다. 칼은 독일을 다시 가톨릭 국가로 만들려던 사명을 이루지 못했다. 아울러 합스부르크 세계제국을 이루어보고자 하였던 야망은 한낱 환상에 불과한 것으로 입증되고 말았다.[31]

아우구스부르크 평화조약은 루터파에게 새로운 정체감을 부여했다. 독일 민족주의에 깊이 호소했던 루터파의 모습도 이 정체감을 형성하는 한 뿌리가 되었다. 그러나 루터파가 독일 민족에 깊이 뿌리를 내리고 있다는 점은 루터파가 유럽의 다른 지역으로 확장되어 가는데 큰 장애 요인이 되었다. 루터파는 독일 땅에 갇히게 되었고, 루터파가 거둔 민족주의적 성공은 오히려 루터파를 속박하는 굴레가 되었다.[32]

아우구스부르크 종교 화약은 독일 영토 내에서 오직 루터파와 가톨릭만을 선택할 수 있는 종교로 인정했다. 그러나 1560년대에 하이델베르크시를 포함한 독일의 팔츠 지역이 개혁교회의 중심지가 되면서 이 타협은 깨졌다. 팔츠 지역은 본디 1530년대에 루터파 지역이 되었던 곳이다. 그런데 1556년부터 1559년까지 팔츠 선제후로 있었던 오토 하인리히가 후사 없이 죽었고, 그 결과 지머른(Simmern) 공 프리드리히(Friedrich III, 1515-1576)가 팔츠 선제후 (Elector Palatine) 자리를 이어받았다. 개혁파 주장에 설복당한 프리드리히는 1561년 팔츠 지역에 개혁파의 입장을 강

---

31 이성덕, 『종교개혁 이야기』, 62f.
32 맥그래스, 『기독교, 그 위험한 사상의 역사』, 145.

제로 퍼뜨리기 시작했다.[33]

프리드리히는 팔츠 지역에서 개혁파 신앙을 공고히 다지고자 이 개신교의 새 형태를 사람들에게 가르칠 수 있도록 공중 신앙고백서를 만들어 달라고 요청했다. 그 결과가 바로 가장 뛰어난 신앙고백 중의 하나로 널리 인정받고 있는 하이델베르크 요리문답(Heidelberg Catechism, 1563년)이다. 이것은 벨기에 신앙고백(Begic Confession, 1561년)과 도르트 신경(Canons of Dort, 1618-19년)과 함께 개혁파 교회들이 받아들이는 중요한 3대 고백서가 되었다.

칼빈이 만들어낸 개신교 형태는 당시 스페인령이었던 화란에서도 중요한 운동이 되었다. 신성로마제국 황제 칼 5세는 스페인령 화란을 독일에서 개신교를 제지하려고 투쟁하는 자신의 중요한 우군으로 여겼다. 칼 5세의 후계자인 필립 2세가 화란 지역에서 강력한 친 가톨릭 입장을 취하고 트리엔트 공의회의 결정사항들을 화란에 강요하기로 결심하면서 사정은 달라졌다.[34]

프랑스 '위그노' 민병대는 스페인 국왕이 임명한 화란 총독인 알바공(3rd Duke of Alva, 1507-1582)에 맞선 화란인들의 봉기에서 상당한 비중을 차지했다. 루터주의는 여전히 독일이라는 영역에 갇혀 있었다. 이들은 장엄한 고립정책을 추구하는 것처럼 보였다. 그러나 칼빈이 제시한 또 다른 개신교를 지지하는 이들은 화란에서 벌어지는 전투가 국제적 차원의 전투임을 깨달았다. 칼빈파 신자들은 정치적 국경선에 매이지 않는 충성심을 공유하고 있었다. 이러한 사실의 중요성을 재차 강조해 주는 사실이 있다. 화란인들이 봉기했을 때 은밀히 중대한 지원을 제공한 나

---

33 맥그래스, 『기독교, 그 위험한 사상의 역사』, 161f.
34 맥그래스, 『기독교, 그 위험한 사상의 역사』, 165f.

라가 또 있었던 것이다. 1585년 잉글랜드는 레스터(Leicester) 공이 지휘하는 4,000명의 군대를 보내 화란 반군을 지원했다. 만일 잉글랜드의 도움이 없었다면, 화란인들의 봉기는 실패하고 말았을 것이다.[35]

루터가 독일에서 시작한 종교개혁의 무게 중심이 스위스의 칼빈에게로 넘어갔다. 루터파는 물론 나중에 스칸디나비아 반도를 비롯한 북구에 전파되기는 하지만 독일 민족주의라는 새장 안에 갇힌 형국이 되어버리고 칼빈파라 할 수 있는 개혁파가 보다 광범위한 국제적인 공조체제를 갖추어 가게 된다. 하지만 개혁파가 가톨릭과 루터파에 이은 제3의 세력으로 국제적인 공인을 얻게 된 것은 1648년 웨스트팔렌 조약을 통해서였다. 아울러 이 조약을 통해 네덜란드는 공식적으로 독립국가의 지위를 인정받게 되었다. 이러한 루터파로부터 개혁파로의 무게중심의 이동은 영국의 종교개혁의 과정에서도 그대로 나타난다.

---

[35] 맥그래스, 『기독교, 그 위험한 사상의 역사』, 167f.

10
영국 성공회

먼저 영국이라고 하는 나라에 대해서 이야기해 보자. 민주주의의 발상지라고 하면서 군주제를 유지하고 있는 나라, 그래서 진보와 보수가 조화를 이루고 있는 나라가 바로 영국이라고 말할 수 있다. 요근래 나는 영문학을 공부하며 특별히 영국의 매력에 빠져 있다. 한 번 가보고 싶은 나라이다. 유럽을 여행한 사람들의 말로는 유럽 대륙에 비해 영국은 청정지역과도 같다는 말들을 한다. 도해해협이 있어서 부랑자들이나 히피들이 대륙에 비해 영국에는 많지 않다고 한다. 나는 유럽 대륙은 가보았는데 영국은 아직 가보지 못했다. 2006년 여름 로마에서 일행 중 한 명이 지하철에서 소매치기를 당하고 또 한 명은 파리에서 봉변을 당할 뻔한 일이 있었다. 말로만 듣던 그 유명한 몽마르뜨 언덕은 우범지역으로 변해 있었다. 로마의 기차역에 가득한 담배꽁초에 기함했던 좋지 않은 기억들이 있다.

영국의 정식 명칭은 The United Kingdom of Great Britain and Northern Ireland이다. Great Britain에 잉글랜드와 스코틀랜드, 그리고 웨일즈가 속해 있으니 북아일랜드까지 합쳐서 4나라의 연합 왕국이라는 의미이다. 물론 잉글랜드가 인구나 국토면적에 있어 80% 정도의 비중을 차지한다. 월드컵에 영국이라고 하는 단일팀으로 출전하지 않고 각자의 별도 팀으로 출전하고 있다. 축구의 종주국이라는 특혜는 좋은데 그래서 1966년 잉글랜드가 홈 구장에서 처음이자 마지막으로 월드컵 우승을 차지한 이후 우승과는 거리가 먼 것 아닌가 하는 생각이 들기도 한다.

영국 성공회의 출현과 관련하여 중요한 인물이 바로 헨리 8세(Henry VIII, 1491-1547, 재위 1509-1547)이다. 그는 전형적인 전제군주라고 할 수 있다. 헨리 8세는 처음 루터의 종교개혁을 반대하여 가톨릭신앙의 수호자로 자임하여, 1521년 루터의 『교회의 바벨론 포로』를 반박하는 『7성례전의 옹호』를 써서 교황 레오 10세로부터 '신앙의 수호자'라는 칭호를 받았던 사람이다.[1]

그의 첫 번째 부인 아라곤의 캐서린(Catherine of Aragon, 1485-1536)은 스페인의 공주였는데 원래는 헨리 8세의 형 아서의 아내로 아서가 결혼 후 5개월 만에 죽자 양측 부왕의 뜻에 따라 이전 결혼을 무효화하고 헨리와 결혼하였다. 문제는 헨리 8세와 캐서린 사이에 후일의 피의 메리(Bloody Mary, 1516-1558)가 되는 딸만 한 명 있고 아들이 없었다는 것이다. 헨리는 자신의 왕위를 이을 아들을 원했고 캐서린이 원래 형의 아내로 자신에게 형수이기에 자신과 캐서린의 결혼은 무효라고 선언하며 교황청에 이를 허락해 줄 것을 요청하였다. 사실 이러한 헨리의 요청은 무리한 요청이 아니었다. 교황청이 왕의 결혼의 무효를 선언하였던 선례도 있었다. 하지만 막강한 스페인의 눈치를 보아야 하는 교황청의 입장에서는 헨리의 요구를 들어줄 수 없었다. 캐서린은 당시 스페인 왕이자 신성로마제국 황제 칼 5세의 아주머니였다.[2]

---

[1] 이성덕, 『종교개혁 이야기』, 76.
[2] 이성덕, 『종교개혁 이야기』, 76.

1533년 헨리 8세는 부인 캐서린을 폐위하고 앤 볼린(Ann Boleyn, c. 1501-1536)과 결혼하였다. 하지만 앤 볼린은 아들을 낳지 못했고 딸 엘리자베스(Elizabeth, 1533-1603)를 남기고 결국 3년 만에 헨리 8세에 의해 처형을 당했다. 이 이야기는 "천일의 앤"(Anne of the Thousand Days, 1971년)이라고 하는 영화로 만들어졌다. 최근에는 "천일의 스캔들"(The Other Boleyn Girl, 2008년)이라고 하는 영화가 만들어졌는데 앤 볼린과 앤 볼린의 언니 메리 볼린(Mary Bolyen, c. 1499/1500-1543)의 갈등을 중심으로 이야기가 전개된다. 특이하게도 이 영화에서는 앤 볼린이 메리 볼린의 언니로 등장한다. 헨리 8세는 앤 볼린과 사랑에 빠지기 전 언니 메리 볼린을 건드려 사생아를 낳게 되었고 이것을 교훈삼아 앤 볼린은 자신의 처지가 언니 메리와 같이 왕의 첩의 신세로 전락하지 않도록 헨리 8세를 압박하게 되고 이것이 잉글랜드의 종교개혁의 단초를 제공하게 된다.

헨리 8세의 캐서린 왕비와의 이혼과 앤 볼린과의 결혼 문제를 발단으로 시작된 영국의 종교개혁은 영국 성공회라는 특이한 형식의 개신교 신앙을 낳게 되었다. 1534년 헨리 8세는 국왕이 영국교회의 유일 최고의 수장이라는 수장령(Act of Supremacy)을 의회에서 통과시켰다. 헨리가 1534년 수장령에 이어 반포한 반역법(Treason Act)은 헨리 8세가 수장임을 부인하는 행위를 반역 행위로 규정하여 사형에 처할 수 있도록 하였는데 이 반역법 때문에 잉글랜드 가톨릭교회가 낳은 유명한 두 사람이 처형당했다. 그들은 『유토피아』로 유명한 토머스 모어(Thomas More, 1478-1535)와 존 피셔(John Fisher, 1469-1535)였다.[3]

토머스 모어의 생애는 "사계의 사나이"(A Man for All Seasons, 1966년

---

3 맥그래스, 『기독교, 그 위험한 사상의 역사』, 183.

라는 영화로 만들어졌는데 그 영화를 본 내 감상으로는 영화에 나오는 그 누구보다 거룩한 신앙의 사람으로 토마스 모어가 그려지고 있는가 하면 다른 성직자들은 도리어 자신들의 영달에 눈이 어두워 왕에게 아첨하며 무고한 사람을 모함하여 죽이는데 앞장 서는 것으로 나온다. 토마스 모어를 주인공으로 그려진 것이기에 다소 편향된 것이 없다고는 할 수 없겠지만 보는 내내 씁쓸한 비애를 느끼지 않을 수 없었다. 1535년 교황 바오로 3세(Paul III, 재위 1534-49)는 헨리 8세에 대한 출교서를 발부하였다.[4]

아들을 얻으려는 헨리의 열망은 세 번째 부인 제인 시모어(Jane Seymour, c. 1508-1537)에게서 에드워드(Edward VI, 1537-1553, 재위 1547-1553)를 얻음으로 성취되었다. 시모어는 에드워드가 태어난 지 2주 만에 산후합병증으로 죽었다. 헨리 8세가 죽은 후 왕위를 이어받은 에드워드는 복음주의 신앙으로 양육되었기에 헨리 8세가 시작하였던 가톨릭으로부터의 잉글랜드 국교회의 개혁을 가속화하였다. 1549년 에드워드 6세는 통일령을 반포하여 비로소 개신교 양식이 가미된 기도서와 42개조 신앙고백을 제정하였다. 하지만 1553년 에드워드 6세가 죽고 캐서린의 딸 메리가 왕위를 이어받으면서 잉글랜드 국교회는 가톨릭으로 돌아갔다.

1554년 잉글랜드 의회는 1529년 이후에 통과된 모든 종교 법령을 무효로 선언하였고 캔터베리 대주교 토마스 크랜머(Thomas Cranmer, 1489-1556)를 비롯한 개신교를 따르는 주교들이 체포되고 축출되었고 수많은 사람들이 잉글랜드를 탈출하여 유럽에 있는 개신교도들의 안식처로 피신했다. 이때 독일은 그 내부적인 정세가 불안정한 상황이었기

---

4 이성덕, 『종교개혁 이야기』, 76.

에 이들의 피신처는 자연스럽게 제네바가 될 수밖에 없었다. 잉글랜드는 25년 전 가톨릭 신앙으로 돌아갔다. 하지만 1556년에 크랜머와 라티머(Hugh Latimer, 1485-1555), 리들리(Nocholas Ridley, ?-1555)가 옥스퍼드에서 공개 처형되자 메리의 복고 조치들은 인심을 잃었고 스페인의 비위를 맞추려는 메리의 외교 정책을 보면서 사람들은 가톨릭을 외세가 강요한 외국의 종교라고 생각하게 되었다. 1558년 11월 17일 메리 튜더와 캔터베리 대주교 레지널드 폴(Reginald Pole, 1500-1558)이 몇 시간 사이에 죽었다.[5] 레지널드 폴은 가톨릭교회의 마지막 캔터베리 대주교가 되었다. 흥미로운 것은 레지널드 폴은 트리엔트 공의회(Council of Trent, 1545-1563)에서 개신교와의 화해를 촉구했던 인물로 알려져 있고 1549년 바오로 3세의 죽음 직후의 콘클라베에서는 유력한 교황 후보가 되기도 하였다.

캔터베리는 런던 동남부에 있는 인구 5만의 조그마한 도시이다. 이곳에 영국 성공회의 주교좌라고 할 수 있는 캔터베리 대주교가 있는 이유는 그레고리 교황(Gregory the Great, c. 540-604)에 의해 앵글로 색슨족을 선교하기 위해 파견된 어거스틴(Augustine of Canterbury, c. 530-604)이 처음 정착하여 선교한 곳이 캔터베리였기 때문임과 동시에 헨리 2세 때 캔터베리 대주교였던 토마스 베켓이 순교하면서 일종의 성지가 되었기 때문이기도 하다. 제프리 초서(Geoffrey Chauscer, 1342-1400)의 『캔터베리 이야기』(The Canterbury Tales)는 이 토마스 베켓의 묘지가 있는 캔터베리 성지로 떠나기 위하여 일단의 순례자들이 런던의 템스 강변 여관에 모이는데서 시작된다.

로버트 존스톤(Robert Johnston)의 책 『영화와 영성』(Reel Spirituality:

---

[5] 맥그래스, 『기독교, 그 위험한 사상의 역사』, 194.

Theology and Film in Dialogue)에 1964년에 만들어진 "베켓"(Becket)이라는 영화에 대한 이야기가 나온다. 이 영화는 잉글랜드의 노르만 왕 헨리 2세(1133-1189)의 술친구 토머스 아 베켓(Thomas à Becket, 1119/1120-1170)의 이야기다. 헨리 2세는 여자들과 즐기고 전쟁을 일으키고 백성들에게 세금을 물리기 위해 자기 마음대로 행동할 수 있는 무제한의 자유를 원했다. 그러나 독립적인 권위를 가진 캔터베리 대주교가 눈에 가시였다. 대주교는 자주 헨리의 계획을 좌절시켰다.

헨리는 이 문제를 해결하기 위해 자신의 '술, 여자, 가무' 친구인 토머스를 대주교에 임명하는 기발한 결정을 내렸다. 한 가지 문제만 제외하면 기막힌 결정이었다. 토머스가 하나님의 종이 되라는 부르심을 자신의 새로운 소명으로 진지하게 받아들이고 왕이 아니라 하나님을 섬기기로 결심한 것이다. 헨리는 토머스가 대주교직을 적당히 수행하면서 옛 친구(이자 왕!)인 자신의 바램을 들어주도록 그를 설득했다. 그러나 토머스는 끔쩍도 하지 않았다. 토머스는 자신의 직분에 충실함으로써 결국 캔터베리 대성당의 제단에 오르는 중에 순교한다.[6]

"베켓"이라는 영화를 통해 존스톤은 기독교 사역자로 자신을 부르시는 하나님의 음성을 듣게 되었다. 당시 존스톤은 목사는 먼저 거룩한 사람이어야 한다는 생각 때문에 목사가 되라는 소명을 잘 받아들이지 못하고 있었다. 그러나 이 영화를 보면서 존스톤은 하나님이 그분의 성령을 통해 하시는 말씀을 들었다.

"네가 거룩할 필요는 없다. 토머스도 거룩하지 않았다. 너는 다만 내 부름에 순종하기만 하면 된다."

이에 대해 존스톤은 토머스처럼 응답했다.

---

6 로버트 존스톤, 『영화와 영성』, 전의우 옮김 (서울: IVP, 2003), 34f.

"하나님, 제 전부를 다해 충성하겠습니다."[7]

토머스 베켓의 순교 이야기는 1935년 T. S. 엘리엇(Thomas Stearns Eliot, 1888-1965)에 의해 『대성당의 살인』(*Murder in the Cathedral*)이라는 시극으로도 그려졌다. 캔터베리 축제에서 공연할 목적으로 위촉을 받아 쓴 작품으로 알려져 있다. 극중의 토머스는 "교회는 교회의 방식으로 스스로를 보호할 것이다"(The church shall protect her own, in her own way)라고 말하면서 자신을 죽이러 오는 기사들을 위해 문을 열어두게 한다.

I부와 II부 막간극은 토머스 베켓 대주교의 성탄절 아침 설교로 이루어져 있는데 이 구절에서 엘리엇은 진정한 순교의 정신과 본질을 규명하고 성도는 신의 사랑과 질서 안에서 진정한 자유를 누릴 수 있음을 역설하고 있으며, 또한 베켓의 순교가 진정 신의 뜻이었으며, 개인의 교만과 허영으로 이루어진 것이 아님을 표명하고 있다.

> 순교는 인간의 계획으로 이루어지는 것이 아닙니다. 순교자는 신의 도구가 된 사람이며, 그는 신의 뜻 안에서 자신의 의지를 잃어버린, 아니 오히려 찾은 사람입니다. 순교자는 신에게 굴복함으로써 자유를 찾은 사람이기 때문입니다. 순교자는 더 이상 자신을 위해서는 바라지 않으며, 순교의 영광마저도 바라지 않습니다. 그러기에 지상의 교회는 세상이 이해할 수 없는 방식으로 슬퍼하면서도 동시에 기뻐할 수 있는 것입니다. 성도는 우리가 그들을 보는 것과 다른 방식인, 그들의 존재의 원천인 신의 관점에서 스스로를 보며, 자신을 가장 낮춤으로써 가장 높이 있습니다.[8]

---

[7] 존스톤, 『영화와 영성』, 36.
[8] http://terms.naver.com/entry.nhn?docId=1996845&cid=41773&categoryId=44395 참조.

엘리엇은 베켓의 순교 사실을 사건의 경위나 순교의 장면을 사실적으로 묘사하는데 초점을 맞추기보다 베켓 자신과 그가 상대하는 세속적인 인물들의 정신적 영적인 갈등을 통해 기독교 신앙의 본질을 탐색하고 있다. 엘리엇은 1927년 영국으로 귀화한 미국인이다. 동시에 그는 영국의 국교회인 성공회 신자가 되었다.

비운의 여인 앤 볼린의 유일한 혈족이었던 엘리자베스(Elizabeth I, 1533-1603)는 1588년 스페인의 무적함대를 물리치고 해상권을 장악하여 영국이 새로운 강대국으로 비상하는 데 크게 기여한 인물이다. 이복 언니였던 메리 여왕에 의해 모반 혐의로 런던탑에 갇혀 처형당할 위기를 딛고 왕위에 올라 대영제국의 기초를 놓은 것으로 평가받고 있다. 이 엘리자베스 여왕 시대에 활동한 대표적인 인물이 영국의 대문호 세익스피어(William Shakespeare, 1564-1616)이다. 엘리자베스 여왕은 아버지 헨리 8세가 반포하였던 수장령을 1559년 다시 반포하여 잉글랜드 국교회의 수장이 국왕임을 선언하였는데 엘리자베스는 개신교도들이 예수 그리스도를 가리키기 위해 사용하고 가톨릭에서는 교황을 가리키는 데 사용하던 '수장'(supreme head)이라는 칭호 대신에 '최고 통치자'(Supreme Governor)라는 칭호를 택하였는데, 이는 가톨릭 국가인 스페인을 자극하지 않으려는 의도적인 선택이라 할 수 있다.

이런 엘리자베스 여왕의 생애와 통치는 여러 번 영화화되었으며 최근에 1998년과 2007년에 거듭 영화로 만들어졌다. 나는 1998년에 만들어진 영화를 보았는데 25살의 나이에 왕위에 올라 여러 정적들을 제거하고 마침내 자신의 왕권을 굳건하게 하고 자신을 처녀왕(Virgin Queen)으로 선언하는 것으로 영화는 마무리되고 있다. 말하자면 엘리자베스 여왕의 통치 초기를 다루고 있는 것이다. 영화 마지막에 "보시오, 버흐리 경(William Cecil, 1st Baron Burghley, 1520-1598), 나는 잉글랜드와 결혼하였오"라는 대사는 "짐은 국가와 결혼하였다"라는 말로 인구에 회자되고 있지만 실제로 엘리자베스가 그런 말을 하였는지에 대해서는 확실하지 않다.

엘리자베스는 헨리 8세의 수장령과 에드워드 6세의 통일령을 이어받아 개신교 종교개혁을 이어갔지만 제네바나 취리히를 신학적 지침으로 삼았던 일단의 사람들에게는 엘리자베스의 개혁은 미진한 것이었다. 이런 배경하에 청교도 운동이 등장한 것이다. 순교자 열전으로 유명한 존 폭스(John Foxe, 1517-1587)와 장로교 운동의 지도자 토마스 카트라이트(Thomas Cartwright, 1535-1603), 그리고 윌리엄 퍼킨스(William Perkins, 1558-1602) 등이 엘리자베스 시대의 초기 청교도 운동의 지도자들이라 할 수 있다. 또한 엘리자베스 여왕 아래에서 재무상을 역임한 청교도 월터 밀드메이(Walter Mildmay, 1523-1589)는 1584년 청교도 목회자를 양성할 목적으로 캠브리지에 임마누엘칼리지를 세웠다.

엘리자베스와 제임스 1세 (1566-1625, 재위 1603-1625) 시대에 청교도들은 국교회를 강요당하는 등 적잖은 박해를 받기는 하였지만 비교적 자유롭게 활동할 수 있었다. 하지만 찰스 1세 (1600-1649, 재위 1625-1649) 시대에 청교도들에 대한 박해는 극에 달했고 결국 청교도 혁명을 야기하게 되었으며 청교도 박해를 주도했던 윌리엄 로드 캔터베리 대주교와 찰스 1세는 차례로 처형되었다. 그러나 이들 청교도들의 승리는 오래가지 못했고 청교도 운동은 1660년 왕정복고와 1662년 통일령을 통해 그 동력을 상실해 버리고 만다. 잉글랜드 국교회는 가톨릭으로는 아니었지만 영국 성공회로 회귀하여 오늘에 이르고 있다. 영국 성공회는 전세계적으로 13억의 가톨릭교회와 3억의 동방정교회에 이어 8천 만의 교세를 가진 제3의 기독교 세력으로 분류되고 있다. 말하자면 개신교회 중에서는 가장 큰 단일체인 것을 알 수 있다. 현재로서는 영국 국내 보다 영국 밖에 더 많은 성공회 신자가 있다고 한다.

영국 성공회 39개 신조(39 Articles)는 1571년에 발표되었는데 작성자는 매튜 파커(Matthew Parker, 1504-1575)로 알려져 있다. 이는 1552년에 발표된 토마스 크랜머의 42개 신조를 기초로 하여 영국교회에 맞게 새롭게 개정한 것이었다.[9] 파커는 1559년부터 1575년까지 캔터베리 대주교를 지냈다. 이 39개조 신조는 보통 개혁파 신앙을 대변하는 것으로 알려져 있다. 그래서 성공회는 신학에 있어서는 개혁파를, 그 예배 의식에 있어서는 가톨릭을 따르고 있는 것으로 알려져 있다. 1865년까지 영국 성공회 성직자들은 이 39개 신조에 동의하는 서명을 요구받았지만 지금은 성공회 기도서와 39개조 신조에서 표현된 영국 성공회 교리가 성경에 부합한다는 것에 동의하는 것으로 대치되었다.

찰스 2세 (1630-1685, 재위 1660-1685) 시대인 1673년 의회는 심사율(Test Act)이라는 법안을 통과시켰는데 국교회인 성공회 신자가 아닌 비국교도들의 공직 취임을 제한하는 법률이었다. 왕의 가톨릭회귀정책을 방지하려는 의도가 그 가운데 있었고 왕에 의해 등용되었던 가톨릭교도들이 제거되는 효과를 가져왔다. 이 심사율은 19세기 들어 자유주의 풍조가 높아짐에 따라 비판을 받아 1828년 가톨릭해방령을 통해 폐지되었다. 스코틀랜드에서는 이보다 앞서 1793년에 가톨릭해방령이 선포되었다.

19세기 영국 성공회 안에서 일어난 옥스퍼드 운동(Oxford Movement)은 감리교회의 급성장에 따른 신앙적 상실감, 비국교도의 의회 진출로 인한 교회의 자주성 위협 등의 위기 상황에서 17세기의 교회 전통을 되찾아 사도적 전승을 가진 국교회의 권위를 회복하자는 운동이었다. 이 운동은 존 헨리 뉴먼(John Henry Newman, 1801-1890)과 에드워드 퓨지(Edward Pusey, 1800-1882) 등을 중심으로 펼쳐졌는데 소책자 운동으로

---

9 이성덕, 『종교개혁 이야기』, 77.

불리기도 한다. 1833에서 1845까지 전개된 이 운동은 결국 그 중심인물이었던 뉴먼이 가톨릭으로 개종하여 이례적으로 추기경의 자리에까지 오르는 것으로 일단락되었다.

내가 처음 이 옥스퍼드 운동에 대해서 알게 된 것은 미국 유학 첫 학기였다. 이해가 되지 않는 부분이 너무 많았는데 나중에 살펴보니 뉴먼은 지금도 많은 사람의 존경을 받는 대단한 인물이었고 그가 추기경의 자리에 오를 수 있었던 것은 그가 독신이었기 때문이었음을 알게 되었다. 대표적으로 뉴먼은 당시 선풍적인 인기를 끌고 있던 윌리엄 페일리(William Paley, 1743-1805)의 설계이론을 한물간 것으로 비판하였다.

"그것은 자신의 자리를 벗어나 너무 많이 나가 버렸으며, 그래서 이제는 거의 기독교에 저항하는 도구로 사용되고 있다."[10]

또한 맥그래스는 "교회가 변함없는 모습으로 남아 있으려면 교회는 변해야만 한다"는 뉴먼의 말을 인용하고 있다.[11] 가톨릭으로의 회귀를 주장한 사람이면 매우 보수적일 것 같은데 교회의 변화를 강력히 요청하고 있는 것이 이채롭기만 하다.

18세기 말과 19세기에 영국은 특히 선교사업을 통해 전 세계의 개신교를 형성하는 데 큰 영향을 미치게 된다. 그러나 근래에 전 세계 개신교의 형성에 가장 큰 영향을 미친 나라는 미국이라고 할 수 있다. 맥그래스는 미국을 "서방 국가 중에서 가장 중교성이 강한 나라"로 부르고 있다.[12]

---

10 John H. Newman, *The Idea of a University* (London: Longmans, Green, 1907), 450f. 맥그래스, 『도킨스의 신』, 134에서 재인용.
11 알리스터 맥그래스, 『기독교의 미래』, 박규태 옮김 (서울: 좋은 씨앗, 2005), 106.
12 맥그래스, 『기독교, 그 위험한 사상의 역사』, 243.

11
미국 개신교

　1620년 '순례자들의 조상들'(Pilgrim Fathers)은 신앙의 자유를 찾아 메이플라워호를 타고 북대서양의 험한 파도를 건너 2달 여의 항해 끝에 11월 뉴잉글랜드 지역에 도착하였다. 이들 청교도들은 혹독한 겨울을 나는 동안 인디언들의 도움을 받았고 신대륙에서의 첫 농사를 마친 그 다음해 11월 인디언들을 초청하여 감사절을 지켰다. 이것이 우리 한국개신교회 대다수가 지키고 있는 추수감사절의 기원이다.

　하지만 이들은 잉글랜드 청교도주의의 전형이 아니었다. 그들은 분리파였고 칼빈보다 재세례파에 가까웠다. 1620년을 시작으로 1627년부터 1640년까지 약 4,000명의 사람들이 뉴잉글랜드 지역에 정착했다. 뉴잉글랜드의 주도권은 1630년대에 정착한 존 윈스럽(John Winthrop, 1587/88-1649)을 비롯한 비분리파 청교도들이 장악하게 된다. 여기서 분리와 비분리를 말하는 것은 기본적으로 영국 왕에 대한 태도에서 결정된다. 분리파는 신앙의 자유뿐 아니라 정치적으로도 왕을 거부하는 사람들이었지만 비분리파는 신앙의 자유를 찾아 신대륙으로 왔지만 왕의 허가를 받고 온 사람들로 기본적으로 자신들을 영국 왕의 신실한 신하로 생각하였다.

사실 신대륙에 정착한 유럽인들이 청교도들이 처음은 아니었다. 맥그래스에 따르면 1562년 4월 한 무리의 위그노들이 플로리다의 성 존스 강 유역의 포트 캐롤라인에 정착하면서 미국에 첫 개신교 식민지가 건설되었지만, 이 개신교 식민지는 오래가지 못했다. 1585년 영어를 사용하는 최초의 개신교 식민지가 버지니아에 건설되었는데 이 버지니아라는 이름은 '처녀 왕'(virgin king)(엘리자베스 1세)의 칭호를 따서 붙여진 것이었다. 하지만 이 식민지는 곧 사라지는데 이 '잃어버린 식민지'의 파멸은 아직도 수수께끼로 남아 있다.

1607년 버지니아에 '제임스 타운'이라는 커다란 잉글랜드인 정착지가 건설되었을 때, 이전에 건설되었던 정착지의 흔적은 발견할 수 없었다. 이 정착지에는 당시 잉글랜드 왕이던 제임스 1세의 이름이 붙여졌는데 이 정착지는 성공회 신자들이 건설한 식민지였다.

> 이 식민지의 헌장은 식민지 개척자들이 '이제 우리 잉글랜드 영토 안에서 고백하고 건설한' 종교를 항상 실천해야 하고 이 종교를 '가능한 한 많은 야만인들에게' 전파해야 한다고 규정했다. 대추장인 포와탄(Powhatan)의 딸인 포카혼타스(Pocahontas)도 초기 회심자 중 하나였다.[1]

엘리자베스 여왕 치하에서 형성된 청교도 운동은 크게 나누면 회중파 청교도들과 장로파 청교도들로 대별되는데 미국에 정착하는 과정에서는 처음에는 회중파가 다수를 차지하게 된다. 미국 북장로교에서 파송된 선교사에 의해 복음을 받은 우리나라 장로교회의 입장에서는 이런 부분들

---

[1] 맥그래스, 『기독교, 그 위험한 사상의 역사』, 246f.

이 잘 이해가 되지 않는다. 위에서 말한 1620년 신앙의 자유를 찾아 플리머스에 정착했던 일단의 청교도들이 자신들과 같은 장로교인들이 아니었다는데 놀라고, 이후에 북미의 신대륙에서 주도권을 잡은 사람들도 장로교인들이 아니었다는데 놀라게 된다.

맥그래스는 이 부분과 관련하여 잉글랜드 청교도들은 대부분이 '각 지역에 흩어져 있는 회중들'이 공통된 신앙과 지도자들을 매개로 한데 뭉쳐 하나의 '보편적 교회'를 이룬다는 개념을 굳건히 고수하는 장로교 신자들이었는데 신세계에서는 중앙 집중을 탈피한 분권화가 승리를 거두게 되었다고 설명한다.

> 1620년대와 1630년대 뉴잉글랜드 개신교의 초기 역사에서 가장 두드러진 모습 가운데 하나는 대부분의 청교도 공동체들이 뉴잉글랜드에 도착해서 몇 달 안에 교회 정치에 대해 장로교 쪽의 견해를 포기하고 회중 정치 체제를 채택했다는 점이다.[2]

'마지막 청교도'라 불리는 조나단 에드워즈도 장로교 목사가 아니라 회중교회 목사였다. 에드워즈는 예일대학교 출신이었다. 1701년의 예일대학교의 설립은 1636년에 설립된 하버드대학교의 세속화에 대한 반발과 깊은 관련이 있다. 1730년대와 40년대의 제1차 대각성 운동에서 조나단 에드워즈는 부흥 운동의 지도자였다면 하버드 출신의 찰스 촌시(Charles Chauncey, 1705-1787)는 합리주의자로 부흥 운동의 강력한 반대자였다. 촌시도 에드워즈와 마찬가지로 회중교회 목사였으며 촌시는 이후에 미국 독립 운동에도 관여하였다.

---

[2] 맥그래스, 『기독교, 그 위험한 사상의 역사』, 249.

하버드대학교가 19세기 초반 유니테리언으로 넘어가게 되자 이로 인해 최초의 신학교인 앤도버신학교(Andover Seminary)가 회중교회 목회자 양성을 위하여 하버드대학교에 대한 대안으로 1807년 세워지게 된다. 이어서 1812년에는 장로교 신학교인 프린스턴신학교가 세워진다. 바야흐로 신학교육에 있어서 세미나리(seminary)의 시대가 도래한 것이다. 19세기의 첫 30년 동안에 뉴잉글랜드 지역에 22개의 신학교가 세워졌다.[3]

다른 개신교의 주류 교단과 마찬가지로 미국 장로교회도 영국으로부터의 독립 이후인 1789년에 조직되었다. 이 과정에 결정적인 공헌을 한 사람은 1768-94년까지 나중에 프린스턴대학교가 되는 뉴저지대학교 총장이었던 존 위더스푼(John Witherspoon, 1723-1794)이었다. 그는 미합중국 건국의 아버지들 가운데 한 사람이며 독립선언문에 서명한 유일한 성직자였다. 미국 장로교회는 아일랜드 장로교회와 스코틀랜드 장로교회 이민자들이 다수를 이루었다. 위더스푼 역시 스코틀랜드 이민자였다.

유럽의 기독교 세계와 미국의 기독교 세계의 가장 큰 차이점이 있다면 그것은 미국에서는 정교 분리의 엄격한 원칙을 확립했다는 것이다. 이것은 국가가 어떤 특정한 교회를 우대하지 않는 종교제도를 염두에 두었다. 유럽에서의 개신교는 한 지역이나 한 나라의 종교가 되었다. 1786년 토머스 제퍼슨(Thomas Jefferson, 1743-1826)이 제안하여 통과시킨 '버지니아 종교자유법'(Virginia Statute for Religious Freedom)은 교회와 국가를 분리할 것을 규정하면서, 종교적 믿음을 법으로 감독하거나 강제하는 행위

---

3 Edward Farley, *Theologia: The Fragmentation and Unity of Theological Education* (Eugene: Wipf and Stock Publishers, 2001), 9.

에 마침표를 찍었다.[4] 유럽에서 종교개혁 시대에 어느 지역의 통치자가 그 지역의 신앙형태를 결정할 수 있다는 원칙을 뒤집은 것이다.

19세기는 미국 기독교가 극적인 팽창을 경험한 세기이다. 1815년부터 1914년까지 미국의 인구는 840만 명에서 9,910만 명으로 급속히 증가했는데 같은 시기에 기독교 신자 수는 인구의 4분의 1에서 5분의 2 이상으로, 즉 약 2백만 명에서 약 4천만 명으로 늘어났다.

"단일한 지리적 공간에서 이보다 더 빠른 속도로 기독교 신자 수가 늘어난 사례는 최근 아프리카 대륙의 기독교와 중국 기독교밖에 없다."[5]

1825-1835년 사이에 있었던 제2차 대각성 운동의 지도자는 찰스 피니(Charles Finney, 1792-1875)였다. 그는 장로교 목사였지만 완전성화를 지지하였으며 노예제 폐지를 주장하였다. 그래서 피니가 1835년부터 가르치기 시작한 오하이오 주에 있는 오벌린대학교는 모든 인종의 사람들을 학생으로 받아들였다.

1차 대각성 운동의 지도자였던 조나단 에드워즈에 대해서는 긍정적으로 평가하는 사람들도 2차 대각성 운동에 대해서는 매우 비판적으로 접근하기도 한다. 피니로부터 부흥주의(Revivalism)가 도입되었다는 것이다. 대표적인 사람이 로이드 존스와 아더 핑크, 웨슬리의 전기를 집필한 이안 머레이(Iain Murray, 1931-)인데 로이드 존스의 부흥관이 그 바탕에 있다고 볼 수 있다. 로이드 존스는 빌리 그래함을 평생 반대했는데 빌리 그래함의 가톨릭에 대한 태도와 함께 제단 앞으로 불러내는 것으로 대표되는 현대의 전도방법에 대해 반대하였기 때문이다. 이 제단 앞으로 불러내는 것을 최초로 시도한 사람이 찰스 피니이다.

---

[4] 맥그래스, 『기독교, 그 위험한 사상의 역사』, 261f.
[5] 마크 놀, 『복음주의와 세계 기독교의 형성』, 박세혁 옮김 (서울: IVP, 2015), 133.

19세기 전반의 부흥 운동을 주도한 사람이 찰스 피니라면 19세기 후반의 부흥 운동을 주도한 사람은 D. L. 무디(Dwight L. Moody, 1837-1899)였다. 열악한 가정 환경 때문에 학교를 다니지 못한 무디는 주일학교 교사가 하고 싶어 교회에 간청했지만 거절당하고 가르칠 아이들을 스스로 전도해오라고 하자 천 명의 아이들을 전도하였다고 한다. 토레이의 『하나님은 왜 무디를 사용하셨는가?』라는 책에 보면 하나님께서 무디를 사용하신 이유에 대해 다음의 일곱 가지를 제시하고 있다.[6]

(1) 하나님께 온전히 헌신했다.
(2) 열심히 기도했다.
(3) 성경을 깊이 있고 실제적으로 연구 했다.
(4) 겸손했다.
(5) 돈을 사랑하지 않았다.
(6) 영혼 구원을 향한 뜨거운 열정이 있었다.
(7) 위로부터 오는 능력을 덧입었다.

매우 얇은 책이지만 개인적으로 나는 청년 시절에 이 책을 통해 큰 은혜를 받았다.

무디는 매일 한 사람 이상에게 복음을 전하는 일을 평생 실천했다고 한다. 어느 날은 잠자리에 들려고 누웠는데 한 사람에게도 복음을 전하지 않았다는 것을 알고 다시금 잠자리에서 일어나 밖으로 나갔는데 비가 내리고 있었다고 한다. 우산을 바쳐 들고 길을 가는 행인에게 다가가 예수 믿으라고 전도했더니 당신이 무디라도 되느냐 당신할 일이나 하라

---

6 R. A. 토레이,『왜 무디인가』, 유정희 옮김 (서울: 생명의말씀사, 2004).

(You mind your own business)며 불쾌감을 표했고 그때 무디는 자신이 무디임을 밝혔다고 한다.

남북전쟁이 끝난 뒤 미국은 공업 국가로 발전해 갔는데, 이때 개신교 회들은 음악을 사용하여 사람들의 심령을 어루만질 수 있었다.

"무디는 음악가인 아이러 데이비드 생키(Ira David Sankey, 1840-1908)와 팀을 이루어 엄청난 2인극(double act)을 만들어냈다."[7]

실제로 기독교 역사에서 오늘날의 찬송이 대중화된 것은 그리 오래된 일이 아니다. 물론 지금도 교회음악을 어떻게 할 것인가 하는 문제를 가지고 여러 가지 논란이 있다. 루터나 웨슬리는 아무 거리낌 없이 대중들이 잘 아는 노래들을 가져다가 자신의 종교적 필요에 맞게 그 가사를 바꾸어 활용하였지만 성공회나 개혁파 전통에서는 하나님이 성경, 그 중에서도 특히 시편 속에 영감이 넘치는 찬송들을 완벽하게 구비하여 당신의 백성들에게 제공해 주셨다고 주장하였다. 이런 개혁파의 전통에 서 있는 청교도들은 성경에 나오지 않는 말을 교회가 노래로 만들어 부르는 것에 극력 반대하였다.

'원문에 똑 들어맞게' 시편 본문을 고쳐 쓰던 전통과 결별한 사람은 아이작 와츠(Isaac Watts, 1674-1748)였다. 회중교회 신자였던 와츠는 그 시대 예배에 풍성함이 모자란다고 생각했는데 "하나님을 찬송하는 것은 예배에서 가장 분명하게 천국과 연결되어 있는 부분이다. 그러나 우리가 부르는 찬송은 지상 최악이다"라고 말했다.[8] 아울러 와츠는 오로지 시편에만 매달리는 것은 신학적으로 여러 가지 난점이 있다고 보았다. 성공회나 장로교 신자들은 와츠의 과감한 혁신을 무시했지만 회중교회 신자

---

7 맥그래스, 『기독교, 그 위험한 사상의 역사』, 268.
8 맥그래스, 『기독교, 그 위험한 사상의 역사』, 477.

들은 열렬하게 환영하였다.

> 그러나 무엇보다 와츠의 가장 큰 업적을 든다면, 그것은 아마도 잉글랜드 찬송에서 가장 중요한 발전일 수 있는 존 웨슬리와 찰스 웨슬리의 찬송 작품들이 등장하는 토대를 놓은 점이 아닐까 싶다.[9]

웨슬리의 부흥 운동은 찬송이 그리스도인들을 가르치고 하나님을 찬미하는 강력한 방편으로 유용하다는 것을 인식하게 해 주었다. 실제로 우리가 사용하고 있는 찬송가 가운데 찰스 웨슬리(Charles Wesley, 1707-1788)가 작시한 찬송가가 15장 '하나님의 크신 사랑 하늘에서 내리사,' 23장 '만 입이 내게 있으면,' 126장 '천사 찬송하기를,' 164장 '예수 부활했으니,' 280장 '천부여 의지 없어서,' 388장 '비바람이 칠 때와 물결 높이 일 때에,' 595장 '나 맡은 본분은 구주를 높이고'를 비롯하여 13곡이나 들어가 있다.

북미의 식민지 개척 초기 다수를 차지하던 회중교회와 장로교회는 뒷전으로 밀리고 지금 미국에서 최대 교단은 침례교회와 감리교회이다.

어떻게 이런 역전 현상이 나타났을까?

그냥 우리가 상식적으로 시도할 수 있는 설명은 서부 개척 시대에 보다 많은 침례교회와 감리교회 전도자들이 회중교회나 장로교회 전도자들보다 헌신적으로 전도했다는 설명이다. 가령 정식의 신학교를 졸업한 회중교회나 장로교회 전도자들은 위험한 개척지로 가려하지 않았지만 그들에 비하면 지식적으로 부족할지 모르지만 헌신된 마음을 가지고 있던 침례교회와 감리교회 전도자들은 물불 가리지 않고 열심으로 서부

---

[9] 맥그래스, 『기독교, 그 위험한 사상의 역사』, 479f.

아마도 위에서 제기한 나의 질문에 대답해 줄 수 있는 것이 19세기 '성경지대'(Bible Belt)의 등장일 것이다. 성경지대란 지금의 미국의 동남부와 중남부 지역을 일컫는 말이다. 보수적 복음주의 개신교가 다수를 차지하고 있는 지역이라고 보면 좋을 것이다. 이 '성경지대'는 미시시피, 미주리, 캔터키, 버지니아, 텍사스와 오클라호마 주 등을 포괄한다. 1776년의 미국 독립 전 미국 동북부는 회중교회와 장로교회가 다수를 차지했다면 미국 남부 지역에서는 성공회가 다수를 점하고 있었다. 그나마 남부 지역은 1776년 미국 독립 당시 10명 중 1명만이 교회에 출석할 정도로 신앙적으로는 저조한 상태였다. 그런데 개신교의 놀라운 팽창을 가져온 19세기에 개신교가 그 세를 늘려가고 기틀을 공고히 다지는데 중심지가 된 것은 미국의 동북부가 아니라 중서부와 남부 지방이었다. 이 성경지대의 등장은 "미국 기독교에서 가장 이해하기 힘든 모습 중의 하나다."[10]

이 성경지대의 등장과 관련한 글들을 보면 19세기 미국 남부에서 꽃을 피운 개신교는 미국 남부의 문화와 맞지 않을 수 있는 개신교의 몇몇 측면들을 없애버리고 사실상 그들만의 종교인 개신교를 다시 만들어 냈다고 설명하고 있다. 성경지대의 기초를 놓은 것은 복음주의 성향의 침례교도들과 감리교도들이었으며 이들은 미국 남부의 현실에 적응하였다. 그리하여 "1770년부터 1830년에 이르는 동안 평등을 추구하는 복음주의 형식들이 드디어 남부 문화 속에 깊이 뿌리를 내리게 되었다."[11]

이렇게 개신교가 남부 문화에 적응하여 만들어진 개신교 형식은 미국 동북부에서 발견되는 형태의 개신교와 상당히 동떨어진 개신교 형식

---

10 맥그래스, 『기독교, 그 위험한 사상의 역사』, 269f.
11 맥그래스, 『기독교, 그 위험한 사상의 역사』, 270.

이라고 할 수 있다. 그래서 1830년 당시 미국 동북부에서는 장로교와 회중교가 다수였지만, 남부에서는 침례교와 감리교가 다수였으며, 침례교와 감리교라는 남부의 새로운 개신교 형식은 주로 개인들에게 호소력을 발휘했으며, 사회 전체의 변화보다 개인의 삶을 바꾸는데 초점을 맞추었다. 이런 개인에게 초점을 맞추는 특징은 당시 미국 남부 사람들이 성경을 읽고 구원의 본질을 이해할 때 취했던 접근 방법인 "종교적 개인주의" 속에 그대로 유지되었다.[12]

이후의 미국의 개신교 역사를 바르게 이해하기 위하여 가장 중요한 사건 중 하나를 들라면 그것은 성경지대의 등장과 함께 1845년 5월 조지아 주 오거스타에서 남침례교총회(the Southern Baptist Convention)가 창립된 것이다.

사실 19세기 미국에서 감리교회는 두각을 나타냈다. 감리교회의 성장은 심지어 침례교회를 능가할 정도였다. 이 과정에 헌신적인 감리교 순회전도자들이 큰 역할을 했다. 하지만 침례교회는 20세기에 들어와서도 지속적으로 성장하였으나 감리교회는 다른 전통적인 개신교회와 마찬가지로 정체에 빠졌다.

남침례교회는 현재 1600만 명에 가까운 교세를 가진 미국 최대의 개신교 교단이다. 연합감리교회는 8백 만이 조금 넘는 것으로 조사되고 있다. 참고로 미국에는 3억 인구 가운데 1억 5천 만의 개신교 신자와 7천 만의 가톨릭 신자가 있다. 남침례교총회는 회중교회 정치제도를 채택하였는데 이들은 각 지역 교회가 교리나 치리, 교회 질서 문제와 관련하여 내린 결정은 어떤 상회도 뒤집을 수 없다고 보았다. 왜냐하면 지역교

12　맥그래스, 『기독교, 그 위험한 사상의 역사』, 270f.

회를 능가하는 권위를 가진 치리회는 전혀 존재하지 않기 때문이다.[13]

미국 개신교는 19세기에 엄청난 발전을 이룩했다. 하지만 19세기는 미국에서 가톨릭이 성장한 세기이기도 하다. 관용과 안전이 사라진 17세기 잉글랜드를 탈출한 종교적 소수자는 청교도만이 아니었다. 1634년 초, 한 무리의 가톨릭 난민이 체사피크만 지역에 정착했다. 찰스 1세의 부인인 헨리에타 마리(Henrietta Maria, 1609-1669)의 이름을 따 붙여진 메릴랜드(Maryland)는 가톨릭 신자들이 미국 땅에 처음으로 세운 식민지가 되었다. 메릴랜드는 "신세계에 있는 가톨릭 신자들의 고도(孤島)"라고 비방을 받았다. 19세기까지 가톨릭은 개신교가 대세를 이루는 가운데 미미한 상태였다. 하지만 19세기 유럽으로부터 가톨릭을 믿는 이민자들이 몰려오고 가톨릭이 급성장하자 사회적·종교적 긴장이 조성되었다.

> 사실 19세기에 미국에서 가톨릭교가 성장한 덕분에 그때까지만 해도 다소 사분오열 양상을 보였던 개신교 운동이 공동의 적을 발견함으로써 새삼 단결을 이루게 되었다고 해도 과언이 아니다.[14]

이때 형성된 것이 가톨릭에 대한 적대주의(oppositionalism)이다. 1750년부터 1960년에 이르는 기간 동안, 개신교도들의 정체감에 자양분과 연료를 공급한 특징적 모습 중의 하나가 바로 가톨릭교회를 공공연히 적대시하는 것이었다. 논란의 여지가 있기는 하지만 이제는 보수적인 개신교 신자들에게 가톨릭은 더 이상 적이 아니다. 세속주의와 무신론을 표

---

13 맥그래스, 『기독교, 그 위험한 사상의 역사』, 271.
14 맥그래스, 『기독교, 그 위험한 사상의 역사』, 264f.

방하며 미국 문화의 여론을 만들어가는 사람들이 적이 되었다.[15]

마크 놀은 『복음주의와 세계 기독교의 형성』(*The New Shape of World Christianity*, 2009년)이라는 책에서 미국에서 형성된 개신교, 즉 미국 복음주의가 어떻게 세계 종교가 되었는지를 추적하고 있다. 마크 놀은 이 책에서 미국의 기독교가 세계 기독교를 좌지우지하고 있다는 식의 해석을 하고 있는 것은 아니니 오해는 없기를 바란다. 유럽에서 형성된 개신교가 미국에서 변형을 겪었고 이렇게 형성된 미국 개신교는 개인의 회심과 자발성을 강조하는 특징을 가지게 되었는데 이런 식의 종교가 기독교 특별히 개신교의 세계적 확산에 커다란 기여를 했다는 것이 마크 놀의 기본적인 주장이다.

"한국 기독교는 미국 복음주의를 통해 무엇을 배울 수 있는가?"라는 제목의 7장은 한국교회에 대하여 한 장을 별도로 할애하고 있다. 개인적으로 마크 놀의 주장은 상당히 설득력이 있어 보인다. 다만 그렇게 형성되고 있는 세계 기독교에 대해 마크 놀은 아무런 평가도 하고 있지 않다. 아마도 "미국제 복음주의"에 대한 비판을 우리 주변에서 쉽게 접할 수 있기 때문이리라 생각한다. 내가 한국교회의 문제점으로 생각하고 있는 이단의 발호와 함께 분열의 난맥상을 어떻게 해결할 것인가 하는 것이 이런 미국제 복음주의의 영향을 받은 세계 기독교의 당면한 과제라고 할 수 있을 것이다.

> 현대 미국 복음주의자들은 종교적 회심('거듭남')의 필요성을 강조한다. 그들은 성경의 권위가 중요하다고 주장하고, 종교적 전통보다 동

---

15 맥그래스, 『기독교, 그 위험한 사상의 역사』, 663.

시대적 적실성을 더 중시한다.[16]

이러한 미국제 복음주의의 장점은 동시에 단점이 되기도 한다. 보다 큰 안목으로 기독교 신앙을 바라보려는 교회론적인 접근이 부족하여 모래알과도 같은 느낌이 들기도 하고, 성경의 권위를 내세우며 자신의 해석을 내세울 때 해결할 방법이 전무하며, 시대적 적실성 때문에 전통을 무시하여 혼합주의의 유혹에 넘어가기도 한다.

맥그래스도 20세기 후반 개신교의 모습을 만들어가는 작업을 주도한 나라는 미국이었음을 인정하고 있다. "제2차 세계대전이 끝난 뒤 미국은 개신교에 지식과 새로운 개혁 분야를 제공하는 발전소가 되었다."[17] 하지만 미국 개신교의 최근 역사는 더 큰 이야기를 담고 있는 개신교 전체 역사의 일부일 뿐이다. 그 이유는 20세기 개신교가 겪은 가장 흥미로운 변화 중 하나가 사실은 개신교의 고향인 서구와 미국이 주도권을 잃기 시작하고 다른 지역들이 중요한 지역으로 떠오르기 시작했다는 것이다. 세계 기독교의 바뀌어진 지형도를 살펴보기 전에 개신교와 자본주의의 관계, 그리고 20세기 오순절교회의 등장에 대해 먼저 살펴보자.

---

16 마크 놀, 『복음주의와 세계 기독교의 형성』, 184.
17 맥그래스, 『기독교, 그 위험한 사상의 역사』, 705.

12
개신교와 자본주의의 출현

　동서양의 관계에 대해 우리는 중국과 유럽을 비교하기도 하고 이슬람과 기독교를 비교하기도 한다. 중세만 해도 기독교권이었던 유럽은 동방의 이슬람 지역에 비해 문화적으로도 경제적으로도 낙후된 지역이었다. 이슬람교는 대략 1520년경까지 세계를 지배하는 종교였으며 심지어는 스페인이 있는 이베리아 반도와 세르비아와 알바니아 등이 있는 발칸 반도의 상당부분을 점령하기도 하였다. 1492년 스페인은 이슬람 세력을 몰아내는 데 성공하였지만 발칸 반도에서는 인종적으로 종교적으로 지금까지도 무슬림 세력들이 상당 부분 남아있음을 알 수 있다. 이렇듯 이슬람이 기독교에 비해 우위를 점하고 있던 상황이 최근 500년 동안에 극적으로 변화한 것이다.

　이러한 사정은 유럽을 중국과 비교해 볼 때도 마찬가지다. 중국의 청나라는 여진족이었던 누르하치에 의해 1616년에 세워진 나라였는데 강희제, 옹정제, 건륭제 3대에 걸친 130여 년 동안의 전성기에 영토를 크게 확장하였다. 특별히 청나라 4대 황제였던 강희제(1654-1722)는 비록 한족 출신이 아닌 동쪽의 오랑캐 출신이었지만 중국역사상 가장 위대한 황제로 꼽히기도 한다. 전성기의 청은 지금의 미국과도 같은 세계 유일 강대국이라고 할 수 있었다. 서양에서 찾아온 사절단이 무역을 하자고 제안했을 때 청의 황제는 당당하게 우리는 필요한 것 없다, 너희들이 필요한 것 있으면 필요한 대로 사가라고 말했다고 한다. 사실 종이, 나침반, 화약, 인쇄술의 4대 발명이 모두 중국에서 기원한 것만 보아도 중국의 문명이 얼마나 선진 문명이었는지를 가늠할 수 있다.

그런데 1840년 아편전쟁을 통해 중국이 영국과 힘을 겨루었을 때 그 결과는 참담한 패배로 끝나고 말았다. 어느 시점인지는 정확하지 않지만 중국과 서구의 국가들 사이에 힘의 역전이 일어난 것이다. 이러한 이슬람이나 중국에 대한 서구의 힘의 우위는 근대 자연과학의 발전과 아울러 자본주의 경제체제의 확립과 관련이 있는 것으로 볼 수 있다.

서양에서의 자연과학의 출현이나 자본주의의 발생과 관련하여 우리가 조심해야 할 것은 승리주의적인 생각 속에 갇히면 안되겠다는 것이다. 자연과학의 출현이나 자본주의의 발생이 기독교의 기여라고만 생각하면 기독교의 우월성을 높이는 듯 보이지만 자연과학이나 자본주의가 적잖은 폐단도 가져왔다는 사실을 인정한다면 너무 단정적으로 생각하지 말고 달리 생각할 수 있는 여지를 남겨 두어야 한다. 가령 자연과학의 태동과 발전에 있어서 기독교 신학의 역할을 배타적으로 강조할 경우 현대의 생태학적 위기의 배경에 자연과학의 태동과 관련하여 중세의 기독교 신학이 그 책임이 있다는 린 화이트(Lynn White, 1907-1987)의 주장에 반론을 제기하기가 어려워진다.

자본주의와 개신교의 관계에 대해서 막스 베버(Max Weber, 1864-1920)는 『프로테스탄트 윤리와 자본주의 정신』(*The Protestant Ethics and the Spirit of Capitalism*, 1905년)에서 획기적인 주장을 하였다. 금욕적인 개신교주의가 서구 세계에서 시장지향적인 자본주의와 합리적이고 합법적인 정부형태를 태동하게 하였으며 자본주의 정신은 개신교의 가치에 부합하는 것이라고 주장하였다. 이런 베버의 주장이 다시금 주목을 받는 이유 중의 하나는 미국 하버드대학교의 투웨이밍(杜維明, Tu Weiming, 1940-) 교수가 동아시아의 5개국 한국, 일본, 대만, 홍콩 및 싱가포르가 고도 성장국으로 부상하고 있는 이유를 베버와는 달리 이들 나라들에서의 유교윤리와 관련시켜 설명하고 있기 때문이다. 투웨이밍은 이러한 '신유교 윤리'(the New Confucian Ethic)를 서구 선진국의 자본주의 정신의 청교도 윤리에 버금가는 '동아시아의 자본주의 정신'이라고 말하고 있다.[1]

맥그래스는 자연과학의 발전에 대한 존 칼빈(1509-1564)의 2가지 중요하고 긍정적인 기여가 있었음을 지적하고 있다. 첫째로 칼빈은 자연에 대한 과학적 연구를 적극적으로 장려하였으며, 둘째로 칼빈은 성경을 "적응"이라고 하는 용어로 해석함으로써 자연과학의 연구를 방해하는 주된 장애물을 제거하였다.[2]

칼빈의 첫 번째 기여는 피조 세계의 질서정연함(orderliness)에 대한 그의 강조와 관련이 있다. 칼빈은 물리적 세계와 함께 인간의 육체가 하나님의 지혜와 성품을 반영한다고 주장한다.

> 하나님은 어떠한 사람도 행복에 이르는 데서 제외되지 않도록 하기 위해, 인간의 마음속에 이미 말한 바 있는 종교의 씨앗을 심어 주셨을 뿐만 아니라 자기를 계시하셨으며 우주의 전 창조 속에서 매일 자신을 나타내시는 것이다. 그 결과 인간은 눈을 뜨기만 하면 하나님을 볼 수 있도록 되어 있다…. 하나님의 놀라운 지혜를 보여 주는 증거는 하늘과 땅에 셀 수 없이 많다. 그것은 천문학이나 의학, 또는 일체

---

[1] http://terms.naver.com/entry.nhn?docId=800893&contentsParamInfo=isList%3Dtrue%26navCategoryId%3D41982&cid=41978&categoryId=41982

[2] Alister McGrath, *Science and Religion* (Oxford: Blackwell Pub., 1999), 10.

> 의 자연과학의 엄밀한 연구 대상으로 정해진 심원한 것들만이 아니라 가장 배우지 못하고 가장 무지한 자라도 보지 않을 수 없게 제시되어 그들이 눈을 뜨기만 하면 반드시 그것들을 목격하게 되는 것들이기도 하다.[3]

그러므로 칼빈은 천문학과 의학 연구를 권장하고 있다. 천문학과 의학은 신학보다 자연세계를 더 심도 있게 탐구할 수 있으며 더 나아가 피조세계의 질서정연함과 그 창조자의 지혜를 더 잘 드러낼 수 있다. 그래서 칼빈은 자연에 대한 과학적 탐구에 대한 종교적인 동기를 부여하였다고 주장할 수 있을 것이다. 이제 자연과학은 피조세계 가운데 있는 하나님의 지혜로운 손을 발견해 내는 수단으로 간주되게 되었다. 식물학자들과 물리학자들을 배출한 것으로 명성을 떨쳤던 로우랜드(Lowlands) 지역에서 특별한 영향력을 행사했던 벨기에 신앙고백(Belgic Confession, 1561년)은 자연이 "하나의 매우 아름다운 책으로 우리 앞에 있으며, 이 책에서 모든 피조물은 크건 작건 하나님의 보이지 않는 사물을 우리에게 보여 주는 문자들"이라고 선언하고 있다.[4]

맥그래스는 자연과학의 발전에 대한 칼빈의 두 번째 주된 기여는 자연과학의 발전에 중요한 장애물이 되었던 성서적 문자주의(biblical literalism)를 제거한 것이라고 주장하고 있다. 칼빈은 성경이 주로 예수 그리스도에 대한 지식을 담고 있는 책임을 지적하고 있다. 성경은 천문학이나 지질학 또는 생물학 교과서가 아니다. 성경을 해석할 때 우리는 하나님께서 인간의 지성이나 심정에 자신을 적응하셨다는 것을 명심해

---

[3] 존 칼빈, 『기독교 강요』 (서울: 생명의말씀사, 2002), I.5.1-2.
[4] McGrath, *Science and Religion*, 10f.

야만 한다. 계시가 발생하려면 하나님께서 우리의 수준으로 낮아지셔야만 한다. 그러므로 계시는 하나님께서 우리의 유한한 인식 능력에 맞추어 자신을 "적응"(accommodation)하신 것이다. 계시는 신적인 자기 낮추심의 행위인 것이다.[5]

흥미롭게도 맥그래스는 서구에서 자본주의의 등장에 있어서도 칼빈이 적극적인 역할을 하였다고 주장하고 있다. 맥그래스가 주목하고 있는 것은 이자놀이(usury)와 관련한 칼빈의 성경 해석이다. 맥그래스는 이자놀이를 '이득을 얻을 목적으로 빌려준 돈에 이자를 덧붙여 변제를 요구하는 행위'라고 정의하고, 이자를 받고 돈을 빌려주는 것은 근대 자본주의의 등장에 필요한 일이라고 설명한다.[6] 초대교회와 중세교회 역사에서 이자놀이에 대한 교회의 입장은 명확하게 반대 입장이었다. 이자놀이를 도덕적인 죄라고 본 것이다.

"오늘날 이슬람 국가들과 마찬가지로 당시 서유럽의 신용 시장에서는 이자놀이가 복음과 자연법을 어기는 것이라는 믿음이 확고했다."[7]

2차 라테란 공의회(1139년)를 비롯하여 3차 라테란 공의회(1179년)와 빈 공의회(1314년), 이렇게 중세에 열린 세 번의 공의회는 모두 구약의 이자놀이 금지 규정을 기독교회의 입장으로 재확인하였으며 "이자놀이를 하는 사람은 그리스도인으로 장사지내지도 말아야 한다고 규정할 정도였다."[8]

맥그래스는 1545년 칼빈이 자신의 친구인 클로드 드 사생(Claude de Sachin)에게 보낸 서신에서 이자놀이에 대한 자신의 견해를 밝혔음을 말

---

5 McGrath, *Science and Religion*, 11.
6 맥그래스, 『기독교, 그 위험한 사상의 역사』, 535.
7 맥그래스, 『기독교, 그 위험한 사상의 역사』, 533.
8 맥그래스, 『기독교, 그 위험한 사상의 역사』, 534.

하고 있는데, 이 서신은 1564년 칼빈이 죽은 다음 1575년 칼빈의 제네바 아카데미의 후계자였던 테오도르 베자(Theodore Beza, 1519-1605)가 그 내용을 공표하기로 결심할 때까지 출간되지 않았다. 이 서신을 살펴본 맥그래스의 견해로는 얼핏 보면 이 서신에서 칼빈은 구약의 가르침을 완전히 뒤집고 있는 것은 아닌가 하는 의심이 든다고 말하고 있다. 칼빈은 이자놀이를 명백히 금지한 구약의 말씀을 사실은 이자를 허용하는 말씀으로 재해석하고 있다는 것이다.[9] 이자 금지 본문의 해석과 관련하여 칼빈은 금지 본문 자체가 아니라 금지 '목적'에 주목했던 것이다. 왜 구약 본문이 이자를 금지했는가? 칼빈이 볼 때 성경이 정말 우려한 것은 높은 이자율 때문에 가난한 사람들이 착취당하는 것이었다.[10]

이러한 칼빈의 견해를 많은 사람들은 성경의 분명한 의미에 어긋난다고 보았다. 그래서 이러한 칼빈의 견해가 수용되는 데에는 상당한 기간이 걸렸다. 칼빈의 깜짝 놀랄 해석이 등장한 지 100년도 넘는 시간이 흐른 17세기 중반이 되어서야 마침내 사람들은 이자를 인정했고, 그 결과 돈을 빌려주고 이자를 받는 일로 인해 양심에 거리낌을 받는 일이 없어지게 되었다. 하지만 가톨릭교회는 1830년까지도 이자를 받는 것을 정당하다고 인정하지 않았는데 이때 서유럽의 개신교 지역에서는 이자제도가 이미 널리 보급된 상태였다.[11]

그러면 칼빈은 왜 그토록 이자를 받고 돈을 빌려주는데 방해가 되었던 신학적 장애물을 제거하는 일에 집착 아닌 집착을 하였을까?

그 해답은 당시 제네바 시의 긴박한 상황과 관련이 있다. 무엇보다도

---

9 맥그래스, 『기독교, 그 위험한 사상의 역사』, 536.
10 맥그래스, 『기독교, 그 위험한 사상의 역사』, 537.
11 맥그래스, 『기독교, 그 위험한 사상의 역사』, 537f.

자본 조달을 통한 경제 팽창이라고 하는 것은 칼빈주의라는 종교체계의 존속과도 직결된 문제였기 때문이다. 칼빈은 그렇게 할 수밖에 없었다. 칼빈주의라는 종교체계와 제네바 시는 말 그대로 순망치한의 관계였다. 제네바의 붕괴는 칼빈주의에도 재앙을 의미했다.

"이후 경제 활동을 적극 권장하는 태도는 16세기 말과 17세기에 잉글랜드, 스코틀랜드와 미국에서 청교도주의와 결합되었다."[12]

근대 자본주의의 등장이 개신교를 존재하게 했다고 주장한 칼 막스(Karl Marx, 1818-1883)와는 반대로, 베버는 개신교가 근대 자본주의를 낳았다고 주장하였는데 특별히 칼빈주의는 상업적 성공 뒤에 자리 잡은 절약, 내핍, 극기와 같은 미덕들 자체가 하나님이 보시기에 합당한 것들이라고 선언하여 이런 성공을 존경받을 만한 일로 만들어주었다고 주장하였다.[13]

베버는 '소명'(vocatio)이라는 개념이 개신교를 형성하는 데 중요한 역할을 하였다고 주장하였다. 무엇보다도 개신교의 특징인 진취적 모험 정신을 형성하는 데 이 소명이라는 개념이 긴요한 역할을 했다고 베버는 보고 있다.[14] 윌리엄 퍼킨스는 '이중 소명'(double calling)이라는 개념을 강조하였는데 먼저 그리스도인이 되도록 부르심을 받은 다음 우리는 세상 속에 존재하는 특정한 행동 영역에서 그 신앙대로 살아가도록 부르심을 받는다는 것이다.[15]

미국의 개신교는 개인의 회심과 자발성을 강조하는 특징을 지니고 있다. 좋게 말하면 진취적인 기상이 미국 개신교의 기본적인 정신이다.

---

12 맥그래스, 『기독교, 그 위험한 사상의 역사』, 539.
13 맥그래스, 『기독교, 그 위험한 사상의 역사』, 533.
14 맥그래스, 『기독교, 그 위험한 사상의 역사』, 540.
15 맥그래스, 『기독교, 그 위험한 사상의 역사』, 542f.

마크 놀은 이렇게 말하고 있다.

> 경쟁적이고 시장 지형적이며 급변하고 진취적인 태도를 존중하는 북미에서 번성한 기독교 신앙의 유형들이 16세기 유럽보다 19세기 미국을 훨씬 더 닮기 시작한 다른 곳에서도 번성하는 것은 놀라운 일이 아니다.[16]

얼마 전까지만 해도 오순절주의는 북미에서 태동한 기독교 신앙의 유형, 특별히 새로운 형태의 개신교로 제시되었다. 하지만 지금은 그런 설명을 지양하고 전세계에서 동시다발적으로 발생한 것으로 오순절주의의 기원을 설명하고 있다.

---

16 마크 놀, 『복음주의와 세계 기독교의 형성』, 137.

13
오순절주의의 등장[1]

오순절주의(Pentecostalism)의 연원에 대하여 여러 주장들이 있지만 일반적으로 1901년 1월 1일 찰스 파럼(Charles Parham, 1873-1929)과 몇몇 학생들이 켄자스 주 토페커(Topeka)에 있는 벧엘성경대학에서 사도행전 2장 1-4절이 묘사하고 있는 '다른 방언으로 말하는' 현상을 체험한 것이라고 말한다.

하지만 실제로 오순절주의가 태동하는 직접적인 기폭제가 된 사건은 5년 후 파럼을 통해 방언으로 말하는 것을 전수받은 아프리카계 미국인 설교자 시모어(William J. Seymour, 1870-1922)를 통해 일어난 아주사 거리 부흥(Azusa Street Revival) 운동이었다. 이 부흥 운동은 1906년 4월 14일 시작되었고 대략 1915년까지 지속되었다.

지난 20년 동안 오순절주의에 대한 다양한 연구들이 이루어지면서 오순절주의의 기원에 대한 주장도 근본적으로 뒤바뀌었다. 마치 개신교 종

---

[1] 이 장의 내용은 졸저, 『주의 성령을 거두지 마옵소서』(서울: 킹덤북스, 2011)의 10장 "오순절교회를 일으키신 이유는?"의 내용을 일부 수정보완한 것이다.

교개혁의 기원만큼이나 복잡한 것이 바로 오순절주의의 역사적 기원이라고 학자들은 주장하고 있다. 20세기 첫 10년 동안 세계 각지에서 '오순절 운동들'이 잇달아 일어난 것이다. 아주사 거리의 부흥은 그중 하나였고 1903년과 1907년 한국 원산과 평양에서 일어난 부흥, 1905년에서 1907년까지 인도에서 일어난 부흥, 1908년 만주에서 일어난 부흥, 1909년 칠레 발파라이소에서 일어난 부흥, 1914년 아프리카의 코트디부아르와 황금해안과 라이베리아의 한 부족인 크루족에서 일어난 부흥, 그리고 노르웨이, 중국, 베네수엘라 등에서 일어난 부흥이 바로 그런 부흥 운동들의 실례가 될 것이다.[2]

마크 놀도 "오순절 운동이 특정한 시점에 미국의 한 장소에서 (1906년 로스엔젤레스의 아주사 거리에서) 시작되었다고 생각하는 것은 더 이상 불가능하다"라고 말하고 있다.[3]

오순절주의는 특히 사회에서 소외 당한 사람들에게 호소력을 발휘하였다. 무엇보다도 시모어가 교회 안에서는 누구나 평등하다는 '황홀한 교회론'을 주장하였기 때문이다. 여느 교파와 달리 이 오순절주의는 백인과 흑인 양쪽에 호소력을 발휘하고 양쪽 모두에게 환영받는 모습을 보여주었다. 그러나 미국 문화는 대체로 오순절주의를 기괴하다 못해 위험한 것으로 여겼다. 아주사 거리에서 부흥이 일어날 즈음 대중 언론들은 이 오순절주의를 향해 노골적인 반감을 표시하였다. 이들이 은사를 체험했다는 이야기를 듣고 많은 사람들은 이 운동을 새로운 '광신'의 출현으로 간주하였다.

시모어는 인종 간의 평등을 주장하고 이를 실천했다. 그러나 파럼은

---

2 맥그래스, 『기독교, 그 위험한 사상의 역사』, 679f.
3 마크 놀, 『복음주의와 세계 기독교의 형성』, 93.

이를 받아들이려 하지 않았다. 아주사 거리에서 일어난 이 부흥 운동이 인종의 벽을 뛰어 넘는 사귐에 진력하자 파럼은 매우 당황하여 아주사에서 벌어지는 현상을 통제하려고 시도했지만 역효과만 불러오고 말았다. 이후 파럼은 인종차별적인 발언을 쏟아냈으며 죽을 때까지 시모어와 화해하지 않았다.

이러한 오순절주의의 등장은 전체 기독교의 지형을 바꾼 엄청난 사건이었다. 1960년대 후반에 이르러서는 심지어 로마 가톨릭까지 포함하는 기성 교단 안에서 방언을 말하는 것과 같은 은사에 기초를 둔 몇 가지 형태의 갱신 운동이 자라나기 시작하였다. 이런 현상을 묘사하기 위해 이제 더 이상 '오순절'이라는 용어는 적합하지 않게 되었다. 이 용어가 '하나님의 성회'(the Assemblies of God)와 같은 특정 교단을 가리키는 용어가 되었기 때문이다. 이렇게 해서 등장하게 된 '은사주의'(Charismatism)라는 용어는 주류 교회 안에서 일어나고 있는 오순절 운동의 사상과 체험에 기초를 두고 있는 움직임을 가리키는 말로 사용되게 되었다.[4]

교회사가인 피터 와그너(Peter Wagner, 1930-)는 20세기 미국에서 은사 운동이 어떻게 전개되었는가를 다룬 유력한 연구서에서 이 은사 운동을 세 개의 '물결'로 구분하였다.

첫 번째 물결은 고전적 오순절주의 형태를 띠었는데 1900년대 초에 일어난 이 물결의 특징은 방언으로 말하는 것을 강조한 점이었다.

두 번째 물결은 1960년대와 1970년대에 일어났는데 이는 주로 개신교 내 주류 교파들에서 일어났다. 영혼의 치유와 다른 은사활동에 강조점을 둔 이 두 번째 물결은 은사 운동을 바라보는 대중의 시각을 바꿔놓았고, 미국인의 종교생활의 주변부에 머물고 있던 이 운동을 중심부로

---

4 맥그래스, 『기독교 미래』, 151.

옮겨놓았다.

세 번째 물결은 '표적과 이적'을 강조했는데 이를 대표하는 인물이 존 윔버(John Wimber, 1934-97)이다. 그는 성령이 초자연적인 능력이라는 새 물결을 교회로 흘러보내심으로써 교회들이 치유와 승리하는 삶을 누리고 악한 영의 세력들을 물리칠 수 있게 되었다고 주장하였다. 그리스도인들이 악한 영들과 영혼의 싸움을 벌인다는 '영적 전쟁'은 윔버의 사상에서 특히 중요한 역할을 하였다.[5]

오순절주의가 등장한 지 1세기 남짓한 시간이 지난 시점에 우리는 이 오순절주의를 어떻게 평가해야 할까?

큰 맥락에서 우리가 인정하지 않을 수 없는 명백한 사실은 만일 '주류'라는 것을 숫자로 정의한다면, 오순절주의는 이미 로마 가톨릭에 대항하여 개신교가 내놓은 가장 중요한 대안이 되었다. 전 세계적으로 5억의 오순절 신자들이 있다. 세계 인구는 2011년에 70억을 돌파한 것으로 알려져 있다. 이 가운데 기독교 신자 수는 24억을 조금 상회하는 것으로 보도되고 있다. 그중 개신교 신자는 8억에서 9억에 이르고 이 가운데 5억이 오순절교회 신자들이라는 것이다. 그렇다면 5억이라는 숫자는 오순절을 제외한 모든 개신교 교단의 신자 수를 합친 3, 4억보다 많은 숫자이다. 오순절주의는 한 때 주류였던 개신교 그룹들을 갓길로 몰아내고, 주류의 자리를 대신 차지한 것이다.

하비 콕스(Harvey Cox, 1929-)는 하버드대학교 신학부에서 신학을 가르쳤던 사람인데 『세속 도시』(*Secular City*, 1965)로 유명하다. 『세속 도시』로 대표되는 세속화 신학은 이른바 초월적인 것을 배제한 채 평면적이고 수평적인 차원에서 신앙을 논한다. 하지만 이런 철저한 세속화 신

---

[5] 맥그래스, 『기독교, 그 위험한 사상의 역사』, 674.

학의 주창자가 30여 년 만에 일종의 회심을 하였다. 1996년에 『하늘로부터 내려온 불』(Fire from Heaven)이라는 책에서 콕스는 '본문을 지향하는 신자들'이라는 말을 하는데 이것은 하나님에게 다가가는 방법은 성경을 읽거나 성경을 풀어주는 강해 설교를 듣는 것뿐이라고 믿는 개신교 신자들을 지칭하였다. 콕스는 오순절주의가 '원시영성'의 부활을 찬미하고 하나님을 체험할 수 있는 영역을 추상적인 사상으로 가득한 세련된 세계에 한정하는 것을 단호히 거부했다고 생각하였다. 오순절주의가 보는 하나님은 인격적이시고, 각 사람을 변화시키시며, 살아계신 실재로서 경험하고 알 수 있는 분이었다. 이 부분과 관련하여 오순절주의의 특징을 맥그래스는 다음과 같이 소개하고 있다.

> 이 점이 오순절주의와 전통적 개신교의 가장 큰 차이점이다. 오순절주의는 하나님을 직접 대면하듯이 체험할 수 있다고 강조한다. 오순절주의는 메마르고 두뇌에만 의존하여 많은 사람들이 매력을 느끼지 못하고 알아듣지도 못하는 기독교를 멀리한다. 이런 점에서 오순절주의가 라틴아메리카와 아프리카와 아시아의 노동자 계급 속으로 깊이 침투해 들어간 점은 중요한 의미를 갖는다. 오순절주의는 하나님이 계시다는 느낌과 그 느낌이 암시하는 의미들을 전달하면서도 기도서와 개신교 문화가 애지중지하는 전통적 도구들의 도움을 받지 않기 때문이다. 오순절주의는 무미건조한 교의신학(dogmatic theology)을 피하는 대신 성령을 통한 신자 자신의 거듭남을 이야기한다.[6]

물론 일부 오순절주의자들의 행태는 우려를 자아내기에 충분하다. 하

---

6 맥그래스, 『기독교, 그 위험한 사상의 역사』, 692f.

지만 주류를 이루는 은사주의자들의 체험에 대해 그러한 체험들을 기만적이며 사탄에게서 나온 사악한 체험이라고 배척해 버리기에는 그들의 숫자가 너무 많다. 지난 세기인 20세기에 이루어진 기독교회의 지형변화의 중요한 내용 중 한 가지가 바로 이 오순절교회의 등장이다. 주류 개신교단이라 할 수 있는 루터교회나 개혁교회, 그리고 영국 성공회와 감리교회들보다 이들 오순절교회들이 숫자 면에서 우위를 점하게 된 것이다. 그래서 제임스 패커는 오순절 또는 은사주의자들의 체험을 기만적인 것으로 치부하기보다는 그들의 체험을 신학적으로 재정리해서 이런 체험들이 실제로 입증하고 지지해 주는 진실이 은사주의자들의 생각과 다르다는 사실을 보여 주고자 하는 입장을 취하고 있다.[7]

나는 이 입장이 바른 방향을 취하고 있다고 생각하여 지지한다. 일부 신학적인 면에서 오류가 있음에도 불구하고 우리는 오순절주의자들의 체험을 함부로 무시할 수 없다. 패커가 자신의 책 『성령을 아는 지식』의 목적으로 밝히고 있는 부분을 인용해 본다.

> …지금도 수많은 죄인들이 구원을 선물로 주는 예수 그리스도의 은혜와 성령의 변화시키는 능력을 체험하고 있다. 그런데도 그들이 가지고 있는 하나님의 은혜와 능력에 대한 개념은 여전히 오류투성이이거나 대체로 부정확하다. 우리에게 있는 모든 개념들이 빠짐없이 바르게 정립되기 전까지 하나님께서 이제까지의 축복을 보류해 오셨다면, 우리 모두는 지금 어디에 있겠는가? 모든 그리스도인은 예외 없이 '올바른 양질의 개념'이라는 보증 때문이 아니라, 은혜와 도우심 덕에 훨씬 많은 체험을 한다. 하지만 성령에 대한 우리의 생각이 명

---

[7] 제임스 패커, 『성령을 아는 지식』 (서울: 홍성사, 2009), 286.

료해진다면, 우리는 성령의 사역을 좀더 제대로 파악할 수 있을 테고 아마도 그것과 관련한 얼마간의 함정도 피할 수 있을 것이다. 실제로 이 책이 도움을 주고자 하는 것이 바로 이 부분이다.[8]

우리는 어떤 그리스도인들의 체험에 일부 부정확한 개념이 있기 때문에 그 체험을 함부로 무시하거나 심지어는 정죄하는 경향이 있다. 이에 대해 패커는 일반적인 개혁신학자들의 입장과는 달리 그 체험이 반드시 성령이 계시지 않은 기만적이고 만들어 낸 체험이라고는 할 수 없다고 주장한다. 왜냐하면 패커가 반복적으로 주장하고 있듯이 하나님은 너무나 자비로우셔서 하나님을 구하는 사람들이 잘못된 개념을 가지고 있다 하더라도 그들을 축복하시기 때문이다. 물론 그러한 체험은 마땅히 시험을 거쳐야 한다.[9]

패커는 더 나아가 은사회복 운동을 신학적으로는 매끄럽지 않지만 이 운동을 하나님이 형식주의와 제도주의 그리고 지성주의를 교정하기 위해 보내신 수단으로 받아들이고 있다. 우리는 가능한 대로 신학적인 오류를 피해야하지만 실제로 교회 역사 속에 영적으로 중요한 운동 중에 신학적으로 완전한 운동이 있었는지 패커는 심각하게 되묻고 있다.[10]

> 약한 자를 들어 강한 자를 부끄럽게 하시는 바로 그 하나님은(나는 감히 이렇게 말한다), 새로운 칼뱅이나 존 오[웬]이나 아브라함 카이퍼를 세우는 대신 흥겹고 즉흥적으로 그러모은 운동을 하나 세우셨다. 그

---

8   제임스 패커, 『성령을 아는 지식』, 25f.
9   제임스 패커, 『성령을 아는 지식』, 310.
10 제임스 패커, 『성령을 아는 지식』, 326.

래서 그 운동이 예수 그리스도와 성령이 인격적인 하나님이심과 그 능력을 선포하게 하셨다. 그런데 위대한 신학적인 달변이나 창의성 그리고 정확성을 통해서가 아니라, 새롭고 단순하며 인습에 매이지 않고 불편할 만큼 도전적인 생활방식을 낳은 '회복된 삶의 능력'으로 선포하게 하신 것 같다. 오, **거룩한 단순함이여!**[11]

패커의 이런 오순절주의에 대한 적극적인 표현은 우리를 겸손하게 한다. 신학적인 정확함이 중요하긴 하지만 전부일 수는 없다. 그렇다면 신학적인 정확함만을 추구할 때 그것은 나름의 문제일 수도 있다는 교훈을 주기도 한다. 패커가 말한 것처럼 "신학적으로 부적절하다 해서 은사주의 영성 자체에 문제가 있다고는 말할 수 없다."[12]

지난 세기에 이어 금세기의 교회의 모습도 우리가 생각지 못했던 격변을 겪을 것이 분명하다. 지난 세기 기독교는 서구 중심을 탈피하여 비서구, 특별히 아시아와 아프리카를 중심으로 다변화를 경험하였다. 서구는 수적인 면에서 뿐 아니라 그 활력에 있어서도 현저하게 기독교의 영향력이 퇴조하고 있다. 다행히 하나님께서는 비서구의 교회들을 깨우시고 그들을 통하여 새로운 일들을 행하고 계시다. 물론 그 중심에 오순절 교회가 있음을 우리는 부인하기 어렵다.

분명 오순절 신학은 신학적으로 문제가 없지 않지만 그럼에도 오순절 교회를 들어 쓰시는 하나님에 대하여 우리는 어떻게 생각하여야 할까?

우리는 겸손하게 하나님의 역사를 인정하며 더욱 민감하게 하나님의 인도를 받아야 한다. 어떤 면에서 우리가 하나님께 쓰임을 받는 것은 신

---

[11] 제임스 패커, 『성령을 아는 지식』, 326.
[12] 제임스 패커, 『성령을 아는 지식』, 311.

학적인 정교함 때문이 아니라 그 마음의 단순함이나 헌신된 자세 때문은 아닌지 오늘 우리의 신학함을 돌아보게 된다.

지난 50년 동안의 개신교의 변화와 발전에 대해 맥그래스는 이전 세대의 학자들과 역사가들이 알았다면 놀랐을 만한 모습으로, 그리고 이전으로 돌아가는 것이 불가능할 만큼 철저하게 변했는데 그 변화의 핵심에 오순절주의가 자리잡고 있다고 주장하고 있다.

> 많은 학자들은 오순절주의(Pentecostalism)의 놀랍도록 급속한 성장을 아직 따라잡지 못하고 있으며, 이 오순절주의가 좁게는 개신교 넓게는 기독교 전체의 미래에서 차지하는 중요성에 대해 비판적 분석을 내놓지 못하고 있다.[13]

개신교가 출범할 때부터 가지고 있던 상황에 대한 적응성과 어떤 환경에서라도 이식이 가능한 특징이 이 오순절주의에서 만개하고 있는 듯하다. 오순절주의는 포스트모던적인 상황뿐 아니라 남반구 도시 빈민들의 요구와 열망을 채워주는 데 있어서도 유달리 잘 적응하고 있다. 오순절주의로 인해 20세기 후반 개신교는 전 세계적 차원에서 변형을 경험했다 해도 과언이 아니다.[14]

---

13 맥그래스, 『기독교, 그 위험한 사상의 역사』, 24.
14 맥그래스, 『기독교, 그 위험한 사상의 역사』, 27f.

14
세계 기독교의 바뀌어진 지형

20세기 후반 언제부터인가 기독교 전반에 어두운 먹구름이 드리워져 있었는데 그것은 앞으로 10년 또는 20년 안에 기독교가 이슬람교에 의해 추월을 당할 것이라는 전망이었다. 그도 그럴 것이 전체적으로 기독교를 대변하는 서구 사회에서 기독교는 현저하게 그 세력이 약화되고 있는 반면에 도리어 이슬람에 의하여 전통적인 서구의 기독교 국가들이 역(逆)선교를 당하는 그런 일들이 벌어지고 있었기 때문이다. 그리고 그런 일은 가슴 아프지만 21세기에 들어선 현재에도 여전히 진행 중에 있다. 물론 많은 경우 서구에서의 무슬림의 급증은 무슬림들의 이민에 의한 것이기는 하지만 그럼에도 무서울 정도의 속도로 서구 사회 깊숙하게 이슬람 세력이 파고들고 있음도 사실이다. 그래서 어떤 사람들은 서구 사회가 직면한 선택지는 다시금 기독교로 돌아가든지 아니면 이슬람화하는 것 두 가지 밖에는 없다는 주장을 하기도 한다.

후스토 곤잘레스(Justo Gonzáles, 1937-)는 성령에 관한 토론이 21세기 신학의 가장 중요한 주제가 된 가장 큰 이유를 전 세계 기독교의 달라진 새로운 지형 때문이라고 말하고 있다. 지난 백년간 기독교 내에서 일어난 가장 중요한 변화는 기독교가 더 이상 서양의 종교로만 남아있지 않게 된 것이다. 개신교를 보더라도 더 이상 북대서양 지역의 종교라고 말할 수 없게 되었다. 서구세계 안에서 발생한 일련의 사건들과 발전들은 기독교를 사회의 주변부로 밀어내는 결과를 낳았다. 일반적으로 이전 시대에 기독교 국가로 분류되던 서구세계가 "기독교 이후의"(post-Christian) 사회를 향하여 나아가고 있음은 분명한 사실이다.[1]

전통적으로 기독교 국가였던 서구에서 이러한 일들이 일어나고 있는 반면, 유럽이나 미국을 제외한 비서구세계 안에서는 거의 정반대의 일이 일어나고 있다. 오늘날 아시아에는 미국이나 유럽에 있는 모교회들보다 더 큰 교파들이 있다. 아프리카의 여러 나라에서 일어나고 있는 기독교의 성장은 그야말로 폭발적이라고 할 수 있다. 라틴 아메리카의 개신교 중에서, 오순절 운동의 성장은 전통적으로 그 지역의 절대 다수를 점하고 있는 로마 가톨릭을 위협하는 정도에 이르고 있다. 그런 의미에서 보면 지난 20세기는 기독교 특별히 개신교 선교의 대확장이 있었던 세기였다.

알리스터 맥그래스도 더 이상 기독교의 중심이 서구에 있지 않음을 주장하며 그 일례로 지난 세기 영성에 대한 봇물 같은 관심에서 서구는 소외되어 있었음을 지적하고 있다.

> …유럽은 1990년대에 가장 두드러졌던 현상—많은 사회학자들이 세계가 세속화의 반대 방향으로 나아가고 있다고 말할 정도로 커다란 파도를 일으켰던, '영성에 대한 관심'—으로부터 예외 지역으로 남아 있다. 이런 이유로, 서구의 정황이 곧 전 세계 종교 상황을 대변한다고 볼 수 없는 것이다. 현재의 유럽 상황을 미래에 세계에서 전개될

---

[1] 후스토 곤잘레스, 『간추린 기독교 교리사』, 이후정 옮김 (서울: 컨콜디아사, 2010), 358.

상황을 보여 주는 패러다임으로 받아들이는 것은 별 의미가 없다.[2]

기독교는 사실 서구의 종교가 아니다. 출발점은 팔레스타인이며, 나아가 그 미래는 남미, 아시아 그리고 아프리카에 있다. 기독교가 서유럽에서 중세와 근대 초기에 영향력 있는 위치를 차지하고 서구 문화를 형성하는 데 줄곧 커다란 위력을 발휘해 왔으나, 정작 역사적 뿌리와 그 꽃이 피어날 미래는 서구가 아닌 다른 곳에 있다.

이렇듯 비서구의 제3세계권을 중심으로 이루어진 기독교회의 성장은 대부분의 서구 선교사들이 예견했던 것과는 매우 다른 모습을 취하고 있다. 이러한 "신생" 교회들의 구성원 중 다수는 기독교가 자신들 고유의 민족적인 혹은 지역적인 환경에 맞게 적응해 나간 방식은 곧 성령께서 하신 일이라고 확신하였다. 초기의 선교사들이 가르쳐준 방법과는 전혀 다른 방식으로 예배를 드릴 자유에 대한 강조, 그리고 어떤 경우에는 보다 전통적인 예배에서는 억눌려왔던 것으로 여겨지는 감정을 표현할 개인의 자유에 대한 강조는 교회와 성도들을 새로운 방향으로 움직이게 하시는 성령의 자유에 대한 유사한 강조를 다루는 신학적 표현을 찾아냈다. 성령에 관한 교리가 21세기에 신학의 주된 테마들 중 하나가 될 수 있는 것은 바로 이러한 이유들 때문이다.

이슬람은 대략 1520년경까지 세계를 지배하는 종교였으며, 심지어는 유럽 영토를 실제로 침략해 들어가기도 하였다. 그러나 기독교가 북미와 남미, 아프리카, 아시아, 그리고 오스트레일리아로 확장되어 가면서 그 관계에 변화가 일어났다. 오늘날 기독교는 전 세계에서 가장 큰 신앙 집

---

2 맥그래스, 『기독교의 미래』, 49.

단이다.³ 전 세계적으로 기독교 신자 수는 24억 정도라고 한다. 이에 비해 무슬림들의 수는 17억 정도이다. 세계 인구의 33%가 기독교인이고 23%가 이슬람 신자라고 한다. 지난 500년 동안에 기독교와 이슬람교 사이에 어떤 역전 현상이 일어난 것이다. 500년 전에 정확한 통계는 없지만 이슬람교가 기독교보다 숫자적으로 다수를 점하고 있었다고 한다. 그러던 것이 500여 년이 지난 지금 기독교가 이슬람교를 추월한 것이다.

이런 가운데 이슬람교는 500여 년 전의 영화를 되찾으려는 듯이 전통적인 기독교 국가들을 위협하고 있다. 이것은 우리나라에서도 마찬가지이다. 많은 중동의 무슬림 노동자들이 우리나라에 들어오면서 조금씩 이슬람교의 확장에 대해서 각성하는 분위기가 한국교회 안에서도 감지되기 시작하고 있다. 이런 커다란 위협에서 기독교가 전 세계적으로 어느 정도 선전할 수 있었던 것은 지난 세기 초에 출현한 오순절주의 때문이라 할 수 있다.

마크 놀은 1900년에는 세계 기독교 인구의 80퍼센트 이상이 백인이었고 70퍼센트 이상이 유럽에 살았지만 지금은 그렇지 않음을 다음과 같이 말하고 있다.

> 오늘날 기독교에 적극 참여하는 정도는 유럽보다 아프리카가 더 강하다. 활동적 그리스도인의 수는 중국이 미국을 따라붙었다. 교회에 속한 활동 단체 수는 캐나다보다 케냐가 훨씬 더 많다. 주일마다 공동예배를 드리는 신자 수는 노르웨이보다 인도 북동부 나갈랜드 주가 더 많다. 로마 가톨릭 예수회의 세계 최대 관구는 인도에 있다. 미국에서는

---

3 맥그래스, 『기독교의 미래』, 116.

미국 역사상 어느 때보다 많은 언어로 가톨릭 미사를 드리고 있다.[4]

마크 놀은 오순절주의 한 가지에 주목하기보다는 미국 유형의 기독교에 주목한다. 물론 오순절주의를 무시하는 것은 아니다. 18세기 말 이후 미국에서는 역사상 가장 성공한 선교적 모험이 일어났고 캐나다도 미국보다는 규모가 약간 작았지만 엄청난 기독교 신앙의 확장을 가져왔다. 이 놀라운 선교활동은 자발적으로 일어났다. 국가교회라는 유럽의 오래된 형식은 북미에서 폐기되었다. 북미에서 기독교 세계를 자발적 기독교로 대체한 북미인들의 신앙 형태는 이전의 신앙과 전혀 다른 것은 아니었지만 그럼에도 미국 유형의 기독교 신앙은 유럽 유형의 신앙과 구별되는 다음과 같은 특징을 가지고 있다.

(1) 전통이나 역사보다 성경과 개인의 양심을 종교적 권위의 궁극적 규범으로 삼는 경향이 뚜렷했다.
(2) 형식적이고 교의적이기보다 실용적이고 상식적이었다.
(3) 위계 체제에 따라 임명된 인물보다 스스로 탁월함을 드러내는 기업가들을 성공한 지도자로 보는 경향이 뚜렷했다.
(4) 기독교 공동체를 세울 때도, 전통적으로 내려온 운영 방식보다 자발적인 창의성에 더 많이 의존했다.
(5) 특권층이나 억압받는 하류층보다는 진취적인 중산층이 더 큰 힘을 발휘했다.
(6) 통제된 경제활동보다 자유 시장 정신과 더 잘 맞았다.[5]

---

[4] 마크 놀, 『복음주의와 세계 기독교의 형성』, 16.
[5] 마크 놀, 『복음주의와 세계 기독교의 형성』, 19.

하지만 마크 놀은 이런 미국 유형의 기독교의 발전이 긍정적인 결과 뿐 아니라 부정적인 결과도 초래했음을 지적한다. 예를 들어 미국교회의 평신도들은 복음을 전하는 일에 유럽 평신도들보다 훨씬 더 적극적이다. 그러나 미국 유형의 기독교는 과거 기독교의 풍부한 유산과 성결, 제자도, 효과적 섬김에 관한 역사적 가르침을 무시했다.[6]

마크 놀은 1880년대 우리나라에 개신교가 전파된 이래 급성장한 것에 대해 소개하고 있는데 통계수치는 다소 과장되어 있다.

"1880년대부터 현재까지 기독교는 급속히 성장해 지금은 남한 인구의 5분의 2가 기독교인이며, 그중에서 개신교인은 5분의 4를 차지한다."[7]

특이한 것은 마크 놀이 우리나라에서 개신교가 급속히 성장하게 된 가장 큰 요인으로 지목하고 있는 것이다. 18세기 말 중국에서 활동하던 가톨릭 선교사들이 성경의 '하나님'의 번역어를 중국어 톈쭈(Tien-Chu, 天主)를 사용하라는 교황청의 지시를 따랐다면, 나중에 우리나라에 들어온 개신교 선교사들은 평민에게 초점을 맞추는 선교 전략에 합의하여 성경을 한글로 번역하면서 '하나님'이라는 한국어 역어를 사용하게 되었는데 이것이 한국에서 개신교가 크게 매력을 끌 수 있었던 이유 중 하나라고 마크 놀은 주장하고 있다.[8]

> 하나님이라는 용어 덕분에 한국인들은 선교사들이 전통적으로 서구의 신앙이라고 생각했던 개신교를 더 쉽게 받아들일 수 있었다. 동시

---

6 마크 놀, 『복음주의와 세계 기독교의 형성』, 19f.
7 마크 놀, 『복음주의와 세계 기독교의 형성』, 77. 마크 놀이 인용하고 있는 통계자료는 Georg Evers, "Asia," *Encyclopedia of Christianity*, Vol. 1 (Grand Rapids: Eerdmans, 1999), 137이다.
8 마크 놀, 『복음주의와 세계 기독교의 형성』, 78f. 필자와의 대화 중에 이 부분에 대해 알려주고 이 책을 소개해준 장동민 교수에게 감사한다.

에 이 번역어를 사용한 덕분에 전통적인 한국 무속 신앙의 습성이 개신교라는 새로운 틀 안에 더 쉽게 포함될 수 있었다.[9]

우리나라에서 "유교와 불교, 수많은 정령신앙이 지니고 있던 무속적 형식에서 중요한 단어"였던 '하나님'이라는 용어를 사용한 것은 복음이 토착적으로 구현된 사례라고 할 수 있다. 이렇게 우리나라에서 개신교가 토착화하여 성장하는 과정은 양면성을 지니고 있다. 즉 선교사들이 폐기되었다고 생각했던 한국 문화의 요소가 새로운 기독교 신앙 안에서 보존되었다는 점에서는 긍정적인 면이 있지만, 성공적으로 이식된 후 급속히 성장했던 기독교가 선교사들이 기독교적 성숙이라고 이해했던 신앙의 형태로 귀결된 것은 아니라는 점에서 부정적인 면도 있다고 할 수 있다. '무속 신앙적 특성'이 기독교 신앙 안에 잔존해 있어 개신교 목회자들이 '기독교식 무당'으로 행동하여 자신을 하나님의 계시가 드러나는 비범한 통로, 신유의 특별한 도구, 유일하게 영감을 입은 성경 해석자로 취급하여 철저히 분파적인 성격을 드러내어 수백 개의 개신교 교단이 갈라져 나왔다.[10]

마크 놀은 자신의 책의 한 장을 미국 복음주의와 한국교회를 비교하는데 할애하고 있다. 아마도 2004년 자신의 한국 방문시 연세대 등에서 행한 특강을 일부 수정한 내용으로 생각된다. 장의 제목은 "한국 기독교는 미국 복음주의로부터 무엇을 배울 수 있는가"이다. 현대 미국 복음주의자들은 종교적 헌신('거듭남')의 필요성을 강조하며, 성경의 권위가 중요하다고 주장하고, 종교적 전통보다는 동시대적 적실성을 더 중시한다.

---

9 마크 놀, 『복음주의와 세계 기독교의 형성』, 80.
10 마크 놀, 『복음주의와 세계 기독교의 형성』, 79f. 마크 놀은 자신이 인용하고 있는 자료가 1979년 오석근의 학위논문이라고만 밝히고 있다.

미국에서 복음주의자들은 남부에서 세력이 가장 강하고 동북부 지역인 뉴잉글랜드와 서부에서는 약하다. 한국은 인구 4천 7백만 명 중 3분의 1 가량이 가톨릭을 포함한 기독교회에 소속되어 있는데 개신교회 교인 비율이 미국보다 훨씬 높다.[11]

마크 놀이 제시하는 우리나라 개신교 역사와 미국 개신교 역사의 유사점은 일곱 가지다.

첫째, 두 나라 개신교 역사는 교회가 스스로 운영을 책임질 때의 장점이 무엇인지 보여 준다. 19세기에 다른 나라로 간 선교사들과 달리, 한국에 온 선교사들은 한국 신자들이 자신들의 일을 관리해야 한다고 강조했다.

둘째, 두 경우 모두 교회는 지역 조직들이 제국주의 세력의 억압을 극복하거나 저항하는 투쟁의 일부였다. 미국에서 제국주의 세력은 영국이었다. 한국의 경우는 일본 제국주의 세력이었다. 두 경우 모두 교회는 이미 지역 조직과 지역 활동의 중심이 되어 있었기 때문에 제국주의 지배 세력에 저항하는 데 중요한 역할을 맡았다. 1919년 3·1운동에서 기독교 신자가 극소수에 불과한 시기에 독립선언서 서명자 33인 중 거의 절반이 기독교 신자였다.

셋째, 두 경우 모두 토착어로 번역된 성경은 그리스도인 개개인과 많은 교단, 국가 전체에 있어 삶을 변화시켰다.[12]

넷째, 두 나라 기독교의 경험이 근대화 흐름과 동일시되었다는 사실이다. 미국 기독교는 자유로운 선택을 당연시하고, 열린 시장의 경쟁에 대해 편안한 태도를 보이며, 종교적 목적을 위해 대중매체와 대중오락물

---

11 마크 놀, 『복음주의와 세계 기독교의 형성』, 185f.
12 마크 놀, 『복음주의와 세계 기독교의 형성』, 186ff.

을 능숙하게 활용하고, 필연적으로 민주주의적이다. 한국 기독교는 "새롭고 근대적인 무언가"를 상징했고, 한국인들은 "근대적이며 세계주의적인 삶의 방식에 이르는 수단"으로 기독교를 받아들였다. 이처럼 기독교를 도시적 삶, 경제성장, 민주주의, 근대적 통신 수단에 대한 개방성에 연결시켰다는 점에서 한국의 개신교인들은 미국 개신교인들의 경험을 반복했다.

다섯째, 두 나라에서 개신교적 가치의 특징을 규정하는 데 전쟁이 큰 역할을 했다. 1770년대 미국독립 전쟁, 1860년대 남북 전쟁, 1, 2차 세계대전, 1960년대와 1970년대의 베트남 전쟁과 21세기 이라크 전쟁 등이 미국이 직면했던 전쟁의 경험이다. 2차 세계대전에 뒤이은 군사점령과 6·25전쟁이 한국교회에 미친 영향은 미국의 경우보다 훨씬 컸다.[13]

여섯째, 두 나라 모두 부흥이 개신교회를 강화시킨 주요 수단이었다. 미국 복음주의의 근대사는 조지 휫필드(George Whitefield, 1714-1770)가 순회 전도로 불을 지피고 조나단 에드워즈가 신중하게 신학적으로 변증했던 18세기 중엽 식민지 시대의 대각성 운동에서 시작되었다. 미국 건국 후 몇십 년 동안 수많은 감리교 순회 전도자들의 열성적인 노력 덕분에 살아 있는 기독교라는 미약한 숲이 불타오를 수 있었다. 거의 200년 동안 미국 개신교에서 가장 유명한 공적 인물은 찰스 피니, D. L. 무디, 빌리 그래함 같은 부흥사들이었다. 부흥 운동은 단순한 현상을 넘어 하나의 형식으로 미국교회의 경험에 결정적인 영향을 미쳤다. 한국의 1903년과 1907년의 원산과 평양 대부흥은 한국 기독교 역사뿐 아니라 세계 기독교 역사에서도 중요한 사건이었다. 또한 그 이후 통성기도, 새벽기도, 철야기도와 같은 한국 개신교의 성격을 규정하게 될 특정한 관

---

13 마크 놀, 『복음주의와 세계 기독교의 형성』, 190f.

행이 형성되었다.

  평양 대부흥이 특별히 중요한 까닭은 부흥이란 기독교 서구가 나머지 세계에 전해 주는 선물이 아니라, 하나님이 세계 어느 곳에서든 택하신 사람들에게 언제든지 주시는 그분의 선물임을 서구인들에게 상기시켜 주었기 때문이다.[14]

  미국 개신교의 특징 중 하나는 부흥 운동으로 형성된 교회라고 할 수 있다. 1차 대각성 운동의 지도자는 조나단 에드워즈로 알려져 있고 2차 대각성 운동의 지도자는 찰스 피니로 알려져 있다. 조나단 에드워즈는 회중교회 목회자였으며 찰스 피니는 장로교회 목회자였다. 대각성 운동 이후 회중교회와 장로교회는 신·구학파로 나뉘어 분열되었다가 다시 합쳐지게 되는데 우리나라 장로교 초기 선교사들 중 많은 분들이 시카고에 있는 맥코믹신학교 출신이었다고 한다. 맥코믹신학교는 2차 대각성 운동 이후 부흥 운동에 대한 의견 차이로 미국장로교가 분열하였을 때 구학파에 소속된 신학교였다. 즉 부흥 운동을 반대한 쪽이라고 할 수 있다.

  그렇다면 장로교 초기 선교사들 특별히 맥코믹신학교 출신들은 부흥에 반대하였는가?

  그렇지 않다. 왜냐하면 맥코믹신학교가 위치해 있는 시카고는 19세기 말 무디 부흥 운동의 본산이었기 때문에 맥코믹신학교 출신들은 부흥 운동에 많은 영향을 받았고 부흥 운동에 대해 열린 마음을 가진 사람들이었다고 한다. 그렇기 때문에 우리나라 초기 장로교회가 감리교회와 함께 부흥 운동에 적극 나설 수 있었던 것이다. 나는 이 대목을 생각할 때 하나님께 감사하게 된다. 우리나라 초기 장로교 선교사들이 구학파 출신들이 많았기 때문에 보수적인 성경관을 가지고 있으면서도 부흥 운동에 대

---

14 마크 놀, 『복음주의와 세계 기독교의 형성』, 192f.

해서는 비교적 열린 마음을 소유한 사람들이었고 그렇기 때문에 우리나라 선교는 선교 역사 상 유례를 찾을 수 없을 정도의 열매를 맺게 되었다고 나는 생각한다.

일곱째는 선교의 동기 부여와 관련이 있다. 1900년 약 4천 명의 미국 선교사가 전세계적으로 활동했는데 이는 세계 개신교 선교 인력의 약 4분의 1에 해당했다. 1970년대 중엽에 이르면 약 5만 명의 미국 개신교 선교사가 활동했으며 이는 세계 개신교 선교 인력의 약 3분의 2를 차지했다. 이런 수치가 보여 주는 중요한 논점은 미국역사 초기 이후로 미국의 복음주의 개신교인 사이에서 선교에 대한 관심이 매우 컸다는 것이다.

2000년 현재 타문화권 선교 사역에 참여하는 한국 개신교인은 8,100명 이상이며 해마다 1천 명 이상 증가하고 있다. 2007년 데이비드 베릿과 그의 동료들이 실시한 조사에서는 그 수가 1만 5천 명 이상이었다.[15]

마크 놀에 의하면 미국 역사에서 복음주의 개신교는 네 가지 두드러진 특징을 가진다. 개인주의 유형의 기독교, 부흥적 유형의 기독교, 문화를 지배하는 기독교, 미국 문화에 잘 적응한 유형의 기독교가 그것이다. 이 특징들은 강점인 동시에 약점으로 작용하기도 한다.

첫째, 미국 복음주의의 개인주의는 엄청난 열정, 헌신, 개인적 희생을 강조한다. 하지만 개인주의적 기독교는 풍성한 수확을 거뒀지만 알곡과 더불어 가라지도 자라게 했다. 미국 개신교인은 지나치게 개인주의적이며 사적 관심사에 지나치게 좌우되고, 신앙 공동체에는 지나치게 무관심하다. 미국교회는 개인 다툼, 자기 만족, 음악에 관한 선호, 설교 길이에 관한 선호, 정치에 관한 선호, 경제적 계급, 인종, 교파적 자부심, 성경의

---

15 마크 놀, 『복음주의와 세계 기독교의 형성』, 186-194.

특정 부분에 대한 이상한 혹은 대단히 이상한 해석 등. 그다지 불가항력적이지 않은 수많은 이유들 때문에 분열되어 있다.[16]

둘째, 부흥은 하나님의 사람들에게 생명을 불어넣었으며, 미국 개신교인들은 자신들의 역사에서 너무나도 큰 역할을 해 온 부흥 운동에서 유익을 얻는 경우가 많았다. 하지만 부흥 운동은 좋은 점과 더불어 문제점도 안고 있다. 부흥에 집착하다가 하나님은 영적 갱신이 일어나는 특별한 시간뿐 아니라 일상적 활동까지 다스리시는 주님이시며, 개인의 문제뿐 아니라 공동체의 문제까지도 해결하시는 주님이시고, 은총으로 경험하는 영역뿐 아니라 자연이 규정하는 영역까지도 다스리시는 주님이시라는 사실을 분명히 깨닫지 못할 수도 있다. 부흥 운동의 또 다른 문제점은 반전통주의에 있다. 또한 부흥은 기독교 집단이 결과에만 지나치게 초점을 맞춰 다른 모든 것을 하찮게 여기게 되는 문제점을 낳기도 한다.[17]

셋째, 복음주의 그리스도인들은 오랫동안 미국 문화를 지배한 경험이 있다. 복음주의자들은 강력한 문화적 권위가 있는 자리에서 좋은 일을 많이 했다. 그렇지만 동시에 미국 복음주의자들이 문화적 권위를 행사하는데 익숙해질 때에는 위험도 존재한다. 일부 복음주의자들은 평범한 그리스도인의 삶이란 소외와 가난, 세속적 실패의 삶이 아니라 번영과 승리, 성공의 삶이라고 너무나도 쉽게 가정했다. 그러므로 상황이 좋을 때만 아니라 나쁠 때에도 하나님을 신뢰할 수 있는 능력이 기독교의 생명력을 판단하는 중요한 잣대임을 깨닫지 못했다.[18]

---

16 마크 놀, 『복음주의와 세계 기독교의 형성』, 197f.
17 마크 놀, 『복음주의와 세계 기독교의 형성』, 198f.
18 마크 놀, 『복음주의와 세계 기독교의 형성』, 199f.

넷째, 미국 복음주의 기독교는 미국 문화에 적응하는 데 비범한 능력을 드러낸다. 과거의 회중교회처럼 한때 규모가 컸던 교단들은 기성 사회로부터 물려받은 지도력에 의존하다가 미국 사회에 대한 영향력이 크게 줄어들고 말았다. 보통 사람들에게 복음을 전하기 위해 혁신적인 부흥기법을 활용한 감리교나 침례교와 같은 교회는 성공을 거두었다. 21세기 초에는 유동성, 심리요법, 소비자의 취향, 고품격 오락 거리에 잘 적응한 교회와 기독교 운동이 큰 성공을 거두고 있다. 다시 말해 미국 복음주의자들은 미국 사회의 기술을 철저히 습득해 왔다. 그들은 민주주의와 자유주의 그리고 시장의 언어로 말하는 법을 오랫동안 훈련해 왔다.

그러나 미국의 복음주의자들은 기독교적이기 때문에 소중히 여기는 신념 및 실천과 미국적이기 때문에 소중히 여기는 신념 및 실천 사이의 차이점을 구별하는 데 어려움을 겪는 경우가 적지 않았다. 다른 각도에서 미국 복음주의자들은 일반적이며 보편적인 가치를 지닌 신념 및 실천과 미국에서는 가치가 있지만 다른 곳에서는 그렇지 않은 신념 및 실천 사이의 차이점을 구별하는 데 어려움을 겪기도 한다. 예컨대 미국 기독교는 교회와 국가의 분리를 그 특징으로 한다.

> 미국교회는 그것을 하나의 신앙고백으로 채택했으며, 미국의 선교 세력은 해외의 다양한 곳으로 이를 전파했다. 그 결과는 모순적이었다.[19]

기독교는 20세기에 아시아와 아프리카에서 엄청난 부흥의 역사를 이루었다. 하지만 아프리카의 부흥은 아시아에서의 부흥을 압도할 정도로 대단한 것이다. 1900년에 아프리카 인구는 1000만 명이었는데 그 가운

---

19 마크 놀, 『복음주의와 세계 기독교의 형성』, 202.

데 9퍼센트만이 그리스도인이었다면, 2005년에 아프리카 인구는 4억을 넘어섰고 그 가운데 그리스도인은 46퍼센트를 차지하고 있다.[20]

1935년 9월 22일 월요일 우간다의 카발레에서 일단의 복음주의자들이 영적 갱신의 날을 위해 모여 서로 죄를 고백하고 이견을 해소하는 시간을 가졌다.

"그들은 미국 근본주의자들이 표준으로 삼았던 해설 성경인 스코필드 관주성경으로 성경 본문을 공부했다."[21]

거기 모인 대부분의 사람들은 요시야 키누카(Yosiya Kinuka), 블라시오 키고지(Blasio Kigozi), 시므온 은시밤비(Simeon Nsibambi), 유수프 비앙와(Yusufu Biangwa)를 비롯한 아프리카인이었는데 그 중 블라시오는 진드기에 물려 '재귀열'에 걸려 1월 말이 되기도 전에 죽었지만 윌리엄 나겐다(William Nagenda)라는 젊은이가 그의 자리를 물려받고 그 어떤 사람보다 영향력 있는 인물이 되었다. 이 모임에 참석한 사람 가운데 7년 전 잉글랜드에서 건너온 젊은 의사 조셉 처치(Joseph Church)는 백인이었다. 캠브리지대학교에서 공부하며 그는 개인의 성결, 성령 충만, 하나님께 자신의 삶을 '온전히 내어 드려야'할 필요성을 강조하던 케직 운동의 영향을 강하게 받았다. 그는 또한 도덕재무장 운동(Moral Re-Armament)의 초기 집회에도 참여하였다.[22]

1920년 말과 1930년대 르완다에서 시작된 동아프리카 부흥은 케냐, 탄자니아, 우간다, 부룬디 등 다섯 나라 전역에서 지리적·사회적으로 확장되었다. 이 부흥 운동을 통해 회심한 사람들을 **발로콜레**라고 부르는데

---

20 맥그래스, 『기독교, 그 위험한 사상의 역사』, 707.
21 마크 놀, 『복음주의와 세계 기독교의 형성』, 205.
22 마크 놀, 『복음주의와 세계 기독교의 형성』, 206.

최근에 특히 주목할 만한 점은 영향력이 큰 아프리카 주교들이, 동성 간 결혼을 지지하고 동성애자에게 주교 서품을 주려고 하는 미국과 캐나다의 성공회 교회를 징계하려는 움직임을 주도하고 있다는 사실인데 이들 주교 대부분이 **발로콜레** 출신이라고 마크 놀은 말하고 있다.[23]

위에서 언급한 『종교개혁은 끝났는가?』라는 책에서 마크 놀과 나이스트롬은 기독교 역사의 특정 장소, 특정 시기의 특정 상황에 각각 적응하여 나타난 기독교 신앙의 유형을 동·서방의 기독교에 두 가지를 첨가하여 등장한 순서를 따라 다음과 같이 4가지로 설명하고 있다. 앞에서 내가 분류한 것처럼 동방과 서방으로 기독교를 대별하고 그 중에서 서방기독교를 가톨릭과 개신교로 다시 나눈 후 개신교 안에서 별도로 오순절교회를 분류하고 있는 것이다.

첫째, 동방정교회(Eastern Orthodox Church)이다. 동방정교회는 3-5세기에 안정적인 틀이 만들어지고, 이후 지중해 세계의 헬레니즘에 적응하면서 발전하였다. 동방정교회는 "성경의 히브리, 아람(시리아)권의 사상 형태가 헬레니즘 그리스적으로 번역되고 해석된 결과"로 이해할 수 있다.[24]

둘째, 서구 로마 가톨릭교회이다. 로마 가톨릭교회는 5세기 어거스틴의 신학과 6세기 베네딕트의 수도원주의로 형성된 후, 9-13세기에 수도원 갱신, 교황 인노센트 3세(Innocentius III, 1160/61-1216)의 제도 개혁, 아시시의 프란시스(Francis of Assisi, 1181/82-1226)의 영감, 토마스 아퀴나스(Thomas Aquinas, 1225-1274)의 신학으로 결정적으로 틀이 정

---

[23] 마크 놀, 『복음주의와 세계 기독교의 형성』, 208.
[24] 마크 놀·나이스트롬, 『종교개혁은 끝났는가?』, 399.

해졌다. 가톨릭교회는 유럽 기독교 세계(Christendom)의 정교일치 체계에서 종교의 축을 담당하며 독특한 모습으로 성장했다. 로마 가톨릭교회는 "헬레니즘 그리스 기독교를 라틴적으로 번역하고 해석한 결과"로 인식할 수 있다.[25]

셋째, 복음주의 개신교회이다. 개신교회는 16세기 로마 가톨릭교회에 대한 루터와 칼빈의 종교개혁, 영국 성공회, 그리고 재세례파 등의 종교개혁과 200년 후인 18세기 웨슬리와 횟필드에 의해 일어난 부흥이라는 두 단계를 통해 틀이 형성되었다. 복음주의 개신교회는 서구의 가톨릭 기독교가 민족주의, 개인의 발견, 최종적으로 계몽사상으로 대별되는 새로운 유럽에 적응하면서 독특한 형태로 발전한 것이다. 그래서 개신교는 "라틴 기독교를 유럽의 토착 지방 언어로 해석하고 번역한 결과"라 할 수 있다.[26]

넷째, 오순절교회이다. 오순절교회는 20세기에 전 세계 여러 지역에서 여러 역사적 기독교의 적응, 또는 선교사들이 전한 기독교와 지역 종교 전통들의 자발적 결합으로 그 틀이 형성되었다. 오순절주의는 세계화된 경제의 특징인 상품, 서비스, 문화 생산물, 사람의 자유로운 유통 환경에 기독교를 적응하면서 독특한 형태로 발전했다. 이 유형의 기독교는 "유럽 및 북미 기독교를 비서구 세계의 토착 언어와 문화로 번역하고 해석한 결과"라고 할 수 있다.[27]

이러한 네 가지 유형의 기독교에 대하여 저자들은 다음과 같이 요약해서 정리하고 있다.

---

25 마크 놀·나이스트롬, 『종교개혁은 끝났는가?』, 400.
26 마크 놀·나이스트롬, 『종교개혁은 끝났는가?』, 400.
27 마크 놀·나이스트롬, 『종교개혁은 끝났는가?』, 400.

(1) 정교회는 하나님의 불가사의한 신비를 강조한다.
(2) 가톨릭교회는 그의 도시를 세우시는 하나님의 능력을 강조한다.
(3) 복음주의는 각 개인의 변화와 그 개인들을 통한 시민 사회의 형성을 강조한다.
(4) 오순절주의는 성령의 직접적인 능력주심을 강조한다.[28]

나름대로 각각의 특징을 잘 설명해 주는 탁월한 요약으로 여겨진다.

옛날에는 신학교에서 자신들의 신학만이 옳다고 가르쳤다. 가령 개신교 중에서도 장로교회 신학교라면 장로교신학, 즉 개혁신학만이 옳다고 가르쳤다. 물론 자신이 속한 전통에 대한 자부심을 갖는 것은 정당하고 필요한 것이겠지만 우리의 신학만이 옳다는 독선은 버려야 한다. 장로교신학이나 개혁신학도 "보편교회 안에서의 한 신학"이지 개혁신학이 보편교회의 신학을 대신할 수는 없는 노릇이다. 하나님은 우리에게 다양한 파트를 통하여 아름다운 화음을 연출해 내기를 원하신다. 우리가 믿는 하나님은 우리가 믿는 신학보다 크기 때문이다. 우리의 신학적인 다양성이라고 하는 것은 그런 의미에서 하나님의 위대하심을 보여 주는 선물이다. 하나님은 언제나 우리가 속한 교단이나 단체가 붙들고 있는 하나님에 대한 인식보다 크신 분이시며 그 어떤 누구도 예상치 못했던 시간과 공간, 그리고 현장에 자신을 나타내 보이시는 분이시다.

나는 천국에서 우리 한국 사람들은 한국어를 쓰리라고 생각한다. 나는 사도행전 2장이 기본적으로 창세기 11장에 나오는 바벨탑 사건의 결과로 언어가 혼잡하게 된 일의 일시적인 역전이 일어난 사건이라고 생각

---

[28] 마크 놀·나이스트롬, 『종교개혁은 끝났는가?』, 403.

한다. 오순절 성령 강림을 통하여 일시적인 언어의 통일 현상이 나타난 것이다. 사도들은 외국어를 말하지 않았지만 각 사람들은 자기들의 난 곳 방언으로 사도들이 하나님의 큰 일 말함을 듣게 되었다. 요한계시록 7장에 보면 각 나라와 족속과 백성과 방언에서 아무도 능히 셀 수 없는 큰 무리가 하나님을 찬양하는 것(9-10절)을 볼 수 있는데 비록 서로 알아듣는 데는 문제가 없겠지만, 언어의 차이가 천국에서도 유지될 것이라는 점은 분명해 보인다. 이런 맥락에서 마크 놀과 나이스트롬은 우리의 기독교 신앙이 가지는 다양한 강조점의 차이도 영원토록 남으리라고 추측하고 있다.[29]

개신교 신앙은 500년 이전에는 존재하지 않았다. 그 이전 천오백 년의 세월 동안 기독교는 동방정교회와 로마 가톨릭으로 양분되어 있었다. 여기에 개신교가 출현하며 기독교 신앙의 매우 다양한 형태들이 출현하였다. 그래서 오늘날의 세계 기독교의 모습을 접하게 될 때 우리가 느끼게 되는 당혹감은 개신교 신앙의 엄청난 다양성이다. 때로 개신교는 "수천 종류의 교파와, 교회 밖 선교회와, 교회 하나만 가지고도 그 자체로 교파가 되는 '독립자유교회들'을 만들어내면서, 그들의 동료 저항자에 반대하고 저항하는 저항자들의 길고도 지속적인 계통"으로 묘사되기도 한다.[30] 이런 개신교 신앙에 대한 비판, 특별히 미국제 복음주의에 대한 비판으로 넘어가 보자.

---

29 마크 놀·나이스트롬, 『종교개혁은 끝났는가?』, 407.
30 마크 놀·나이스트롬, 『종교개혁은 끝났는가?』, 344.

15
미국제 복음주의에 대한 비판

개신교는 500년 전 중세 후기 가톨릭교회에 대한 저항 가운데 태동하였다. 최초의 진원지는 독일과 스위스였고 이후에 유럽 전역으로 확산되어 가톨릭과 치열한 투쟁을 거치다 도버해협을 건너 잉글랜드에서 특이한 형태로 변형을 겪게 된다. 잉글랜드 국교회에 대하여 철저한 개혁을 촉구하였던 일단의 무리들인 청교도들의 저항은 1660년 왕정복고와 함께 막을 내리고 대서양을 건너 북아메리카에 식민지를 건설한 사람들에 의해 계승 발전된다. 미국에서 개신교는 특별히 1776년 미합중국의 독립 이후 또 하나의 변형을 겪게 되고 19세기 미국은 역사상 유래가 없을 정도의 커다란 규모의 개신교 부흥을 경험하게 된다. 물론 캐나다는 그보다는 작은 규모이기는 하지만 마찬가지의 상황이었다. 이른바 개인의 회심과 자발성을 중시하는 미국제 복음주의의 출현이다.

이들은 분명 개신교이기는 하지만 특별히 자신들을 유럽에서 태동한 개신교의 선조들과 연결시키려 하지 않는다. 소위 말하는 기독교 신앙의 역사성에 대한 이해가 결여되어 있다고 할 수 있다. 북미 개척 시대에 절대적인 우위를 점하고 있던 회중교회, 장로교회, 성공회는 보다 유럽의 개신교와의 연계를 중시하였지만 이들 교회들은 다소 뒷전으로 밀려나고 감리교회와 침례교회가 다수를 점하는 개신교 지형도가 성경지대를 중심으로 형성이 된 것이다.

20세기 들어 개신교는 전 세계적인 팽창을 경험하게 된다. 아시아와 아프리카에서의 엄청난 부흥, 그리고 남미에서의 오순절교회의 놀라운 성장이 바로 그것이다. 맥그래스와 마크 놀은 이런 전 세계적인 개신교의 팽창이 미국제 복음주의임을 시사하고 있다. 유럽에서의 개신교의 성장의 패턴보다 19세기 미합중국에서의 개신교의 성장 패턴을 따라 가고 있다는 것이다. 이들은 모두 전 세계 개신교에서의 미국의 영향력이 퇴조하고 있음을 지적하고 있다. 하지만 미국적인 토양에서 부흥하였던 개신교의 형태가 전 세계적으로 개신교의 부흥을 주도하고 있음을 이들은 인정하고 있다.

20세기는 한 마디로 오순절교회의 출현으로 요약할 수도 있다. 오순절교회는 미국에서 태동하였다는 통념과는 달리 최근에는 전 세계적인 오순절교회의 동시다발적인 출현에 무게를 두고 있다. 이렇게 형성된 전 세계적인 개신교회의 형성은 크게 보면 두 가지 문제점을 드러내고 있다. 무수한 분열과 이단의 출현이 바로 그것이다. 회심과 자발성을 강조하는 미국제 복음주의의 패턴을 따라 전 세계적인 부흥을 경험한 개신교회는 자체적인 분열과 함께 각종 이단의 출현을 통해 골머리를 앓고 있다.

전반적으로 이것은 우리나라 개신교의 현주소와도 얼추 일치하는 듯하다. 아니 어떤 면에서는 한국교회 특별히 우리 개신교회의 부끄러운 모습 때문에 자괴감에 빠져 있던 나에게는 위로가 되었다고 할 수 있다. 아 그렇구나 이게 우리나라 개신교만의 문제가 아니라 전 세계적인 개신교의 문제구나, 내가 너무 현상적인 문제에만 집착을 했구나 라는 생각을 하게 되었다.

마크 놀과 맥그래스는 소위 말하는 미국제 복음주의에 대해 본격적인 비판은 제시하지 않고 있다. 역사가로서 사실을 진술하고 최대한 판단은 유보하고 있는 듯한 인상이다. 아니 어떤 면에서는 이런 미국제 복음주의에 대한 비판은 우리 주변에 널려 있다. 대표적인 사람은 『미국제 복음주의를 경계하라』(Made in America: The Shaping of Modern American Evangelicalism)는 책을 쓴 마이클 호튼(Michael Horton, 1964-)이나 "부족한 기독교" 시리즈로 유명한 옥성호일 것이다. 로이드 존스나 이안 머레이 등과 함께 이들은 찰스 피니 이후에 등장한 미국제 복음주의 또는 부흥주의에 대해 매우 신랄하게 비판하고 있다. 귀 기울여 들을 필요가 있는 비판이기는 한데 조금 지나치다는 인상 또한 지울 수 없다.

내가 보기에 미국제 복음주의에 대한 비판 가운데 가장 탁월한 책은 스카이 제서니(Skye Jethani)의 『하나님을 팝니다?: 소비자 지상주의에 물든 기독교』(The Divine Commodity)이다. 모두에게 일독을 추천할 만한 책이다. 특이한 것은 이 책에서 제서니는 고흐(Vincent van Gogh, 1853-1890)의 그림을 가지고 현대교회의 문제를 비판적으로 고찰하고 있다는 것이다.

고흐는 네덜란드 개혁교회 목사의 아들이다. 신학교에서 공부한 적도 있고 교단에서 탄광지역에 선교하도록 파송을 받았던 적도 있었던 사람이다. 그는 요즘말로 말 그대로 성육신적인 선교를 실천하였는데 교단 본부에서 시찰 온 사람의 눈에는 미치광이로 비쳤던 것 같다. 실제로 고흐는 정신적으로 온전한 상태는 아니었던 것 같고 결국 권총 자살로 생을 마감하였다. 그렇기 때문에 고흐는 프랜시스 쉐퍼에 의해 기독교 미술가로 인정받지 못하고 배척을 받았지만 요즘에는 기독교 미술에서도 고흐에 대하여 적극적으로 소개가 되고 있다.

제서니는 미국에서의 기독교 신앙이 하나님이 누구인지에 근거하지 않고 하나님이 우리에게 무엇을 해 줄 수 있는지에 근거하여 형성되고 있음을 지적하고 있다. 노트르담대학교의 종교사회학자인 크리스천 스미스(Christian Smith)은 5년간 미국 10대들의 영적 생활을 조사한 후, 교회에 출석하는 대부분의 10대 청소년이 지닌 신앙을 "도덕적 치료주의 이신론"(MTD, Moralistic Therapeutic Deism)이라고 결론 내리고 있는데,[1] 많은 10대들이 하나님을 이처럼 자기중심적으로 인식하는 이유는 그들의 부모님들 세대, 즉 대부분의 미국 성인들이 같은 믿음을 지니고 있기 때문이다.[2]

제서니가 보기에 오늘날의 미국 개신교 예배는 엔터테인먼트에 사로잡혀 있다. 하지만 이러한 예배는 전혀 새로운 것이 아니다. 제서니는 19세기 찰스 피니의 부흥 운동 이래로 이미 각색된 체험을 활용하여 영적 변화를 일으키려는 시도가 있었음을 지적하고 있다.[3] 이런 미국제 복음주의의 가장 큰 문제는 예측할 수 없는 하나님을 제어할 수 있는 원칙으로 대체하려는 모습이라고 할 수 있다. 미국의 그리스도인들은 올바른 커리큘럼과 올바른 원칙, 올바른 프로그램만 있으면 하나님의 영이 언제나 우리가 기대하는 결과를 얻도록 일하실 것이라고 보는 경향이 있다.

"그리스도인의 삶에 대한 '꼽으면 작동한다'(plug-and-play) 식의 이런 접근법은 하나님을 우주적인 자동판매기로 만들고 있으며, 성령이 사람들 가운데가 아닌 잘 만들어진 조직체와 체계 속에 거주하신다고 믿게 한다."[4]

이러한 상당히 제도적이며 소비자지상주의적인 기독교는 "소멸하는 불"이신 하나님을 바르게 이해하지 못한다.

---

1 스카이 제서니, 『하나님을 팝니다: 소비자 지상주의에 물든 기독교』, 이대은 옮김 (서울: 죠이출판사, 2011), 65.
2 제서니, 『하나님을 팝니다』, 66.
3 제서니, 『하나님을 팝니다』, 134f.
4 제서니, 『하나님을 팝니다』, 174.

"우리는 바람이나 불처럼 우리의 통제를 벗어난 신비로운 하나님의 은혜라는 움직임에 복종하는 대신 하나님의 능력을 손에 넣고 이미 결정된 결과들을 만들어내기 위해 프로그램을 만들고자 한다."[5]

미국의 그리스도인들에게 교회는 사람들을 하나님께로 더 가까이 운송하는 실용적인 원양 정기선이라기보다 주의를 산만하게 하는 오락거리로 가득한 육중한 호화 여객선처럼 보인다. 제서니는 말한다.

"성숙한 그리스도인일수록 여기에서 내리고 싶어했다."[6]

우리나라에서도 개신교 신앙을 가지고 있지만 기성교회에 실망하여 교회에 출석하지 않는 가나안 성도들이 출현하고 있는 실정이다. 교회가 믿음의 유익을 가져오는 기관이 되어야 할텐데 실제로는 신앙생활에 방해거리가 되고 있는 것이다.

필립 얀시의 책 중에 『교회: 나의 고민, 나의 사랑』이라는 책이 있다. 이 책의 원래 제목은 『교회: 왜 골칫거리인가?』(Church: Why Bother?)이다. 영적인 안식처가 되어야 할 교회가 왜 골머리를 앓게 하는지를 잘 보여주는 제목이 아닐 수 없다. 필립 얀시는 이 책에서 두 가지 교회를 소개하고 있다. 하나는 부정적인 교회의 모습이고 다른 하나는 긍정적인 교회의 모습이다. 필립 얀시가 소개하고 있는 부정적인 교회의 모습은 자신이 어린 시절 신앙생활했던 미국 남부의 인종차별하는 근본주의 교회이다. 필립 얀시와 얀시의 형은 근본주의적 신앙의 경직성에 항의하며 10대 후반 교회 밖으로 나왔다. 기독교 신앙을 버린 것이다. 얀시가 소개하고 있는 또 하나의 교회의 모습은 시카고에서 필립 얀시가 경험한 라셀스트리트라는 교회인데 매우 긍정적인 교회의 모습으로 그려지고 있다.

---

5 제서니, 『하나님을 팝니다』, 176.

6 제서니, 『하나님을 팝니다』, 183.

우리가 현실의 교회를 접하게 될 때 느끼는 양가 감정이 있다. 적극적으로 교회 생활을 하려는 거룩한 열정과 함께 소극적으로 무리 가운데 머물러 있고자 하는 유혹이 우리 마음에 함께 존재한다. 여기에는 우리가 이전에 경험한 교회 경험이 큰 몫을 한다. 내가 경험한 교회 생활이 행복했으면 교회 생활을 통해 얻는 유익에 대한 기대가 있을 것이고 그렇지 않을 경우에는 아무래도 적극적으로 교회 생활에 관여하려는 마음이 없게 될 것이다.

개신교가 유럽 대륙에서 태동하여 잉글랜드와 미국에서 그리고 전 세계적으로 변형을 겪은 것과 관련하여 제서니가 소개하고 있는 일본의 숨은 그리스도인(Crypto-Christian)에 대한 이야기는 우리에게 시사하는 바 크다 할 수 있다. 일본에 맨 처음으로 기독교 신앙을 전파한 사람은 이그나티우스와 함께 예수회 설립 멤버였던 프란시스 사비에르(Francis Xavier, 1506-1552)로 알려져 있다. 사비에르가 일본에 도착한 것은 1549년이었는데 이후 30만 명이 될 정도로 신자수가 많아졌다. 일본의 전국 시대 오다 노부나가, 도요토미 히데요스 그리고 도쿠가와 이에야스에 대해 그리고 있는 『대망(大望)』이라는 장편 소설에 보면 오사카에 그리스도인들이 있었다는 언급이 있다. 임진왜란 때 적장가운데 한 명이었던 고니시는 가톨릭 신자로 알려져 있으며 세스페데스라는 신부가 종군신부로 따라오기까지 하였다고 한다. 고니시는 큐슈지방의 영주였는데 당시 큐슈 인구의 10%가 가톨릭 신자라는 주장까지 있는 모양이다.

오다 노부나가는 비교적 기독교 신앙에 대해서 관용적이었던 것 같은데 도요토미 히데요스 사후에 최종적으로 일본을 통일한 도쿠가와 이에야스의 에도 막부에서는 일본 본토에 서양의 영향력이 커질 것을 두려워해 기독교를 박해하기 시작했다. 1641년 일본에서 선교사들은 추방되고 그리스도인들은 불교도나 신도 신자로 등록할 것을 강요받았다. 최근에 영화로 만들어진 엔도 슈사쿠의 소설 『침묵』(Silence)은 이때를 배경으로 한 소설로 알려져 있다.

240여 년이 지나 19세기 후반 일본을 다시 찾은 유럽인들은 나가사키 근처 언덕 지역에 거주하는 숨은 그리스도인 공동체를 발견하고 놀랄 수밖에 없었다. 에도 막부의 박해에도 불구하고 여전히 기독교 신앙을 고수한 이들이 있었던 것이다. '숨은 그리스도인' 또는 '숨다'라는 뜻의 '카쿠레'(かくれ)로 알려진 이들의 외적인 삶은 다른 일본인과 구분되지 않았다.

그들은 살아남기 위해 비그리스도인의 습관과 생활방식, 외모 등을 차용했고, 심지어 집에 불교 사당을 만들기도 하였는데, 칸막이를 만들어 기독교 성화와 성상을 숨겨놓고 "벽장 속 신"에게 기도드렸다. 기독교 신앙을 엄폐하기 위해 그들은 일본의 문화양식을 차용하는 전략을 취했던 것이다. 하지만 이들은 선교사에게 물려받은 신앙을 보존하려는 면에서 실패하고 말았는데 이들 숨은 그리스도인들은 시간이 지날수록 그들의 기독교 믿음과 일본식으로 변장시킨 믿음을 혼동하게 되었고 그 결과 정통기독교 교리에서 벗어난 혼성 종교가 탄생하게 되었다.

"아마도 이것은 정신으로나 내용으로나 일본적인 민족 종교라고 하는 것이 더 정확할 듯하다."[7]

1981년 일본을 방문한 교황 요한 바오로 2세는 카쿠레 공동체 지도자들을 만나 그들이 다시 가톨릭교회로 입회하길 권하였지만 "우리는 가톨릭교회에 입회하는 데 관심이 없습니다. 다른 누구도 아닌 오직 우리만이 진정한 그리스도인입니다"라는 대답이 돌아왔다.[8]

이런 숨은 그리스도인에 대한 이야기를 소개하고 있는 제서니의 의

---

[7] 제서니, 『하나님을 팝니다』, 49.
[8] 제서니, 『하나님을 팝니다』, 50.

도는 명확하다. 문화적인 생존을 추구하며 변형에 변형을 거듭하다 보면 결국 어느 순간 기독교 신앙의 정체성 자체를 상실해 버리게 될 위험이 있다는 것이다. 제서니는 이런 문맥에서 "현대 미국교회는 대부분 미국 소비자지상주의에 지나치게 동화되어서 믿거나 행동할 능력이 거의 없다"라고 지적한 월터 브루그만의 말을 인용하고 있다.[9]

나는 이 내용을 읽으며 전세계적으로 3백 만의 신자가 있다고 하는 국제연합오순절교단(United Pentecostal Church International)에 대한 맥그래스의 언급을 떠올리게 되었다. 1945년에 설립된 이 오순절 교단은 극단적인 양태론을 주장하며 삼위일체를 부정하는 교단이라고 한다.[10]

우리는 너무 교리적으로 매여서도 안 되겠지만 교리적으로 너무 느슨해서도 안된다. 문화적 적응성과 복음적 정체성은 항상 함께 가야 한다. 문화적 적응성을 강조하다가 복음적 정체성을 상실해도 안될 것이고 복음적 정체성을 강조하다가 문화적 적응성을 잃어버려서도 안될 것이다. 내가 박사 과정 공부를 위해 풀러신학교에 도착한 것은 1998년 여름이었다. 그 전 해인 1997년이 풀러신학교 설립 50주년이었기 때문이었는지 학교 곳곳에 50주년 기념 현수막 같은 것이 걸려있었는데 "변화하는 세상, 불변의 복음"(Changing World Unchanging Gospel)이라는 문구였다.

불변의 복음을 우리는 변화하는 세상 가운데 전해야 한다. 그러기 위해서는 문화적 적응이라고 하는 것은 피할 수 없는 필수적인 과정이다. 우리는 시대를 읽어내는 통찰력을 가져야 한다. 하지만 우리에게는 시대를 잘못 읽어낼 가능성이 존재한다는 사실을 기억할 필요가 있다. 문제

---

9   제서니, 『하나님을 팝니다』, 51.
10 맥그래스, 『기독교, 그 위험한 사상의 역사』, 698.

는 시대를 따라잡으려 하다가 복음의 정신까지 내어버릴 위험이 있다는 것이다.

1985년 코카콜라는 시대의 흐름에 부합하기 위한 일환으로 주력상품을 철수하고 더 달고 덜 복잡한 새로운 코크(New Coke)을 내놓았지만 시장의 반응은 냉담했고 석달여 만에 '코크 클래식'(Coke Classic)이라는 이름을 달고 옛 코크(Old Coke)를 재출시하게 되었다. 맥그래스는 이러한 예를 기독교에 대해서 자유주의 신학자들이 시장을 잘못 읽고 다른 복음을 제시하였던 일에 대한 경고로 받아야 함을 말하고 있다.[11]

이 부분에 있어서 마이클 호튼은 복음적 정체성을 포기해서는 안된다는 점을 강하게 주장하고 있다.

> 우리에게 맡겨진 역할은 듣는 사람에 따라 복음 메시지를 수정하는 것('이 시대의 경향에 순응'하는 것)이 아니라, 오히려 듣는 사람을 복음에 맞춰 변화시키는 것('우리의 마음을 새롭게 함으로 변화'받는 것, 롬 12:2)이다.[12]

가톨릭 신학자인 한스 큉도 이와 관련하여 다음과 같이 말하고 있다.

> 물론 교회는 움직여야 하고 계속 변해야 한다. 역사적 존재로서 달리 도리가 없다. 그러나 어떤 일이 있더라도 결코 어떤 다른 존재로 이질화해서는 안된다.[13]

---

[11] 맥그래스, 『기독교의 미래』, 73f.
[12] 마이클 호튼, 『사도신경의 렌즈를 통해서 보는 기독교 핵심』, 윤석인 옮김 (서울: 부흥과개혁사, 2005), 256.
[13] 한스 큉, 『교회란 무엇인가』, 이홍근 옮김 (칠곡: 분도출판사, 1978) 129.

그런 의미에서 미국제 복음주의는 복음적 정체성에 대한 관심을 가져야 한다. 한국교회도 마찬가지다. 한국교회 안에 하나님의 교회나 신천지와 같은 이단들이 횡횡하는 가운데 교리에 대한 관심이 일어나고 있는 것은 좋은 일이다. 또한 신학적인 성숙에 대한 관심을 가지게 되는 것은 바람직한 일이라고 할 수 있다. 하지만 지나치게 교리적으로만 흘러가도 안된다. 기독교 신앙에 대해 매우 좁게 정의하게 되면 신앙적인 면에서 안전하기는 하겠지만 문화적인 적응성을 잃어버릴 위험이 있다.

나는 교리에도 나름의 위계가 있다고 생각한다. 아니 이것은 나만의 생각이 아니고 거의 모든 신학자들이 동의하는 내용이다. 중요한 교리(major doctrines)가 있는가 하면 그렇지 않은 교리(minor doctrines)가 있다는 식의 구분은 웨인 그루뎀이나 맥그래스에게서 공통적으로 발견할 수 있는 내용이다. 물론 주된 교리나 부차적인 교리의 구체적인 내용은 다소 차이가 나기는 한다. 예컨대 성경 무오설 같은 경우 웨인 그루뎀은 중요한 교리로 분류하지만 맥그래스는 그렇지 않다.

나는 교리를 맥그래스나 그루뎀처럼 두 가지로 분류하는 것도 좋지만 그보다는 스탠리 그렌츠와 로저 올슨처럼 세 가지로 분류하는 것이 보다 도움이 된다고 생각하여 학생들에게 그렇게 소개하고 가르치고 있다. 신학의 비판적 과제와 관련하여 그렌츠와 올슨은 중요성의 정도에 따라 타당한 기독교 신념들을 분류하는 일을 들고 있다.

> 수세기에 걸쳐 신학자들은 기독교 신앙의 내용들을 **도그마**(dogma), **교리**(doctrine), **의견**(opinion)이라는 세 가지 중요한 범주로 발전시켰다. 어떤 신념이 복음의 본질적인 것일 때 그것은 도그마로 간주되었다. 달리 말해서 그것을 부정하는 결과가 예수 그리스도의 복음을

거절하는 **배교**(apostasy)를 초래하면 그것은 도그마이다.[14]

'교리'는 특정한 전통이나 교단이 회원으로 받아들이는 기준으로 요구할 만큼 중요하게 생각하는 믿음의 내용들이다. '의견'은 특정한 교단이 개인적인 해석의 문제로 판단하는 신념들이다. 그것을 부정할 경우 이단이 되는 도그마(교의)에 속하는 것으로 나는 삼위일체론, 신인양성교리, 이신칭의 등이 있다고 생각한다.

어떤 교단 안에서 신종하는 교리라고 할 수 있는 교리에 속하는 것으로 나는 장로교회 같으면 예정론, 감리교회 같으면 완전성화 같은 것이 있다고 생각한다. 예정론 가운데 전택설이나 후택설, 또는 천년왕국설 가운데 전천년설, 후천년설, 무천년설 등은 의견에 속하는 것이라고 생각한다. 즉 교단 안에서도 얼마든지 의견을 달리할 수 있는 교리라는 것이다.

나는 장로교 목사이지만 어거스틴이나 칼빈이 주장한 '의로운 전쟁'(just war)에 대해서 절대평화주의를 통한 보완이 필요하다고 생각한다. 흔히 우리는 모든 전쟁이 의로운 것은 아니지만 의로운 또는 정당한 전쟁도 있다고 주장한다.

가령 방어를 위한 전쟁은 불가피하지 않겠는가?

모든 전쟁이 불의하다고 생각해서 북한이 남침할 때 손 놓고 망하자는 식의 주장은 이치에 맞지 않는다. 그러므로 개혁신학에서 신종하는 의로운 전쟁론은 상식에 부합하는 주장이라고 할 수 있다. 그런데 자칫 잘못하면 이런 의로운 전쟁론은 악용될 소지가 다분히 있다.

일전에 부시 미국대통령은 우리가 상식적으로 생각하는 공격과 '방

---

14 스탠리 그렌츠 & 로저 올슨, 『신학으로의 초대』, 이영훈 옮김 (서울: IVP, 1999), 82f.

어' 개념에 대해 우리를 공격할 것 같은 적을 선제 공격하는 것도 방어라고 주장하며 이라크를 침공했었다. 방어를 위한 전쟁이라고 하는 것이 얼마든지 왜곡될 수 있음을 보여 주는 사례가 아닐 수 없다. 그래서 나는 개혁신학의 입장에서도 절대평화주의에 대해 진지하게 고려할 필요가 있다고 주장한다.

리차드 마오의 『칼빈주의 라스베가스 공항을 가다』에 보면 마오가 고등학교 시절 헌신적인 평화주의자 선생님과 논쟁한 이야기가 나와 있다. 마오는 그 선생님을 좋아하긴 했지만 그의 평화주의적 관점에는 동의하지 않아 때로 수업 후 그 선생님과 논쟁하기도 했다.

어느 날 마오 학생은 선생님께 따져 물었다.

"지금 공산당들이 선생님 가족을 살해하려고 합니다. 선생님의 손에 무기가 있어서 그것을 사용하면 그들을 제압할 수 있는 상황입니다. 그 상황에서도 무기를 사용하지 않으시겠습니까?"

선생님은 대답한다.

"사용하지 않겠다."

마오 학생은 더욱 화가 나서 되묻는다.

"왜요? 무기를 사용하면 온 가족의 목숨을 구하고 살 수 있고 그렇지 않으면 다 죽게 되는데요."

그때 선생님이 말씀한다.

"그것은 그들이 우리에게 할 수 있는 최악의 일이 아니기 때문이란다."

이 사건 이후로 마오는 비록 그 선생님의 절대평화주의에 동의하지는 않았지만 그 선생님을 존경하게 되었다고 한다.

> 우리의 실제적 안전은 오직 하나님 안에서만 발견되어야 하고, 인간에게 일어날 수 있는 가장 나쁜 일은 그 안전의 원천에서 끊어지는 것이라는 사실이다. 선생님은 궁극적인 '방어'의 문제에 대해 생각하

는 것을 전문적으로 했기 때문에, 나보다 훨씬 명확하게 이것을 볼
수 있었다.[15]

마오는 화란의 개혁신학자인 아브라함 카이퍼(Abraham Kuyper, 1837-1920)를 추종하는 카이퍼리안 칼빈주의자로 자신을 소개한다. 하지만 마오는 자신과 다른 신학적 입장을 가진 사람들에게서 배울 것이 많음을 기꺼이 인정하고 있다. 칼빈주의적 신념을 공유하지 않는 일반 대중들로부터 마오는 자신의 신학적 입장에 대한 "소중한 개선책"을 접하게 되었다고 말한다. 칼빈주의자들은 하나님의 주권과 인간의 자유가 충돌하는 경우, 하나님의 주권을 강조하는 쪽으로 기울게 된다. 그러는 가운데 칼빈주의자들은 모든 것을 통치하시는 하나님의 주권을 약화시키기보다는 인간의 책임성을 평가절하하는 오류를 범하기도 한다. 자유의지를 특별히 부각시키는 그리스도인들은 칼빈주의자들보다 복음전도에 있어 훨씬 열심이다.

> 나는 복음전도가 매우 중요하다고 믿는다. 나는, 다른 신학들에 있어
> 오류라고 주장되는 것들을 무조건 비난하기보다는, 그것들을 나와 같
> 은 칼빈주의자들을 위하여 훌륭한 도움이 된다고 생각한다.[16]

우리는 미국제 복음주의를 비판만 하고 있어서는 안된다. 신학적으로 우리의 입장과 조금 다르다고 해서 무조건 비판하고 배척하는 것은 바르지 않다. 20세기 초반의 동아프리카의 부흥에 대한 것을 살펴보는 가운

---

15 리차드 마우, 『칼빈주의, 라스베가스 공항을 가다』 (서울: SFC, 2008), 191.
16 마우, 『칼빈주의, 라스베가스 공항을 가다』, 189.

데 우리의 마음은 편치만은 않다. 왜냐하면 세대주의의 대표격이라고 할 수 있는 스코필드 관주성경을 함께 읽다가 부흥을 경험하였기 때문이다. 또한 흑인지도자들과 긴밀하게 협력하였던 캠브리지 출신의 백인 의사는 케직성결 운동에서 깊은 영향을 받았다는 것이다. 케직이나 세대주의나 특별히 개혁신학을 신종하는 사람들 입장에서는 기피하고 적극적으로 비판하는 신학적 입장이다.

우리는 정답 하나에 길들여져 있다. 복수정답을 인정하려 하지 않는다. 그런 부분에서 나는 신학을 지도라고 설명하는 것이 참 좋다는 생각을 해 본다. 지도가 실제를 다 담을 수는 없다. 가령 서울시 지도는 서울시를 축약해 놓은 것이다. 서울시를 그대로 다 담을 수는 없는 노릇이다.

지하철역에 가보면 서울시 지도에 노선도를 그려 놓은 것을 역마다 확인할 수 있다. 그리고 지하철을 타면 지하철 문 위에 또 노선도가 그려져 있다. 실제에 가까운 것으로 한다면 지하철 역에 있는 서울시 지도 위에 노선도를 그린 것이 실제에 더 가까울 것이다. 그러나 편리하고 간편한 것으로는 지하철 문 위에 그려져 있는 노선도가 더 좋을 것이다. 그런 면에서 지도로서의 신학이라고 하는 것은 각각의 장단점을 가지고 있는 것이다. 그 가운데 개혁신학이 가장 실제에 가까운 지도를 우리에게 제시해 준다고 자부심을 가질 수는 있을 것이다. 그러나 실제적인 편리라고 하는 면에서는 다른 신학이 더 나을 수도 있음을 우리는 기꺼이 인정해야 한다.

16

개신교 vs 가톨릭

    우리나라 가톨릭은 개신교처럼 외국인 선교사가 들어와 포교한 것이 아니라 중국 청나라에 사절로 갔던 사람들이 가톨릭 신앙을 받아들인 후 우리나라에 돌아와 포교하여 자생적인 신앙 공동체가 형성된 매우 특이한 경우라고 한다.

    2011년 발표된 김훈의 『흑산』은 1801년에 있었던 황사영 백서 사건을 재조명한 소설이라고 할 수 있다. 이 황사영 백서 사건으로 초래된 신유박해를 통해 당시 1794년부터 우리나라에 들어와 있던 청나라 신부 주문모를 비롯하여 100여 명이 처형되고 400여 명이 유배되었다. 이후의 이런저런 박해를 통해 19세기에 순교한 가톨릭 신자 수가 만여 명이 넘는다고 한다. 보통 개신교 순교자 수를 말할 때 삼천여 명으로 말하는 것을 감안하면 가톨릭 순교자 수가 3배 이상임을 알 수 있다.

    전국적으로 개신교 신자 수가 가장 많은 지역은 인천광역시와 전라북도로 알려져 있다. 전국적으로 가톨릭 신자 수가 가장 많은 지역은 경기도 화성이라고 한다. 그곳에 있는 남양성모성지는 1866년에 있었던 병인박해 때 순교한 무명 순교자들을 기리는 곳인데 병인박해 때만 팔천여 명의 가톨릭 신자들이 순교하였는데 그 중 많은 숫자가 남양도호부에서 처형된 사람들이라고 한다. 남양 지역에 일찍부터 가톨릭이 전파되어 신자들이 많았던 것으로 여겨진다.

가톨릭이 우리나라 선교 초기에 박해를 받은 가장 중요한 문제는 제사 문제였다. 그리고 가톨릭은 별반 19세기 구한말이나 일제강점기에 우리 민족의 아픔과 고난에 동참한 흔적이 없다. 내가 기억하는 한 가톨릭 신자 독립투사로는 안중근 의사 이외에는 아는 사람이 없다. 특별히 일제강점기인 1936년 5월 25일 교황청이 우리나라의 제사제도를 용인하면서 자연스럽게 신사참배까지도 가톨릭에서는 국가의 의례로 받아들이게 되었다. 전래된 역사를 따지면 개신교보다 100여 년 앞서 우리나라에 전래되었고 수많은 순교자를 낳았지만 구한말과 일제 강점기 우리 민족의 역사와 함께 한 흔적이 별로 없으며 실제로 대사회적인 역할이나 책임을 제대로 감당했다기보다는 혹독한 박해 가운데 근근하게 신앙을 지켜나간 정도라고 밖에 말할 수 없을 것이다.

개신교는 도리어 가톨릭보다 100여 년 후에 전래되었지만 얼마 되지 않은 시간에도 불구하고 풍전등화와도 같던 우리 민족의 상황에 깊이 개입하였고 삼일만세 사건(1884년에 개신교가 처음 전래되었다면 기미년 1919년은 35년 되던 해이다) 당시 33인의 민족지도자 가운데 16명을 배출하기까지 하였다. 물론 이들 16명의 개신교 대표들이 일제강점기 말 일부 변절한 것에 대한 비판이 있을 수도 있겠지만 그렇다고 그들이 했던 나름의 업적이 송두리 채 무시되어서도 안될 것이다.

나는 일제강점기와 해방 이후 우리나라의 역사에서 보수적인 개신교와 진보적인 개신교 및 가톨릭이 담당했던 역할에 대해 생각할 때마다 잘 풀리지 않는 난제에 직면하곤 한다. 일제강점기에는 보수적인 개신교가 우리 민족과 함께 운명을 같이 하며 일제에 저항하였고 진보적인 개신교나 가톨릭은 신사참배를 비롯 일제의 정책에 대해 별반 저항하지 않고 협조적이었다면 왜 해방 이후에는 이 역할에 있어서 역전이 일어났는가 하는 것이다. 즉 우리나라의 민주화 과정에서 보수적인 개신교는 별반 한 역할이 없고 도리어 독재정권을 방조했다면 진보적인 개신교와 가톨릭에서는 독재정권에 대해 나름의 강력한 투쟁을 하였음을 우리 모두가 알고 있다.

특히 가톨릭은 3공화국인 박정희 대통령 시절과 5공화국인 전두환 대통령 시절 반독재투쟁의 선봉에 섰다. 모르기는 해도 이런 반독재투쟁의 반대급부를 지금 가톨릭은 누리고 있다고 볼 수도 있다. 적잖이 당시의 상황에서 고민하던 지식인 계층이 가톨릭으로 이동하는 현상이 발생했던 것이다. 물론 그 중심에는 고(故) 김수환 추기경(1922-2009)이 있다.

내가 아는 김수환 추기경을 간단히 소개해 보자. 김수환 추기경은 무슨 자격인지는 자세히 모르겠지만 2차 바티칸 공의회(1962-1965)에 업저버로 참여하였던 것으로 알고 있다. 2차 바티칸 공의회는 근대화에 역행하는 수구세력에 불과했던 가톨릭이 근대화에 성공한 회의로 알려져 있으며 가장 중요한 사건은 이때를 계기로 각 나라의 모국어로 미사를 드리게 되었다는 것이다. 김수환 추기경이 추기경으로 임명된 것은 2차 바티칸 직후인 1969년이다. 우리나라 나이로 48살 때이니 거의 파격에 가까운 임명이었다고 할 수밖에 없을 것이다.

1971년 진해에 있는 해군사관학교 졸업식에 박정희 대통령과 기차에 동승해서 내려가던 중 그 다음 해 있을 10월 유신을 감지하게 되었고 그 것을 전국에 생중계되고 있던 명동성당 성탄절 자정미사 때 비판하였으며 그 방송은 즉시 중단되었다고 한다. 어느 해인가는 명동성당 성탄절 자정미사를 다른 신부님에게 맡기고 자신은 봉천동 달동네에서 어려운 서민들과 함께 성탄절을 보내기도 하였다. 추기경으로 고위 성직자였음에도 늘 자신은 이런 곳에 있을 사람이 아니라 가난한 사람들과 함께 있어야 한다는 마음의 자괴감을 평생 가지고 있었던 분으로 알고 있다. 개신교 모 목사님의 말씀에 의하면 김수환 추기경 한 사람의 포교효과는 백만 명에 버금간다고 한다. 조계종의 성철 스님의 포교효과도 마찬가지였다고 한다. 물론 이런 주장은 절대시할 수도 객관적으로 확인할 수도 없기는 하지만 한 사람의 인격의 감화력이 어느 정도인지를 가늠하게 해 주는 이야기로 생각하면 좋겠다.

지금 프란체스코 교황(Pope Francis, 1936-)의 행적이 내게는 딱 김수환 추기경의 그것과 겹쳐져 전혀 낯설지 않다. 프란체스코 교황의 즉위에 대해 모일간지에서는 "100만 명의 직원을 거느린 회사의 CEO가 죽어가던 조직을 살렸다"고 보도하고 있다. 2013년 3월 바티칸은 '위기 상황'에 가까웠다고 한다. 전임 교황인 베네딕트 16세(Pope Benedict XVI, 1927-)는 598년 만에 처음으로 자신 사임했다. 하지만 취임 1년 만에 프란체스코 교황이 보여 준 '성적표'는 눈부시다. 매주 교황의 강론을 듣기 위해 바티칸을 찾는 신도는 8만 5000여 명에 이른다. 전임 교황 시절 5000여 명의 17배 규모다. 전 세계의 트위터 팔로어 숫자는 1220만 명이라고 한다.

프란체스코는 가톨릭교회의 핵심 가치를 '빈자를 위한 교회'라고 선언하고 가톨릭교회의 조직을 재정립하였다. '100만 임직원'인 사제를 거느린 '세계적 다국적 기업'인 가톨릭이 낡고 고루한 이미지를 탈피하여 달라지고 있는 것이다. 이코노미스트는 "애플의 스티브 잡스(1955-2011)와 IBM의 루 거스너(Louis V. Gerstner Jr., 1942-)처럼 프란체스코 교황은 미국 하버드대학교 경영대학원의 케이스 스터디(사례 연구)에 들어가야 할 CEO"라고 보도했다.[1]

우리 개신교 선조들이 가톨릭 특별히 교황제에 대해 강한 반감을 가졌던 이유 중에 하나는 교황제는 개혁이 불가능하다는 생각을 가졌기 때

---

[1] 「조선일보」(2014. 4. 26).

문이라고 한다. 교황제의 특성상 개혁 자체가 불가능하다는 것이다. 실제로 이런 우려는 19세기까지 아니 20세기의 상반기까지도 상당한 설득력을 가졌다고 볼 수 있다. 하지만 제2 바티칸 공의회를 통해 가톨릭은 나름의 개혁을 이루어 근대화에 성공하였다는 평가를 받고 있다. 경직된 교황제라는 정치구조 때문에 바른 개혁이 불가능하다는 우려를 불식시키고 생각이 바로 박힌 한 사람 교황이 바뀌자 전체적인 분위기가 변모하고 있는 것이다.

칼 바르트(Karl Barth, 1886-1968)는 명실상부 20세기 최고의 신학자다. 심지어 그를 반대하는 사람들마저도 그가 이룬 신학적 기여, 즉 자유주의 신학으로 치닫고 있던 신학의 물꼴을 바꾼 일과 나치에 대항하여 맞선 그의 실천적이고 선지자적인 행동에 대해서는 찬사를 보내고 있다. 문제는 자유주의 신학에서 정통으로 돌아오다가 덜 돌아온 측면이 있다고 해서 신정통이라고 그의 신학을 지칭하고 2차 세계대전 이후에 공산권에 대해 비판하지 않은 것에 대해 용공주의라는 혐의를 씌우곤 한다. 특히나 남북 분단의 냉엄한 현실 가운데 살아온 우리나라 사람들에게는 분단논리가 신학에서도 흑과 백으로 사람을 나누는 식으로 작용하여 건전한 판단을 방해한 것은 아닌가 하는 생각을 하게 한다.

후기 바르트의 신학을 보통 "하나님의 말씀의 신학"이라고 부른다. 내가 칼 바르트의 『교회 교의학』 I-1과 I-2, 특별히 I-2의 후반부에서 다루고 있는 하나님의 말씀론을 읽어본 바로는 이 부분에서 바르트는 거의 가톨릭을 이단 취급하고 있는 듯하다. 성경의 영감에 대해서도 디모데후서 3장 16절과 베드로후서 1장 20-21절의 말씀을 인용하고 있는 것이 내게는 놀랍기만 했다. 하지만 정통 신학에서의 영감론에 대해서는 비판적으로 접근하는 것도 확인할 수 있었다.

바르트는 말씀을 가르치는 교회와 가르침을 받는 교회라고 하는 가톨릭의 분류를 유용한 분류로 받아들이지만 소위 말하는 가톨릭의 성직자와 평신도의 분류를 거기에 적용하지는 않는다. 성직자들을 포함하여 교회는 먼저 말씀을 듣는 교회가 되어야 한다. 교회는 말씀을 듣는 것으로만 끝나서는 안 되고 말씀을 가르치는 교회가 되어야 한다. 말씀을 세상 가운데 적극적으로 살아내야 하는 것이다. 보통 우리가 하는 말로 말씀 중심의 신앙이 무엇인지를 바르트는 확실하게 말하고 있다. 그런 의미에서 바르트의 말씀론을 암묵적으로 이해하자면 가톨릭은 거의 이단이라고 할 수 있다.

이런 가톨릭에 대한 바르트의 태도는 생애 말년에 이르러 변화하게 된다. 바르트는 제2차 바티칸 공의회의 성과에 대해서는 언제나 열렬한 관심을 보였고, 공의회 이후의 가톨릭 신앙에도 상당한 관심을 기울였다. 바르트는 "그 공의회 때, 혹은 그 이전과 이후에 가톨릭교회 안에 생겨난 운동, 그리고 앞으로도 확실히 지속될 그 진지하고 강력한 운동을 기뻐하되, 낙관주의에 빠져서가 아니라 그리스도교의 희망 안에서 진심으로 기뻐하는 사람들" 가운데 자기도 한 사람임을 자신 있게 밝히고 있다.

그러면서 자신이 가톨릭으로 개종하는 것이 아닌가 걱정하는 사람들에게 바르트는 "걱정하지 마시오, 내가 가톨릭 교인이 되는 건 아니니까!"라고 말하면서 "우리가 저쪽으로 로마 가톨릭교회로 넘어가든지, 아니면 저쪽에서 우리 쪽으로 넘어오든지 개종(Konversion) 자체로는 아무런 의미도 없다. (저쪽이나 이쪽이나 죄 지은 건 마찬가지!) 그것이 의미 있는 것이 되기 위해서는 다른 교회로의 '개종'이 아니라, 하나의, 거룩한, 보편적인, 사도적인 교회의 주인이신 예수 그리스도께로 개종하는 필연적 형태의 '개종'이 되어야 한다"라고 주장하고 있다. 결국 가톨릭이나 개신교나 근본적으로 중요한 것은 모든 사람이 자신의 자리에서, 자신의 교회에서 한 분이신 주님의 부름을 받고 있으며, 자신의 직분을 다하라는 부름을 받고 있다는 사실이라고 바르트는 확신하고 있다.

아울러 바르트는 자신이 말하는 그런 예수 그리스도께로의 '개종'이 현재 개신교회 쪽보다는 새로운 가톨릭 신앙 안에서 더욱 결정적으로 일어나고 있는 것이 아닌지 물으면서 점점 더 불안함을 느끼기도 했다고 한다.

> 만일 어느 날엔가 로마가 (로마이기를 그치지 않은 상태에서) 복음의 말씀과 정신에 따라 교회를 갱신하는 일에서 우리를 훨씬 능가해서, 우리가 어두운 곳으로 밀려나면 어떻게 하나? 만일 우리가 첫째는 꼴찌가 되고, 꼴찌는 첫째가 되는 것을 경험한다면? 저쪽 선한 목자의 목소리가 우리의 목소리보다 더 또렷한 반응을 얻게 된다면.[2]

이런 바르트의 불안함은 내가 지금 느끼는 불안이기도 하다. 우리 개신교가 구교이고 가톨릭이 신교 같은 느낌이 때로 드는 것은 나만의 기우인지 모르지만 개신교 특유의 혁신이나 진취적인 정신은 온데 간데 없이 이전의 가톨릭이 대변했던 전근대적인 수구세력이라는 오명을 우리나라의 개신교는 뒤집어쓰고 있는 것은 아닌가 하는 우려를 금할 수 없다. 우리의 신앙의 선조였던 종교개혁자들과 그들의 후예들이 가톨릭이 소망이 없다고 생각했던 이유 중의 하나가 가톨릭은 개혁이 불가능하다는 것이었는데 가톨릭이 진지하게 자신들의 과오를 인정하고 개신교로부터 배우려는 자세를 가지고 있는 모습으로 새롭게 변화된 것은 놀랍기만 하다.

물론 그럼에도 가톨릭이 여전히 개신교에 대해 우월감을 가지고 있음 또한 사실이기에 그런 가톨릭의 전향적인 자세를 액면 그대로 받아들이

---

[2] 에버하르트 부쉬, 『칼 바르트』, 손성현 옮김 (서울: 복있는사람, 2014), 823f.

기보다는 가진 자의 여유라고 하는 것으로 이해할 부분도 없지는 않다.

나는 칼빈 유학 시절에 지도 교수가 목회학 석사 과정에서 가르치는 기초변증학 과목을 청강한 적이 있다. 그때 교재가 보스턴대학교의 철학 교수인 피터 크레프트(Peter Kreeft, 1937-)와 그의 학생이었던 로날드 타첼리(Ronald K. Tacelli)가 공저한 『기독교 변증학 핸드북』(*Handbook of Christian Apologetics*, 1994년)이었는데 피터 크레프트는 칼빈대학 출신으로 가톨릭으로 개종한 사람임을 알게 되었다.

로날드 타첼리는 보스턴 대학교의 학부에서 크레프트에게 배운 학생이었는데 하나님의 존재에 대한 20가지 논증을 크레프트와 함께 고안한 것으로 유명하며 지금은 예수회 신부이다. 그 어간에 나는 가톨릭과 개신교의 차이점과 동일한 점에 대하여 크레프트가 쓴 3-4페이지 정도의 짧은 글이 칼빈대학에서 발행하는 잡지에 실린 것을 읽기도 하였다. 기본적인 주장은 오직 믿음, 오직 은혜에 대해 가톨릭도 동의한다는 것이었고 다만 오직 성경에 있어서는 의견을 달리한다는 글이었던 것으로 기억한다. 나에게는 조금은 충격이 되었던 글이다.

미국의 복음주의자들 가운데 가톨릭으로 개종한 사람은 피터 크레프트가 전부는 아니다. 토마스 하워드(Thomas Howard)는 짐 엘리엇(Jim Elliot, 1927-1956)의 부인 엘리자베스 엘리엇(Elizabeth Elliot, 1926-2015)의 남동생이었는데 1985년 가톨릭으로 개종하였다. 시카고 로욜라대학교의 역사신학 교수 데니스 마틴(Dennis Martin)은 원래 재세례파인 메노나이트 교인이었다. 그는 고등학교 시절 프레드릭 파버(Frederick W. Faber, 1814-1863)의 찬송 "환난과 핍박 중에도"(Faith of Our Fathers, 찬송가 336장)에 큰 자극을 받았다. 이 찬송은 1849년에 쓰여진 찬송인데 16세기 헨리 8세의 국교회 설립 이후 가톨릭 순교자들을 기억하며 쓴 찬송이다. 농어촌 목회자들이 모인 자리에서 "그리스도인의 자유"를 주제로 특강을 한 후 이 찬송을 같이 불렀더니 질의응답 시간에 어떤 목사님이 질문 중에 이 내용을 지적해 주어 나중에 확인하여 알게 되었다. "옥중에 매인 성도나 양심은 자유 얻었네"라는 구절이 생각나서 그 찬송을 불렀는데 알고 보니 이 찬송이 원래 지어진 배경은 개신교에 의해 박해받는 가톨릭 신앙을 노래한 것이었다. 개신교도들은 이 찬송에서 "조상들의 신앙, 마리아의 기도가/ 우리나라를 주님께 다시 돌리리라/ 하나님의 진리 통해서/ 잉글랜드는 자유하리라"라는 한 절을 삭제하여 부르고 있다.

그러면 왜 복음주의자들이 가톨릭으로 개종할까?

이 부분을 면밀히 살펴본 스캇 맥나이트(Scott McKnight)는 확실성, 역사, 연합(통일성), 권위 네 가지라고 주장하고 있다. 사실 이 네 가지는 개신교의 치명적인 약점을 건드리는 것 같아 움찔하게 된다. 물론 그렇다고 확실성, 역사, 통일성, 권위에 대한 비슷한 강렬함을 갈망하는 모든 복음주의자가 가톨릭 신앙으로 개종하는 것은 아니다. 하지만 왜 일부 복음주의자가 가톨릭교회로 개종하는지를 살펴봄으로써 우리는 복음주의의 약점이 무엇인지를 보다 더 잘 이해하게 된다.[3]

라틴 아메리카는 16세기와 17세기에 스페인과 포르투갈의 식민지가 되면서 가톨릭이 이 지역의 제도권 종교로 자리 잡게 되었다. 19세기에 유럽에서 온 이민자들, 그 중에서도 독일에서 온 이민자들에 의해 많은 곳에 소규모 개신교 공동체들이 세워졌다.

"가톨릭교회들은 이 개신교 신자들을 위협으로 느낀 적이 한 번도 없었다."[4]

---

3 마크 놀·나이스트롬, 『종교개혁은 끝났는가?』, 342f.
4 맥그래스, 『기독교, 그 위험한 사상의 역사』, 722

왜냐하면 역사적 개신교 신자들은 자기 교파의 정체성과 전통을 보존하는 것으로 만족했고 적극적으로 개신교를 전파하려는 어떤 형태의 시도도 하지 않았으며 그 결과 괄목할만한 성장을 이루지 못했기 때문이다. 그런데 20세기에 들어 이런 상황에 변화가 생겨났다.

> 20세기 첫 10년 동안에 이 지역에서 등장한 오순절주의는 모든 것을 바꿔놓았다. 1909년에 칠레 발파라이소의 감리교회에서 일어난 부흥은 라틴아메리카 전역에서 잇달아 일어난 오순절 부흥 사건의 시발점이 되었다.[5]

물론 이러한 라틴아메리카에서의 오순절 부흥에 특히 2차 세계대전 이후 미국의 오순절 교단들이 파송한 선교사들의 도움이 있었다. 하지만 라틴아메리카의 오순절주의는 그 나름의 독특한 정체성을 그대로 보존하였다.

그러면 라틴아메리카에서 오순절주의가 엄청나게 급성장한 이유는 무엇일까?

1800년대 중엽부터 1920-1930년경까지 라틴아메리카의 공식 국교인 가톨릭은 해체일로를 걸었지만 개신교는 제자리걸음을 했다. 20세기에 들어와 오순절주의가 등장하면서 개신교는 많은 사람들에게 가톨릭을 대신할 수 있는 적절한 문화적 대안이 되었다. 브라질, 칠레, 과테말라, 니카라과에서는 오순절 신자들이 다른 모든 개신교 교파의 신자들을 합친 수보다 더 많다고 한다. 어떤 사람들은 오순절 신자들이 가톨릭을 제치고 머지않아 이 지역 인구 중 다수를 차지할 수도 있다고 전망할 정

---

5 맥그래스, 『기독교, 그 위험한 사상의 역사』, 723.

도다. 이런 오순절주의의 급부상은 라틴아메리카의 가톨릭교회로 하여금 신은사주의를 받아들임으로써 많은 사람들의 필요와 열망을 가톨릭이 채워줄 수 있음을 보여 주게 하였고 이런 노력을 통해 개신교로 사람들을 빼앗기지 않기 위해 안간힘을 쓰고 있다.

그런데 오순절주의의 출현은 가톨릭에만 위협이 되는 것은 아니다. 전통적인 주류 개신교 교단들의 핵심 전제들이 도전을 받고 있다.

> 특히 말씀 중심의 설교 및 영성, 그리고 그 본질상 정태성을 띠고 있어서 교회 성장은 기대조차 할 수 없는 경직된 교파 개념이 가장 중요한 도전을 받았다.[6]

20세기의 라틴아메리카의 개신교가 예상 밖의 발전을 이룩하면서 몇 가지 중요한 질문들이 제기되었는데 그 중 한 가지는 앞으로 미국의 종교 상황이 어떻게 될 것인가 하는 것이다. 사람들은 남미계통의 히스패닉이 이미 소수인종 중에서 가장 큰 비율을 차지하고 있으며 앞으로 50년이 흐르면 이들이 미국 사회에서 다수를 차지할 것으로 보고 있다. 이렇게 되면 미국에서는 전통적으로 가톨릭이 국교에 가까운 지위를 누려온 라틴아메리카 출신의 히스패닉들의 증가를 통해 자연스럽게 가톨릭 신자들이 점점 더 많아지리라고 예측할 수 있다. 하지만 근래에 라틴아메리카에서 벌어진 오순절주의의 급격한 성장을 보면 이런 추측대로 이루어질지 아무도 확신하지 못할 지경이 되고 말았다.

"미래 미국의 종교 상황은 사람들이 생각하는 것보다 훨씬 더 많은 미

---

6 맥그래스, 『기독교, 그 위험한 사상의 역사』, 726.

지수를 포함하고 있다."⁷

라틴아메리카 개신교의 급속한 성장은 여기에서 그치지 않고 더 흥미로운 질문을 낳는다.

"가톨릭 신자들이 절대 우위를 차지하는 다른 국가에서도 오순절주의가 더 큰 확장을 이룩할 경우, 개신교가 또 다시 엄청난 성장을 경험할 수 있을까?"⁸

맥그래스는 다음 두 세대 안에 이런 흐름이 전개될 개연성이 있는 나라로 필리핀을 지목하고 있다. 필리핀은 3,141개의 섬들로 이루어진 나라다. 1521년 스페인의 마젤란에 의해 필리핀은 스페인의 식민지가 되었다. 그러다가 1898년 필리핀은 미국에 병합되었다. 필리핀은 동남 아시아에서 유일하게 그리스도인이 절대 우위를 차지하고 있는 독특한 나라다. 물론 그 가운데 절대다수는 가톨릭 신자들이다.

2010년 인구조사에 의하면 필리핀 인구의 80% 정도가 가톨릭 신자이며 개신교 신자는 고작 1.8%에 불과하다. 이슬람의 5.6%에도 미치지 못하는 수치이다. 물론 1970년에 실시한 통계 조사의 1% 미만보다는 많이 성장한 것이 사실이다. 이런 개신교의 선교 실패에 대해서는 여러 분석들이 있는데 그 원인으로 미국 선교사들의 경직된 자세를 지적하기도 한다. 선교사들은 그 시대 개신교를 지배하던 이데올로기였던 적대적인 태도를 가지고 가톨릭을 대했다.

"결국 선교사들의 이런 태도는 가톨릭교와 마찰을 빚는 결과만을 가져왔고, 이 때문에 아무런 선교성과도 거둘 수 없었다."⁹

---

7 맥그래스, 『기독교, 그 위험한 사상의 역사』, 727.
8 맥그래스, 『기독교, 그 위험한 사상의 역사』, 727.
9 맥그래스, 『기독교, 그 위험한 사상의 역사』, 728.

또 한 가지 미국 선교사들은 신앙 문제에 있어 철저히 개인중심의 접근 방법을 취하였는데 이것도 선교 실패의 한 원인이 되었다. 필리핀에서는 가족이 특히 중요한 실제적 상징적 역할을 수행하고 필리핀 사회는 공동체적 성격이 강하다는 것을 간과한 선교 전략이었던 것이다.

> 결국 미국 선교사들은 복음 자체보다 종교개혁 시대에 벌어졌던 낡은 논쟁들과 근대에 전개된 근본주의 대 근대주의 논쟁 정도만을 겨우 필리핀에 수출할 수 있었다.[10]

이런 실망스러운 상황을 염두에 둔다면 필리핀이 세계 기독교의 중요한 주자로 부상하려 하고 있다고 말하는 것은 허황된 이야기로 들릴 수도 있다. 하지만 어떤 중대한 변화들이 일어나고 있다. 그중에 가장 중요한 것은 라틴아메리카의 개신교를 성장하게 한 견인차였던 오순절주의가 필리핀, 그중에서도 특히 마닐라라는 대도시에서 계속 성장해 가고 있다는 사실이다. 전통적인 오순절 교단 외에 독립교회라고 부를 수 있는 교회들이 세워지고 있다. 1978년에 창립된 '예수는 주님(Jesus Is Lord) 교회,' '생명의 떡(Bread of Life) 운동'(1982년), 그리고 '승리하는 그리스도인 연대(Victory Christian Fellowship)'(1984년)가 그런 교회들이다.

나는 개인적으로 1994년 지도하던 교회 청년부 회원들을 데리고 필리핀 마닐라에 비전트립을 다녀온 경험이 있다. 그때 주일에 방문했던 교회가 '생명의떡교회'(Bread of Life Christian Fellowship)였다. 그때는 4, 5천 정도의 대형교회로 알고 있었는데 1996년부터 국제 사역을 시작하여 지금은 LA와 샌프란시스코 등지에도 '생명의떡교회'가 세워져 있다

---

10 맥그래스, 『기독교, 그 위험한 사상의 역사』, 729.

고 한다. 2012년 전 세계적으로 35,000명의 회중이 회집하고 있다. 우리 일행은 20명 정도였으니 설교자가 우리가 참석한 여부를 알고 있었을 수는 없었을텐데 가나안 농군학교 김용기 장로님을 설교시간에 거명하였던 것이 기억에 남아있다. 고린도전서 3장에 있는 본문을 근거로 우리가 그리스도라는 터 위에 바른 건축을 해야 한다는 설교였던 것으로 기억한다. 조용기 목사님의 1주일의 부흥회를 통해 형성된 교회라고 하는 설명을 선교사님께 들은 것 같은데 위키피디아에는 조용기 목사님에 대한 언급은 없지만 한국교회의 영향이 있는 교회인 것을 확인할 수 있다. 담임목사님이 1986년에 한국을 방문하여 교인들의 기도하는 모습과 산에 있는 기도원에서 영감을 얻어 동남아시아 최초의 기도원(Prayer Mountain Facilities)를 설립하였다고 한다.

필리핀에서의 개신교의 성장은 라틴아메리카에서와 마찬가지로 주로 오순절 그룹 내에서 이루어졌다. 이들 그룹들은 하나님의 성회 같은 미국의 교단뿐만 아니라 필리핀의 정황 속에서 등장한 지역 특유의 운동들에 그 역사적 뿌리를 두고 있다. 물론 라틴아메리카에서와 마찬가지로 필리핀 가톨릭교회 안에서도 은사주의 요소들이 등장했다.

> 이런 흐름들이 어디로 흘러갈지 아직은 확실히 알 수 없다. 그러나 현재의 성장추세로 볼 때, 이론적 차원에서나마 장차 필리핀 인구의 상당 부분이 오순절 신자가 될 가능성이 크다는 것을 알 수 있다.[11]

---

[11] 맥그래스, 『기독교, 그 위험한 사상의 역사』, 733.

17

『천국의 열쇠』가 주는 교훈

대학생 시절 A. J. 크로닌(Cronin, 1896-1981)의 소설『천국의 열쇠』를 읽고 커다란 감동을 받았던 기억이 있다.『성채』(*The Citadel*, 1937년)라는 크로닌의 대표작도 그 참에 읽고 또 한 번의 감동을 받았고 한 두 권의 크로닌의 책을 더 읽었던 것 같다. 하지만 작가인 크로닌이 의사라고 하는 것과 프랜치스 치섬(Francis Chisholm) 신부가 중국 선교사로서의 삶을 살았다는 정도 밖에는 기억하지 못하고 있었다. 어쨌거나『천국의 열쇠』는 내게 미후라 아야꼬의『길은 여기에』와 함께 청년 시절 가장 감동적으로 읽은 책이 되었다.

이 책을 집필하는 가운데『천국의 열쇠』를 다시 읽게 되었다.[1] 옛날 기억이 새록새록 나면서 아 이런 내용이었구나 새삼 확인하게 되기도 하고 어떤 부분은 전혀 기억에 없어 아 이런 내용도 있었구나 생각하기도 하였다. 같은 책을 읽었는데도 신학을 공부하기 전인 청년 때 읽은 것과 30년 이상의 세월이 지나 특별히 가톨릭과 개신교의 관계에 대한 글을 쓰

---

[1] A. J. 크로닌,『천국의 열쇠』, 이영준 옮김 (서울: 교육문화연구회, 1995).

는 가운데 읽은 것은 엄청난 차이가 있었다. 아니 어떤 면에서 이번에 새로이 읽은 『천국의 열쇠』는 나름 가톨릭과 개신교의 관계에 대해 해답을 제시해 주고 있는 듯 싶었다.

이번에 확인해 보니 『천국의 열쇠』라는 소설은 1941년에 발표된 소설이다. 작가인 크로닌이 가톨릭 신자인 것은 알고 있었으나 내가 생각하지 못하고 있던 사실 한 가지는 크로닌이 스코틀랜드 출신이라는 것이었다. 잘 알려진 대로 스코틀랜드는 장로교회의 발생지라고 할 수 있다. 존 낙스가 종교개혁을 이끌며 메리 스튜어트와 격렬하게 싸웠던 곳이 바로 스코틀랜드다. 의료 윤리에 대한 논의를 일으켰다는 『성채』의 배경이 웨일즈와 런던이었다면 『천국의 열쇠』의 배경은 바로 스코틀랜드와 중국이다.

"백 년 전, 에탈은 프로테스탄트 장로교회의 피로 물들여졌던 곳이었으나, 지금은 그 반대로 가톨릭 신자가 가차 없이 탄압을 받는 운명에 놓이게 되었다" (18).

소설 속에서 에탈이란 곳은 타인카슬과 함께 스코틀랜드 지역의 이름이다. 말하자면 주인공 치셤은 가톨릭이 박해를 받는 지역의 가톨릭 가정에서 태어났는데 아버지는 가톨릭, 어머니는 개신교 쪽으로 그려지고 있지만 (이 부분은 작가인 크로닌 자신의 가정사가 그대로 반영된 것이다) 두 사람 다 별반 그런 부분에 매이지 않는 사람들로 그려지고 있다. 하지만 결국 아버지는 개신교도들에 의해 폭행을 당하게 되고 중상을 입은 아버지를 긴급하게 집으로 안전하게 대피시키려던 어머니와 함께 폭우에 휩쓸려 희생되는 것으로 그려지고 있다.

천애의 고아가 된 치셤을 양육하기로 한 것은 외조부모 가정이다. 외할아버지 다니엘은 사람 좋은 개신교 전도자로 나와 있지만 경제적으로는 무능력하다. 외할머니는 치셤의 아버지의 보험금 때문에 치셤의 양육권을 행사했지만 치셤의 학업을 중단시키고 조선소에 보내 일하게 한다.

나중에 페스트가 발생한 중국 땅에 와 페스트에 희생되는 자유사상가 탈록(Willie Tulloch)의 아버지 의사는 이 부분을 비판하며 말한다.

"어린애를 군함 만드는 중노동에 부려 먹고 탄광이나 방직 공장에서 혹사시키면서도 뭐 기독교 국가라구? 진짜 기독교 국가가 보면 기절초풍할 일이지. 정말이지, 나는 내가 이교도라는 것을 자랑으로 여긴단 말야, 제기랄!"(40).

계속된 외할머니의 학대로 인하여 영양부족과 늑막염에 걸린 치셤은 결국 폴리(Polly) 아주머니에 의해 구조되어 다시 학교에도 다니게 되는데 그 학교는 졸업생들의 3분의 2가 신부를 지망하는 학생들이 다니는 홀리웰이다. 홀리웰학교에는 어릴 적 친구인 안셀모 밀리도 함께 다니고 있다. 거기에서 그는 평생의 스승이 되는 학장 마그냅 신부와 다소 껄끄러운 관계에 놓이게 되는 타란트 신부를 만나게 된다. 마그냅 신부는 치셤 안에 있는 반항적인 성향을 이해하고 포용하는 편이라면 타란트는 다소 교조적인 인물로 그려져 있다. 물론 안셀모 밀리 같은 사람은 타란트 신부를 신봉하고 추종한다. 어느 날 '유일하며 진실한 사도적 종교'인 가톨릭 신앙에 대한 타란트 신부의 강의에 치셤은 당돌하게도 다음과 같이 반문한다.

"신부님, 하느님께서는 개개인의 진실한 믿음을 가치있게 생각하시지 종파 따위는 그리 중요하게 여기지 않으실 것이라고 생각합니다."

이에 타란트는 "치셤, 너는 앞으로 굉장한 이단자가 될 소지가 다분하구나"라고 일침을 가한다(59).

신학교 진학을 위한 예비학교에 다니고 있지만 아직 치셤은 마음을 정하지 못한 상태다. 치셤과 마찬가지로 폴리 아주머니에 의해 양육되던 노라(Nora)라는 소녀를 치셤은 사랑하고 있었다. 그런데 폴리(Polly)와 폴리의 남편 네비가 운영하는 주점에서 사고가 생겨 노라가 뜻하지 않은 임신을 하게 되고 모처에서 아이를 출산한 후 원하지 않는 결혼을 시키려 하자 자살하는 일이 발생한다. '삶의 유일한 즐거움'이었던 노라가 떠나자 치섬은 '그에게 주어진 천상의 성약'을 받아들이기로 결심하고 산 모랄레스신학교로 향하게 된다.

신학교 시절 치섬은 다소 기행에 가까운 행동을 통해 퇴학 위기에 처하지만 그 위기를 모면하게 되고 신부가 되어 보좌신부로 첫 임지에 부임하지만 주임신부와의 갈등으로 그곳을 떠나게 된다. 그가 옮겨온 성당은 타인카슬 교구의 성당이다. 그가 자란 곳이다. 이곳에서도 치섬은 주임신부인 피츠제럴드와 갈등을 일으키게 된다. 결국 그 지역의 주교로 부임한 마그냅 신부로부터 중국 선교사 제안을 받게 되고 중국으로 향하게 된다.

치섬이 선교지에 도착한 것은 1902년 이른 봄이다. 이때부터 치섬은 35년 동안 선교지에서 생활하게 된다. 그가 도착한 곳은 천진에서 천 마일이나 되는 벽지인 절강성(浙江省) 파이탄(Pai-tan, 柏塘)이다. 하지만 1년 전 귀국한 전임자 로라 신부의 보고와는 달리 치섬이 도착한 파이탄에는 단 한 명의 진실한 가톨릭 신자도 존재하지 않았다. 전임자가 돈으로 선교하였던 것이다. 폐허와도 같은 곳에 내던져진 치섬 신부는 관산 산 속에 그리스도교촌이 있다는 이야기를 듣고 그곳을 찾아가게 된다. 놀랍게도 그곳은 3백 년 전 예수회 소속의 마누엘 리비에르 신부에 의해 세워진 공동체였는데 확실히 가톨릭교이기는 했지만 도교에서 전승되어 오는 가르침이 혼합되어 있었고 치섬의 눈에는 경교(景敎)의 사상까지 섞여 있는 듯 보였다. 3백 년을 정식 신부 없이 자체적으로 유지되어 왔으니 여러 가지 부분에서 정통 가톨릭의 법규와 의식에 위배되는 부분들을 발견한다. 하지만 치섬은 그것을 바로 잡는데 서두르지 않는다.

"이 작은 부락은 싱싱한 풋사과처럼 건강하고 아름답다. 성급히 굴어서 그 아름다움을 해쳐서는 안된다" (171).

다시 파이탄에 돌아온 치섬은 이미 시작하였던 진료소에 이어 안나라는 이름의 버려진 여자 아이를 시작으로 고아원을 열게 된다. 치셤은 그 지역의 유지인 챠(買) 씨의 아들의 엄지손가락에 난 상처를 치료해 주고 그에 대한 보답으로 그리스도교 신자가 되려는 챠 씨의 제안을 거절한다.

"당신이 신심을 갖고 있지 않는걸 알면서 당신의 소망을 받아들인다면 하느님을 속이는 것이 됩니다"(180).

하지만 챠 씨는 그 대신 치셤 신부가 성당 자리로 봐두었던 비취 언덕을 헌납하게 되고 그 위에 성 안드레아 성당과 학교가 세워지게 된다. 이제 세 사람의 수녀가 이곳에 오게 되고 치셤의 선교 사역은 괘도에 오르게 된다. 하지만 수녀들 특별히 원장 수녀인 마리아 베로니카는 치셤의 초라한 모습에 실망하여 치셤을 향한 경멸감을 드러낸다.

파이탄 지역을 포함한 그 주변 절강성 지역에 페스트가 창궐하게 되자 영국에서 구호대가 도착하게 되는데 친구인 윌리 탈록이 도착하여 반가운 재회를 하게 된다. 크로닌은 이 대목에서 논어의 첫구절을 인용한다.

"벗이 있어 먼 곳에서 찾아오니, 이 또한 얼마나 즐거운가!"(206).

페스트와 싸우는 과정은 처참하였다. 탈록이 치셤에게 묻는다.

"지옥이 이보다 더 참혹할까?"

치셤이 대답한다.

"지옥이라는 것은 말일세. 인간의 마음에서 희망을 잃어버린 상태를 말하는 거라네"(210).

처참했던 페스트도 차츰 누그러지고 그 기세가 현저하게 꺾인 어느 날 결국 윌리 탈록은 페스트로 쓰러진다. 임종의 순간 탈록은 아직 자신은 신이 믿어지지 않음을 고백한다. 치셤은 그것이 무슨 문제가 되겠는가 되묻는다.

"신의 편에서 자네를 믿고 있네."

자신이 아직 회개를 하지 않았다는 탈록의 말에 대해 치섬은 말한다.
"인간의 괴로움은 모두 회개의 행위일세"(214).
　탈록은 자신을 들볶아서 천국으로 보내려 하지 않는 치섬에게 고마움을 표하고 어린 시절을 추억하며 죽어간다.
　자유사상가요 무신론자인 탈록에 대해 치섬이 한 말을 듣고 베로니카 수녀의 치섬에 대한 증오는 극에 달하게 되고 강하게 항의하게 된다. 신앙이라곤 조금도 없는 사람에게 영원한 보상을 받을 수 있다는 약속과 다름 없는 말을 한 것에 대해 베로니카 수녀가 항의할 때 치섬은 말한다.
"주님은 우리의 신앙뿐만 아니라 우리의 행위에 대해서도 심판하실 겁니다"(218).
　베로니카 수녀와의 논쟁이 진행되는 과정에 치섬은 자신의 생각을 솔직히 나누어버린다.
"확고한 신앙만 지니고 있다면, 누구든 지옥에 떨어지지 않을 겁니다. 누구든지…, 그렇습니다. 불교도이든 이슬람교도이든 도교의 신봉자이든, 또한 선교사를 죽여 그 사람 고기를 먹어 버렸다는 무지한 식인종도…, 스스로가 돌아보아 가책이 없는 성실한 인간이라면 누구나 다 구원을 받을 겁니다"(219).
　해외 포교단 본부에서 안젤모 밀리 신부가 시찰 방문을 하도록 되어 있는 시간에 연이은 폭우로 성당이 무너져버리는 일을 당하게 된 치섬 신부는 참담한 심경으로 밀리 신부를 맞이하게 되고 오랜 만에 밀리 신부와 재회하지만 서로의 견해차이만을 확인하게 될 뿐이다. 매몰차게 한 푼도 도와줄 수 없다는 통보를 받지만 뜻밖에 반전이 일어난다. 그토록 자신을 향해 반감을 드러내던 베로니카 수녀가, 그래서 다른 곳으로의 전임을 희망했던 그녀가 치섬에게 무릎을 꿇고 용서를 구하는 일이 일어나고 그녀의 오빠 본 호엔로헤 백작에 의해 무너진 성당은 재건이 된다. 다시금 치섬의 선교 사역은 활기를 되찾게 된다.

치섐이 43세가 되던 해 파이탄에 석유 재벌의 후원을 받아 치섐의 시설보다 더 훌륭한 시설이 미국 감리교회에 의해 세워지게 된다. 소문을 들은 조력자 요셉이 말한다.

"신부님, 가짜 신을 믿는 미국인이 온다는 얘기를 들으셨어요?"

치섐은 요셉을 엄히 꾸짖으며 요셉에게 말한다.

"그 사람들은 가짜 신을 믿고 있는 게 아냐. 그들도 우리와 똑같은 신을 믿고 섬기는 거다."

크로닌은 이 부분에 대해 다음의 설명을 덧붙이고 있다.

"[치섐은] 잘 알고 있었다. 프로테스탄트 교회와의 오랜 갈등, 공연한 증오와 질투로, 반목해야 될 이유도 없으면서 서로 으르렁대며 별로 중요치도 않은 조그만 교회 문제를 가지고 언쟁을 벌이고 논란을 일삼다가는 좋지 않은 싸움으로 발전해 버리고 마는 것이다"(237).

오랜 벗인 챠 씨가 새로 들어서는 선교시설에 대해 환영한다고 하면서 하지만 새로 오는 선교사들이 곧 돌아가야 할 정도로 심한 냉대를 받을 것이라는 말에 대해 치섐 신부는 유혹을 이기고 이성을 되찾아 말한다.

"천국에 들어가는 문은 많이 있습니다. 우리가 이쪽 문을 택해서 천국에 들어가듯이, 새로 오시는 선교사들은 그 다른 편의 문을 택한 것뿐입니다. 그분들이 자기의 믿음의 길을 따라 신앙과 자선을 베풀 권리를 우리가 어떻게 막을 수 있습니까? 이곳에서 자기들의 교리를 전하고 싶어 한다면 역시 받아들이는 것이 마땅하다고 생각합니다"(218).

치섐은 먼저 감리교 선교사 피스크 박사 부부를 찾아 인사하고 그들은 막역한 사이로 발전한다. 클로틸드 수녀가 피부병으로 고생하며 마지막 수단으로 9일 기도까지 올렸지만 효력이 없자 치섐 신부는 피스크 박사를 청하여 고침을 받게 한다. 프로테스탄트 선교사에 의해 고침 받은 것에 자존심 상해하는 수녀에게 치섐은 말한다.

"노자가 말한 것을 잊지 말도록 하시오. '종교는 많지만 진리는 하나이며 우리는 모두 한 형제다'라는 말을…" (243).

가톨릭과 감리교 선교센터는 서로 상대방에게 신자가 가는 일이 없도록 섬세하게 배려하고 결코 신자를 돈으로 사는 일을 하지 않으며 좋은 관계를 유지해 나간다. 가톨릭 신자 중 감리교로 옮겨간 사람이 한 사람이 있었지만 월버 피스크 박사는 다음과 같은 편지와 함께 그를 돌려보낸다.

"치셤 신부님, 이 남자는 악질 가톨릭 신자입니다만 메소디스트가 된다면 더욱 나빠질 우려가 있기에 다시 보내 드립니다. 유일한 하느님을 믿는 귀하의 변함없는 월버 피스크. 추신―그쪽 신자로 입원을 필요로 하는 분이 있으면 보내십시오. 가톨릭을 욕하는 일 따위는 가르치지 않을 테니까요." (244).

이 편지를 받고 치셤은 가슴 뭉클한 감동을 받는다.

치셤 신부와 피스크 목사는 서로의 신앙의 차이점에 대해서도 열띤 토론을 하며 더 많이 서로를 이해하게 된다. 그리고는 각자의 진영에서 상대방을 욕하는 글들을 발견하고 거기에 대해 이의를 제기한다. 피스크 박사는 "현대의 최고의 악이란 바로 로마교회의 사제의 음험하고 악마적인 음모에서 발전한 것이다"라는 엘더 커밍즈 박사의 말을 인용하며 허풍을 떨었다고 비판한다. 치셤 신부는 "프로테스탄티즘은 신을 모독하고 인간을 타락시키며 사회를 위태롭게 하는 부도덕한 운동이다"라는 쿠에스타 추기경의 교리서의 내용을 인용하며 용서할 수 없는 말이라고 비판한다 (244f).

1차 세계대전이 발발하고 독일과 벨기에, 그리고 프랑스 출신의 세 수녀들 간에 긴장이 조성되고 서로를 헐뜯고 미워하며 전쟁터를 방불케 하는 상황이 연출된다. 파리의 노트르담 성당에서 아메트 추기경이 발표한 성명서나 케룬, 뮌헨, 에센의 대주교들의 공동성명은 하나같이 싸움을 독려하고 하나님이 자신들의 편이라고 주장하는 내용들이다. 여기에 대해 치섬 신부는 강력하게 비판한다.

"오늘날 크리스천 국가의 모든 교회와 대성당이 말하고 있는 것은 주님의 말씀이 아닙니다. 세상에 아부하는 자와 비겁자들의 외침입니다…. 그리스도교! 그것은 거짓으로 뭉쳐진 종교입니다. 계급과 돈과 증오의 종교입니다! 그리고 사악한 종교입니다!" (262).

치섬의 대안은 "증오를 토하고 사람들을 흥분시키는 대신 모든 나라에서, 교황에서 사제에 이르기까지 모두 소리를 합쳐 '무기를 버려라. 너희는 죽이지 말라. 싸우지 말라!'라고" 외치는 것이다.

"물론 박해를 당하기도 하고 사형을 당하기도 하겠지요. 그러나 그건 순교지 살인은 아닙니다. 그렇게 죽는 자는 우리의 제단을 더럽히는 것이 아니라, 훌륭하게 장식하는 것입니다" (262).

이런 치섬의 주장은 절대평화주의를 진지하게 고려하라는 외침으로 들린다. 두 명의 수녀는 설득이 되었지만 베로니카 수녀는 이런 치섬의 주장이 현실에서의 적응성이 있는 주장인지에 대해 의문을 제기한다. 파이탄 주변에 내전이 발생하고 치섬 신부는 엄정한 중립을 지키려고 노력하지만 성당을 파괴하겠다고 위협하는 편의 대포를 파괴하는 일에 치섬은 가담한다. 물론 아무도 모르게 비밀리에 말이다.

베로니카 수녀는 오빠가 전쟁에서 전사하고 사후 처리를 위해 선교지를 떠나 자신의 고국인 독일로 귀국하게 되고 치섬 신부는 피스크 박사 내외가 귀국하기 직전에 그리스도교촌인 류촌을 보여 주려고 다녀오는 길에 비적들에게 납치되어 피스크 박사는 사망하고 치섬 신부는 중상을 입은 상태에서 탈출하게 된다. 노라의 딸 쥬디가 늦은 나이에 결혼하여 아이를 남기고 죽자 치섬 신부는 그 아이를 입양하기로 한다. 60대 후반의 나이에 치섬은 중국에서 자신의 고향으로 귀국하게 된다. 귀국하기 전날 챠 씨가 찾아와 말한다.

"신부님, 전에도 말씀드렸죠. 세상에는 많은 종교가 있고, 어느 종교에도 천국으로 들어가는 문이 있다고요…. 그런데 나는 이제야 당신 종교의 문으로 들어가고 싶다는 이상한 소망을 갖게 된 모양입니다"(322).

아들의 생명을 구해 주었을 때 보답으로 신자가 되려하였던 것을 치섐 신부가 만류하였던 챠 씨가 가톨릭에 귀의하게 된 것이다.

고향 땅에 귀향한 치섐 신부는 본당 신부가 되기를 원하고 평생 하지 않던 청탁 아닌 청탁을 이제는 그 지역의 주교가 되어 있는 친구인 안셀모 밀리 신부에게 부탁한다. 그때 드리는 치섐 신부의 기도는 간절하다 못해 애절하기까지 하다.

"오오, 주여, 평생 단 한 번의 소원이옵니다. 당신의 뜻이 아니라 저의 뜻을 제발 이루어 주옵소서"(334).

소설에서는 명시적으로 나타나 있지는 않지만 치섐의 소원대로 본당을 맡아 사목을 하며 양자인 안드레아를 키우며 여생을 사는 것으로 그려져 있다. 물론 그 본당에서도 문제가 되어 조사관이 파견되는 것으로 소설이 시작되지만 조사관 스리스 신부는 소설 마지막에 보고서를 갈기 갈기 찢으며 기도한다.

"주여, 저 노인에게서 어떤 교훈을 얻게 해 주십시오. 그리고 제가 제발 말썽 일으키는 인간이 안 되도록 제 입을 지켜주십시오"(343).

『천국의 열쇠』(The Keys of the Kingdom)라는 이 소설의 제목은 마태복음 16장에서 가져 온 것이다. 예수님께서 베드로에게 하신 말씀 가운데 "내가 천국 열쇠를 네게 주리니"(19절 상반절)라는 말씀이 바로 그것이다. 개신교를 향한 가톨릭의 변화를 보통 1960년대 2차 바티칸 공의회 이후로 생각한다면 1941년에 이미 크로닌이 이 소설을 통해 개신교와 가톨릭이 좋은 관계를 유지하며 상호작용을 할 수 있음을 보여 주고 있는 듯하여 놀라지 않을 수 없다. 별반 개신교와 다르지 않게 가톨릭에서도 성과 위주의 선교에 치중하는 것에 대한 비판과 제국주의적인 선교에 대한 상당한 반성의 모습까지 보이고 있다. 그리고 지나치게 교의적인 모습에 대한 신랄한 비판도 엿볼 수 있다. 천국에 들어가는 문은 여러 가지가 있다. 그 문은 가톨릭만이 독점하고 있는 것도 아니고 개신교의 어떤 교단만이 독점하고 있는 것도 아니다. 천국에 들어가는 다른 문들을 함부로 폄하해서는 안된다는 주장은 당시 가톨릭교회에 상당한 파문을 일으켰을 것 같다. 다만 다른 종교에까지 문을 여는 듯한 표현들도 있어 종교다원주의를 지지하고 있는 듯한 혐의가 있음도 사실이다.

개신교 목사와 가톨릭 신부가 사이좋게 서로를 인정하면서도 서로의 주장을 굽히지 않고 열띤 논쟁을 벌이는 모습은 다소 목가적으로 느껴지기까지 한다.

나도 박사 과정에 재학 중일 때 가장 친했던 미국 친구가 밥 허토(Bob Hurteau)라는 가톨릭 신부였다. 실천신학을 전공하고 있던 친구였는데 나이는 나보다 두 살 정도 많았고 페루 선교사를 두 텀 정도한 신부였는데 나중에 한국인 수녀와 40이 넘은 나이에 결혼하여 지금은 가정을 이루고 있으며 여전히 독실한 가톨릭 신자로 가톨릭대학에서 가르치고 있다. 메리놀 소속이었던 밥의 초대로 신부님들이 모여 사는 숙소에 가 보기도 하였고 당시 LA 다저스에서 활약 중이던 박찬호 선수 야구 경기를 4번인가 둘이 보러 가기도 하였다. 하지만 나와 밥은 신학적인 열띤 논쟁을 하지는 않았고 소설 속에 나오는 치셤과 피스트 수준까지의 우정에는 이르지 못했다. 소설 속에서 피스트는 중국의 다른 지역에서 다른 교단 선교사들과 상당한 긴장과 알력을 겪었다고 되어 있다. 교단의 장벽을 넘어서 좋은 친교 관계를 맺는 것이 한쪽의 노력만으로 불가능하다는 것을 보여 주는 사례일 것이다.

옥한흠 목사님의 설교 중에 스탠리 존스(E. Stanley Jones, 1884-1973)라는 미국인 인도 선교사의 예를 드셔서 감동적으로 들었던 적이 있다. 나중에 알고 보니 이 스탠리 존스 선교사는 미국 감리교 소속의 개신교

목사로 마하트마 간디의 조력자였다. 어느 때인가 스탠리 존스에게 인도인들이 말했다.

"당신은 다른 서구의 선교사들과 다르다. 우리의 문화와 전통, 그리고 종교를 존중하는 사람이다. 당신은 참 폭이 넓은 사람이다."

그때 스탠리 존스는 다음과 같이 대답했다고 한다.

"그렇지 않다. 나는 구원에 관한 한 매우 좁은 견해를 가진 사람이다."

그리고는 그리스도를 전했다는 것이다. 그 설교를 들으면서 나에게는 이런 생각이 들었다.

우리 그리스도인들이 쓸데없이 편협하고 독선적이고 배타적이다가 정작 중요한 복음을 전할 기회를 놓치고 있는 것은 아닌가?

"천하 인간에 구원을 얻을 만한 다른 이름을 우리에게 주신 일이 없다."

예수 그리스도가 구원의 유일한 길이라는 기독교의 가르침은 매우 배타적이다. 다른 가능성을 배제해 버린다. 이런 배타적인 복음이 사람들에게 생명을 준다고 우리는 믿는다. 그러기에 우리는 생명의 복음인 이 배타적인 복음이 모든 사람에게 미치도록 다른 일들에 있어서 보다 덜 배타적일 필요가 있다. 마음을 넓혀야 한다.

1. 불교와 무신론

기독교는 불교처럼 개인적인 구도의 종교인가?

이명박 대통령 재임 시절 범불교도 대회가 개최되었다. 그런 대회를 불교에서 준비한다는 소식을 듣고 참 불교답지 않은 짓이다는 생각이 들었다. 그런데 그 대회를 준비하는 사람이 내가 생각했던 것을 정확하게 인정하며 이런 행동이 우리에게 어색하다며 10만 명만 모여도 대성공이라고 말했던 것을 신문에서 본 기억이 있다.

봉은사 주지였던 명진 스님을 소위 말하는 땡중인 줄 알았던 적이 있다. 자신을 봉은사 주지에서 자르면 조계종 종단의 비리를 불겠다고 말했는데 아무리 자기 자리 보전하는 것이 중요하다기로서니 그런다고 종단의 비리를 불어버린다. 그것 불교도답지 않은 행동이다 나름 판단을 내린 것이다.

"땡중이구나."

그런데 나중에 몇 년이 지나 봉은사 주지에서 물러난 후 조선일보 주말판에 명진 스님 인터뷰가 실렸는데 그 글을 보고 땡중이 아니라 우리 목사보다 낫구나라는 생각을 하게 되었다.

명진 스님은 잘 알려진 좌파 스님이다. 2006년 명진 스님이 강남의 노른자 땅에 자리한 봉은사 주지로 부임하자 소위 강남의 우파 불교도 아줌마들이 난리가 났었다고 한다. 그런데 이 좌파 스님인 명진 스님은 봉은사 주지로 부임하자마자 이런 염려를 단번에 불식시켰다. 천일기도를 시작하고 불전함의 열쇠를 평신도 회장에게 맡겼다고 한다. 불전함의 시주는 통상 주지스님의 종자돈이라고 하는데 이것을 내려 놓은 것이다. 좌파 스님이라고 걱정을 했는데 열심히 수행하는 모습을 보이자 봉은사가 안정을 되찾고 크게 '부흥'하게 되었다. 주지로 부임하던 해 예산이 86억이었는데 2010년에 130억이 되었다고 한다.

우리가 하는 말로 중이 염불에는 관심이 없고 잿밥에만 관심이 있다는데 명진 스님은 완전히 그 반대의 모습을 보여 주었다. 얼마 전 스님들이 판돈이 억대가 넘는 도박을 한 것이 언론에 보도되어 큰 파문이 일었던 적이 있다. 스님들이 그 돈이 어디에서 나서 그런 도박을 할까 궁금했는데 불전함의 시주가 주지 스님의 종자돈이라니 그럴 수 있겠구나 생각하게 되었다.

2013년 9월에 인터넷에서 서울대 무신론 동아리 프리싱커스(Freethinkers) 소속의 학생들이 만든 전도퇴치 명함이 화제가 되었던 적이 있다. 이 무신론 동아리인 프리싱커스는 서울대와 카이스트 두 곳에 있다고 하는데 말 그대로 자유로운 사상가들이라기보다는 자신의 편견에 물들어 있는 학생들이다. 이들의 전도퇴치 명함의 내용을 간단히 살펴보자. 이 명함은 보통의 명함 크기에 앞뒤로 인쇄되어 있는데 앞 뒷면의 내용은 다음과 같다.

> 당신은 아마 한 권의 책을 읽고 맹목적으로 믿겠지만, 저희는 더 많은 책들을 읽고 합리적으로 생각합니다. 저와 얘기하고 싶다면, 이 책들을 읽는 것이 곧 저와 이야기를 나누는 것이 될 것입니다.
>
> 리차드 도킨스, 『만들어진 신』(김영사)
> 마이클 셔머, 『왜 사람들은 이상한 것을 믿는가』(바다출판사)
> 칼 세이건, 『코스모스』(사이언스북스)
> 크리스토퍼 히친스 『신은 위대하지 않다』(알마)
>
> 저희는 종교가 없습니다.
> 세뇌로 얼룩진 울타리를 깨고 나와 세상을 둘러보면
> 신이 인간을 만든 것이 아니라
> 인간이 종교를 만들었다는 것을
> 더 감동적으로 배울 수 있기 때문입니다.
>
> 저희는 다른 사람들에게 피해를 주지 않고
> 조용히 어떤 믿음을 갖고 사는 것까지
> 비난하고 싶은 생각은 거의 없습니다.

그러니 저희를 괴롭히지 말아 주세요.

　아마도 이들이 말하는 한 권의 책은 우리 기독교의 성경을 말하는 것 같다. 당신들 그리스도인들은 한 권의 책만 읽었을지 모르지만 우리는 다음과 같은 책들을 읽었다는 것이다. 사실 성경은 한 권의 책이라기보다는 여러 책들을 모아놓은 것이다. 꽤 두꺼운 분량이다. 그것을 한 권의 책으로 치부해 버린 호기로움이 가상하기까지 하다. 나는 신학생들에게 이 전도퇴치 명함을 소개하며 이런 학생들에게 어떻게 해야 할 것인지를 말하곤 한다. 그들이 이야기하는 그 네 권의 책들 중에 한 두 권이라도 먼저 그리스도인들이 읽자는 것이다. 다행히 나는 그 명함을 보았을 때 리차드 도킨스의 『만들어진 신』은 본 상태였고 이 글을 쓰는 시점에서는 칼 세이건의 『코스모스』까지 두 권을 본 상태이다.
　당신들은 한 권의 책을 읽고 맹목적으로 믿을지 모르지만 우리는 다음의 책들을 보고 합리적으로 자유롭게 생각한다고 시건방을 떨고 있는 그들을 향해 그러나 그러면 우리들 너희들이 말하는 그 책들 읽어보겠다 그러니 너희들도 우리가 읽은 그 한 권의 책 성경을 읽어보라. 혹여 기독교를 비판하는 것이 우리가 읽고 맹목적인 믿음에 이르게 되었다고 비판하는 그 성경도 읽어보지 않고 무작정 비판하는 것이라면 우리들도 너희들이 말하는 책들 읽어볼 테니 너희들도 그 한 권의 책 성경을 읽어보고 나서 이야기하자 이렇게 말해야 한다는 것이다.

　언제부터인가 베스트셀러 순위에 스님들의 책이 몇 권씩 올라있는 것을 볼 수 있게 되었다. 법정 스님의 『무소유』 이후에 법륜이나 혜민 스님의 책들이 날개 돋힌 듯이 팔리고 있다. 목회를 할 때 심방을 가서 교우들의 책장을 둘러보면 심심찮게 이 분들의 책들을 발견하였던 경험이 있다.

10위 안에 2-3명 꼴로 스님들의 책이 많이 읽히는 이유는 무엇일까?

일단 좀 찌든 일상의 삶에서 해방을 맛보게 해 주는 힘이 이분들의 글에 있는 것 같다. 속세를 멀리하고 산에 올라가 도를 닦는 것이 불교의 전형적인 이미지였다면 이분들의 글은 사바세계의 대중과 눈높이를 같이하여 생활 속 지혜를 가르쳐주니 다들 좋아하는 것 같다. 법륜 스님의 "즉문즉설"은 심지어 자녀 양육에 대한 것까지 거침없이 답을 제시해 준다. 전국 투어까지 한다. 심지어 혜민 스님 책에는 연애 이야기까지 나온다. 『멈추면, 비로소 보이는 것들』은 그래서 수많은 사람들의 사랑을 받았고 『완벽하지 않은 것들에 대한 사랑』은 책이 출판되기도 전에 예약 판매까지 시행되었다. 그리스도인이라고 이런 책들을 금기시할 필요는 없다. 생활 속 지혜를 가르치는 책들이기에 이런 책들도 읽을 필요가 있다.

얼마 전에는 법륜 스님의 "즉문즉설"에서의 이야기가 유튜브에서 큰 인기를 끌었던 적이 있다. 어떤 여신도가 돌아가신 어머니에 대해 극락에 가셨을까를 묻는 어떻게 보면 엉뚱한 질문이었는데 법륜스님 말씀이 극락가신 줄로 믿으라는 것이다. 그러면서 성경 말씀을 패러디해서 "믿는 자는 복이 있다"라고 말하자 그 여신도 왈 "스님, 그것은 교회에서 하는 이야기인데요." 사람들이 박장대소 난리가 났다.

2. 종교다원주의

우리는 종교다원주의를 경계해야 한다. 하지만 우리가 지금 종교다원 사회에 살고 있다는 사실 자체를 부정하는 것은 잘못이다. 나는 레슬리 뉴비긴(Lesslie Newbigin, 1909-1998)을 매우 좋아한다. 레슬리 뉴비긴은 인도의 타밀 나두(Tamil Nadu, 구 마드라스 주)에서 1936년부터 1974년까지 선교 사역을 하였던 스코틀랜드교회 선교사이다. 하지만 뉴비긴의 명성은 선교사로 활동할 당시보다는 선교 사역에서 은퇴 후 자신의 고국 영국에 돌아와 서구 사회를 향해 사역한 것으로 더 잘 알려져 있다. 자신이 선교사로 영국을 떠나 인도를 향할 때 영국은 기독교 국가였지만 그가 은퇴 후 돌아온 영국은 이미 종교다원 사회가 되어 있었고 이런 문제의식 하에 후기 기독교 사회로 진입하고 있던 서구 사회를 향해 다시금 복음을 전하고자 힘쓴 사람이라 할 수 있다. 그의 이러한 고민이 담겨 있는 책이 『다원주의 사회에서의 복음』이라는 책이다.

『다원주의 사회에서의 복음』의 우리나라 번역본 초판 말미에는 팀 스태포드(Tim Stafford)라는 사람의 "레슬리 뉴비긴: 하나님이 우리에게 보내 주신 선교사"라는 글이 실려 있다. 그 글 가운데 우리의 논의의 참고가 될 만한 충격적인 내용을 하나 소개해 본다.

은퇴 후 어느 날 70세가 된 레슬리 뉴비긴은 그가 속한 교파인 연합개혁교회의 지방 의회 의장직을 대행하고 있었다. 그때 회의록에는 버밍엄 근처에 있는 윌슨 그린(Wilson Green) 교도소의 담장 맞은편에 위치한 120년 된 빈민가 교회가 문을 닫는 것에 대한 안건이 올라와 있었다. 회중이 20명으로 줄어든 상태에서 문을 닫을 수밖에 없는 상황이었다. 하지만 뉴비긴은 이 일에 타협할 수 없었다. "만일 교회가 상대적으로 편안한 교외의 환경에 안주하기 위해서 그런 지역을 포기한다면 그것은 선교하는 교회가 되는 것을 포기하는 것과 같다"고 뉴비긴은 말했고 지방 의회는 뉴비긴의 주장을 받아들이는 대신에 그에게 그 교구를 아무런 보수 없이 책임진다는 조건이 주어졌다.

뉴비긴은 윌슨 그린 지역에 많은 아시아계 가정들이 거주하고 있었기 때문에 젊은 인도인 목사인 하킴 싱 라히(Hakkim Singh Rahi)가 자신과 동역하도록 허락을 받았다. 그들은 함께 황폐해진 집들을 가가호호 방문하였고, 그러면서 뉴비긴은 영국이 얼마나 기독교적인 것에서 멀어져 있는가에 대해서 철저한 산 경험을 하게 되었다. 아시아계 이민자들은 거의 언제나 라히와 그를 초대해서 차를 대접하는 것과는 대조적으로 이 지역의 앵글로계 영국인들은 그들을 면전에서 박대하였다. 그들의 삶은 성경이 아니라 거의 어디서나 자리를 차지하고 있는 텔레비전에 의해 형성되어 있었으며, 종교는 개인의 기호의 문제이기에 다른 사람이 간섭해서는 안되는 사적인 관심사가 되어 있었다. 뉴비긴과 라히는 시크교도들과 힌두교도들에게 복음을 전하는 일에 어느 정도 성공을 거두었다. 하지만 다른 그리스도인들은 열의가 없었고, 어떤 이들은 노골적으로 적대적이었다. 어떤 목사는 뉴비긴에게 선교는 신학적으로 인종차별주의라는 말을 했다. 이 말에 뉴비긴은 다음과 같이 대답했다.

"신학적인 음행(theological formication)을 경계하시오."[2]

사실 뉴비긴의 『다원주의 사회에서의 복음』이라는 책을 읽고 가장 기억에 남았던 것은 그 어떤 뉴비긴의 주장보다도 바로 위에 적은 뉴비긴 자신에 대한 이야기, 다원 사회에서 열심히 그리스도의 복음을 전하려 했는데 주변의 그리스도인들은 비난하고 팔짱을 끼고 있었다는 위에 인용한 이야기였다. 뉴비긴이 종교 다원주의와 거리가 멀다는 것을 보여준 단적인 이야기가 아닐 수 없다. 반대로 서구교회가 처해있는 영적인 현실을 너무나 잘 보여 주는 이야기가 아닐 수 없다.

---

2 레슬리 뉴비긴, 『다원주의 사회에서의 복음』, 홍병룡 옮김 (서울: IVP, 1998), 396f. 지금은 비록 출판사는 같지만 역자도 바뀌고 새롭게 번역이 되어서 우리나라 번역본 말미에 이 논문이 실려 있는지는 잘 모르겠다. 하지만 책의 내용을 통해 뉴비긴의 사상을 알아보는 것과 함께 이 논문을 통해 받은 감동이 있어 꼭 일독을 권하고 싶다.

18
다시 던지는 질문

　종교개혁 500주년을 맞이하며 나는 "개신교는 가톨릭을 이길 수 있을까?"라는 질문을 던져 보았다. 솔직히 이 질문을 처음 던졌을 때 내 마음에 가져진 생각은 개신교가 가톨릭을 이길 수 없다는 것이었다. 이 책의 맨 처음 제목으로 "개신교가 가톨릭을 이길 수 없는 이유"를 생각했을 정도이니 그런 면에서 내가 접하고 있는 개신교회의 현주소와 먼발치에서 바라본 가톨릭교회의 모습은 너무나도 극명하게 대조를 이루고 있었다. 적어도 우리나라에서만큼은 개신교는 가톨릭을 도저히 이길 수 없을 것 같았다.
　개신교는 시작부터 일관된 형태가 없이 매우 애매한 개념으로 여겨졌다. 지금이야 우리는 종교개혁의 중심사상을 이신칭의라고 알고 있지만 루터와 함께 1세대 종교개혁자였던 츠빙글리는 이신칭의에 대한 관심보다 에라스무스의 인문주의적 사상의 영향을 더 많이 받았다. 소위 말하는 개신교의 사상은 어떻게 보면 태동단계에서부터 단일하지 않고 그 폭이 넓었다고 볼 수 있다. 16세기에 이미 개신교는 루터나 칼빈의 관주도의 주류 종교개혁에서부터 급진 종교개혁, 그리고 영국의 성공회를 포괄하는 개념이었다.

1492년 콜롬버스의 아메리카 신대륙의 발견은 이미 그 신대륙에 살고 있던 사람들 입장에서는 전혀 발견이라고 할 수 없는지 모른다. 그래서 신대륙의 발견이라고 하는 것 그것은 어떤 의미에서 서구인들의 시각이 반영된 부정확한 잘못된 표현일 것이다. 하지만 그럼에도 이후의 세계 역사에서 이 신대륙의 발견이 가지는 의의는 엄청난 것이었다라고 말할 수 있을 것이다. 아마도 개신교의 역사와 관련하여 신대륙 특별히 북아메리카의 발견이 가지는 중요성은 아무리 강조해도 지나치지 않을 것이다.

영국 성공회의 개혁에 불만을 품고 보다 급진적인 개혁을 촉구하였던 일단의 사람들이 청교도들이다. 청교도 운동이 시작된 것은 대영제국의 기초를 놓았다는 엘리자베스 1세 때의 일이다. 청교도 운동은 제임스 1세와 찰스 1세에 이르도록 이어졌고 결국 청교도 혁명이라고 불리는 내전을 통해 찰스 1세를 처형하고 크롬웰의 공화정을 확립하여 일시적인 승리를 거둔 듯 했지만 결국 찰스 2세의 왕정복고에 이은 1662년 통일령(Act of Uniformity)을 통해 영국 내에서는 궤멸되고 만다. 하지만 이들 청교도들에 의해 신대륙에 식민지가 건설되고 오늘의 미합중국의 기초를 놓게 되었다.

1620년 분리파 청교도들의 정착, 1630년대 이후 비분리파 청교도들의 정착으로 "언덕 위에 도시"를 세워보려는 청교도들의 구상은 뉴잉글랜드에서 야심차게 실험에 들어갔지만 100년도 못되어 초기 청교도들이 가지고 있던 이상은 퇴색이 되고 세속화의 거센 바람이 뉴잉글랜드를 강타하게 된다. 이런 영적인 위기 상황 가운데 발생한 것이 조나단 에드워즈가 주도한 1740년대의 1차 대각성 운동이다. 하지만 대각성 운동도 도도히 흘러가는 세속화의 물결을 되돌리기에는 역부족이었던 것으로 보인다. 대각성 운동 이후 대각성 운동을 반대했던 하버드대학교 출신의 회중교회 목사인 찰스 촌시 (Charles Chauncey, 1705-1787) 등은 영국으로부터의 독립을 지지하였고 1776년 미합중국은 영국으로부터 독립을 선언하고 독립전쟁에 돌입하게 된다. 찰스 촌시는 에드워즈와 마찬가지로 회중교회 목사였지만 합리주의자였고 말년에는 만인구원론의 입장으로 흘러갔다.

 미국은 현재 최대의 개신교 국가이다. 3억여 인구 중에 1억 5천만 명이 개신교 신자이다. 물론 가톨릭 신자도 7천만 명에 이르고 있다. 미합중국에서의 개신교의 약진은 사실은 19세기에 이루어진 일이다. 19세기 초 찰스 피니의 부흥 운동, 그리고 19세기 후반 무디의 부흥 운동 그리고 남부의 성경지대를 중심으로 한 부흥은 세계 역사상 그 유래를 찾아볼 수 없을 정도의 엄청난 개신교 부흥을 맛보게 되었다. 요는 초기 청교도들의 교단이었던 회중교회나 장로교회는 북부를 중심으로 그 성장이 극히 제한적이고 정체되어 있었다면 남부를 중심으로 전통보다는 상황에의 적실성을 강조하는 개신교 유파인 감리교회와 침례교회가 다수를 이루는 모종의 변화 또는 변질을 경험한 것이다. 이른바 복음주의라 이름할 수 있는 개신교의 유형이 등장하게 된 것이다.

 20세기는 바야흐로 개신교가 전세계적으로 팽창하게 된 시기이다. 그 가운데 미국 개신교가 담당한 역할은 아무리 강조해도 지나치지 않을 것이다. 한 마디로 해외 선교사 파송 숫자면에서 미국은 아직도 독보적으로 1등을 유지하고 있다. 이런 개신교 세계 선교의 과정 가운데 오순절주의는 놀라운 약진을 이룩하였다. 전통적으로 가톨릭이 국교에 가까운 지위를 유지하고 있는 남미에서는 가톨릭을 위협할만한 세력이 되었고 급기야는 가톨릭교회에서도 문호를 열고 오순절주의를 수용하기에 이르렀다. 만일 그렇게 하지 않았다면 더 많은 남미의 가톨릭 신자들의 개신교로의 엑소더스가 이루어졌을 것이다. 오순절교회가 출현한지 백년 남짓 밖에 지나지 않았다. 하지만 숫자로만 주류를 말한다면 오순절교회는 일찌감치 전통적인 주류 교단들을 갓길로 밀어내고 8, 9억 개신교 신자

가운데 5억을 상회하는 숫자를 점하고 있다.

우리는 세계 기독교의 지형에 대해 겸허하게 받아들여야 한다. 우리 생각과 잘 맞지 않는 부분이 있을지 모르지만 이렇게 된 것도 결국 하나님이 역사하신 것이라고 인정할 수밖에 없다. 아시아와 아프리카에서의 부흥은 소위 말하는 서구 선교사들이 생각하고 기대했던 것과는 다른 방식으로 이루어졌다. 서구 선교사들이 생각하는 성숙의 기준에 많이 미달되는 그리스도인을 양산한 것이다.

우연찮게 이 글을 쓰는 가운데 거의 같은 시간에 아프리카 기독교의 모습에 대해 비슷한 이야기를 두 교수님으로부터 듣게 되었다. 한 마디로 아프리카에서는 기독교화되기 이전에 샤먼(shaman)이 차지하고 있던 자리를 지금은 기독교 성직자가 차지하고 있다는 것이다. 신앙체계의 내용은 전혀 바뀌지 않고 그저 맨 꼭대기에 있는 종교인만을 바꿔치기 한 것에 불과하다는 비판이었다. 나름 이런 비판은 새겨들을 필요가 있는 비판이다. 하지만 그렇다고 아프리카에서의 기독교의 부흥을 함부로 폄하하는 것 또한 우리의 주제 넘는 월권행위일 수도 있다. 하나님이 하신 일에 대해 함부로 우리는 우리의 생각과 맞지 않는다고 배척하고 부인하고 있지는 않은지 돌아보게 된다.

개신교는 개교회주의가 너무 강하다고 비판을 받는다. 무언가 힘을 합쳐야 될 상황에서도 힘을 모으기보다는 각개 플레이에만 열심을 낸다. 연합 사업에 참여해 본 분들의 이야기를 들어보면 개신교는 참 연합이 안된다고 한다. 개인적으로 은혜 받고 개교회적으로 어떤 프로젝트를 진행하는 것은 잘 하는데 범교단적인 어떤 프로젝트를 가동하는 데는 많은 제약이 따른다. 개신교는 분열의 DNA를 가지고 있다는 비판을 받기도 한다. 정당한 분열도 때로는 있겠지만 정말 별것 아닌 것 가지고 무차별적인 분열을 일으키니 어떻게 할 방법이 없다. 심지어는 교단 2개가 합치면 교단이 3개 된다는 우스갯소리까지 있다. 개신교의 연합이 얼마나 어려운지를 보여 주는 단적인 예가 아닐 수 없다.

개신교는 '오직 성경'의 구호를 외친다. 개신교는 성경 위는 물론이고 성경과 버금가는 그 어떤 권위도 인정하지 않는다. 무엇보다도 개신교는 성경의 종교라고 할 수 있다. 그런데 아이러니하게도 성경 위에 존재하는 그 어떤 권위도 인정하지 않게 되면서 각 사람이 자기 마음대로 성경을 해석할 수 있는 길이 열리게 되었다. 이단을 감별해 낼 수 있는 적절한 도구가 사라진 것이다.

'오직 성경'과 '만인제사장설'은 개신교의 위험한 사상이다. 이들 위험한 사상은 자칫 통제불능의 무정부상태에 이르게 하기 십상이다. 그 누구도 다른 사람의 권위있는 해석을 필요로 하지 않는다. 각자가 성경을 해석할 권리를 가진다. 좋게 보면 신앙의 민주화가 이루어지게 된 것인데 보는 것 따라서는 혼란과 무질서만을 가져오게 된 것이라고 할 수도 있다.

개신교 신앙의 선조라고 할 수 있는 종교개혁자들은 당시 중세 후기 가톨릭교회를 개혁하면서 자신들이 초대교회 교부들과 연계되어 있음을 거듭 강조하였다. 종교개혁자들은 이전의 가톨릭교회가 가지고 있었던 삼위일체론이나 기독론에 있어서는 아무런 문제를 발견하지 못하였고 급진종교개혁자들을 제외하고는 유아세례까지도 아무런 문제가 없이 수용하였다.

종교개혁이 500년 지난 지금 우리는 어떻게 해야 할까?

너무 지나치게 과거에 매이는 것은 바른 자세는 아니겠지만 오늘 우리가 신구약 시대에 이미 존재하였던 보편교회와 최소한의 연결고리를 가지고 있음을 잊지 않아야 한다. 그렇지 않을 때 우리는 자칫 혼합주의와 분열과 이단의 위협으로부터 자유롭지 못할 것이다.

지금 세계 기독교의 일부를 형성하고 있는 개신교는 결코 완벽한 체계이거나 흠없는 상태는 아니다. 조금만 관심을 가지고 들여다보면 이루

헤아릴 수 없는 수많은 문제가 그 가운데 노정이 되고 있음을 어렵지 않게 확인할 수 있다. 한국교회도 예외는 아니다. 아니 어떻게 보면 개신교의 약점이나 문제로 지적되고 있는 분열과 이단의 문제가 그 어떤 나라보다 우리나라에서 극명하게 표출되고 있는 것이 아닌가 생각하게 된다.

개신교의 역사에 대한 공부나 사전이해 없이 들여다본 우리나라 개신교회의 모습은 가톨릭교회와의 경쟁 상대가 되기에는 너무나 모자라는 모습이었다. 전 세계 기독교의 바뀌어진 지형에 대해서는 어느 정도 알고는 있었지만 단지 서구에서 비서구로 기독교의 주도권이 넘어간 정도로만 이해하고 있었다. 아시아와 아프리카와 남미를 중심으로 한 개신교회의 엄청난 부흥의 역사에 대해서는 잘 알지 못했다. 특별히 이들 교회들의 부흥의 패턴이 19세기 미국 개신교회의 부흥의 패턴을 따라가고 있다는 해석은 흥미롭기까지 했다. 한국교회도 그 틀 안에서 이해할 수 있다. 이렇게 형성된 개신교회의 장점과 단점은 그대로 오늘의 한국교회의 현주소를 확인해 주는 것이라고 할 수 있다.

이런 과정을 통해 "개신교는 가톨릭을 이길 수 있을까?"라는 질문에 대해 나는 부정적인 답변에서 긍정적인 답변을 하는 단계로 조금씩 옮겨오게 되었다. 결국 승리의 비법이랄까 해법은 간단하다. 장점을 극대화하고 단점을 줄여나가면 되는 것이다. 너무 단점에 기죽어도 안 되겠지만 단점을 보완하려는 의식적인 노력이 없어서는 안될 것이다. 하지만 뭐니 뭐니 해도 장점으로 승부해야 한다.

회심과 자발성을 강조하는 복음주의 개신교의 장점은 무엇일까?

열심이 특심한 것이다. 보통 중국교회는 찬양하는 교회, 일본교회는 공부하는 교회, 한국교회는 기도하는 교회라고 한다. 새벽기도, 철야기도, 금식기도, 기도에 관한 한 우리 한국교회는 타의 추종을 불허한다. 내가 부목사 시절 봉사했던 교회에 일본의 그리스도인들이 철야기도하는 것 참관하러 왔던 기억이 있다. 이 책에서 언급했던 필리핀의 생명의 떡 사역에서도 초창기 담임목사님이 우리나라를 방문해서 우리나라의 기도원을 본 따서 동남아시아 지역에 최초로 기도원을 세웠다고 한다.

회심과 자발성을 강조하는 복음주의 개신교의 단점은 한 마디로 개인주의적 성향을 보인다는 것이다. 여기에 교회의 자리가 잘 보이지 않고 역사적인 기독교와의 연계도 부족하다는 것이 문제점으로 지적되고 있다. 마치 모래알처럼 자신의 입장과 차이가 있는 다른 사람들과 협력하지 못하는 것이 복음주의 개신교의 단점이다. 그런 면에서 보면 기도의 지경을 넓히려는 노력은 우리의 기도 생활에 큰 활력을 불어넣으리라 생각한다.

"기도하기 위해 올려진 손은 연약하지만 그 품은 넓어서 세계를 품을 수 있다."

로이드 존스는 중보기도의 영광스러움에 대해 이렇게 말하고 있다. 설교는 사람들에게 하나님에 대해 말하는 것이다. 반면에 다른 사람들을 위해 기도하는 중보기도는 하나님께 다른 사람들에 대해 말하는 것이다. 설교가 영광스러운 것이라면 중보기도도 마찬가지로 영광스러운 것이다.

한국교회는 기도하는 교회로서의 명성을 계속 유지해 나가야 한다. 서구교회 개신교는 계몽주의 이후 지성주의의 영향을 지속적으로 받아 왔다. 하지만 미국에서 형성된 복음주의 개신교는 지성에 대해 별반 강조하지 않는다. 아니 반지성주의의 모습까지 드러내고 있다. 우리는 지성주의 못지않게 반지성주의 또한 경계해야 한다는 사실을 잊어서는 안 된다. 마크 놀은 미국 복음주의 기독교가 빠지기 쉬운 가장 커다란 위험이 반지성주의의 위험이라고 주장하며 청교도의 후예들인 현대 복음주의자들이 청교도들이 가지고 있었던 기독교적 지성의 열매들을 누리지

못하고 있음을 개탄하고 있다.¹

보통 개신교 그중에서도 개혁주의 신학은 계몽주의의 영향을 많이 받은 것으로 알려져 있다. 아무래도 합리주의 시대에 반합리주의를 정면으로 표방하는 데에는 쉽지 않은 용기가 필요했을 것이다. 아마도 가톨릭은 그 방향으로 나가 시대착오적일 정도로 반동적인 모습을 보였다고 할 수 있다. 하지만 개신교는 가톨릭보다 시대정신에 자신을 적응하는 데 더 적극적이었던 듯싶다. 어떤 책에서 개혁주의 신학의 본산이었던 제네바와 에딘버러가 200여 년이 지나 계몽주의와 세속화의 온상이 되었다는 설명을 본 기억이 있다.

공교롭게도 장 쟈크 루소(Jean-Jacques Rousseau, 1712-1778)는 제네바 출신이었고 데이비드 흄(David Hume, 1711-1776)은 에딘버러 출신이었음을 확인할 수 있다. 계몽주의는 신학에 대해 학문성의 미명 아래 객관성과 중립을 요구하여 신학과 영성 사이에 있는 연결을 제거하기에 이르렀으며, 이런 영향은 로마 가톨릭이나 동방정교회보다 개신교에서 더욱 두드러졌다.

> 계몽주의의 영향은 주류 개신교 세계에서 가장 강력했으며, 결국 기독교 세계에서 이곳이 가장 메마른 불모지가 된 사실도 그리 놀랍지 않은 일이다. 로마 가톨릭과 동방정교회는 힘들게나마 신학과 영성 사이에 존재했던 관계의 원형을 많이 보존해 왔으며, 그 결과 제멋대로 길을 가는 개신교 동지들을 다시 가르칠 수 있는 위치에 서게 되었다.²

---

1 마크 놀, 『복음주의 지성의 스캔들』, 이승학 옮김 (서울: 엠마오, 1996), 67.
2 맥그래스, 『기독교의 미래』, 190.

이런 맥락에서 본다면 로마 가톨릭이나 동방정교회에 비해 개신교, 특별히 주류 개신교회의 미래는 그리 밝지 못하다고 할 수 있다. 지성을 너무 중시하여 영성을 등한시할 때 이르게 되는 귀결은 그 심령이 황폐한 불모지와 같이 되는 것이다. 오늘 우리가 사는 시대는 지성보다는 감성이나 영성을 더 중시하는 시대이다. 그러므로 단지 지성적인 차원에만 머물러 있어서는 안된다. 지성을 뛰어넘어 영성으로까지 나아가야 한다. 하지만 지성을 무시하고 반지성으로 나가는 것은 잘못이다. 마크 놀은 "미국의 부흥 운동은 지성의 생명력을 크게 좌절시키고 말았다"고 지적하고 있다.[3]

내가 본서 2장에서 가톨릭의 부러운 점 가운데 하나로 말하였던 교리의 폭이 넓다는 말은 아마도 우리 개신교에 해당하는 말이라고 수정해야 할 것 같다. 백가쟁명(百家爭鳴)이랄까 개신교 안에 수백 가지의 다른 목소리들이 존재한다. 교리의 폭이 넓은 정도가 아니라 서로 다른 의견들이 조화를 이루지 못한 채 영적인 무정부상태를 방불하게 하는 것이 개신교의 모습이다.

가톨릭은 어떤 문제에 대한 나름의 일관성 있는 해답을 찾아 제시하기에 알맞은 구조이지만 개신교는 애시당초 그렇게 할 수 있는 가능성이 거의 없어 보인다. 그런 면에서 보면 가톨릭이 교리적인 폭이 넓은 것이 아니라 도리어 개신교가 교리적인 폭이 넓다 못해 일관성 있는 해답을 제시하지 못하고 있다고 볼 수도 있을 것 같다. 심지어는 개신교의 주변부에 거의 이단에 가까운 주장까지 하는 개신교의 유형들이 존재하고 있다.

책을 마무리해가며 "개신교는 가톨릭을 이길 수 있을까?"라는 질문을

---

[3] 마크 놀, 『복음주의 지성의 스캔들』, 99.

다시 던졌을 때 나는 부정적인 답변에서 긍정적인 답변으로 돌아서게 되었음을 앞에서 이미 이야기하였다. 하지만 정직히 말하자면 그럼에도 여전히 조금은 마음속에 불편한 마음이 있음 또한 부인할 수 없다.

"개신교는 가톨릭을 이길 수 있을까?"

도저히 안될 것 같은 비관적인 마음이었는데 아니다 이길 수도 있겠구나라는 마음으로 바뀌었는데도 내가 신학교에서 가르치고 있는 개혁주의 신학으로가 아니라 복음주의 내지는 오순절주의를 통해 오늘의 세계 기독교가 형성되었다는 것은 마음을 불편하게 한다. 물론 지금의 세계 기독교 가운데 개신교 신학을 형성하고 있는 미국제 복음주의에 대한 교정제 역할을 개혁주의 신학이 할 수 있다는 면에서는 일정 역할이 분명 개혁주의 신학 가운데 있다고 말할 수 있을 것이다.

다시 던지는 "개신교는 가톨릭을 이길 수 있을까?"라는 질문에 긍정적으로 답할 수 있기 위해 꼭 집고 넘어가야 할 문제가 한 가지 있다. 그것은 다음 세대에 대한 것이다. 앞에서 2015년 인구조사에 대해 이야기했다. 이번 조사에서 처음으로 무종교인의 수가 종교인의 수보다 많아진 것과 함께 개신교가 처음으로 불교를 제치고 제1의 종교의 자리를 차지하였다. 종래에 불교가 종교 가운데 1위를 차지하였던 것에 대해 사람들은 우리나라 사람들 대다수가 통상적으로 자신의 종교란에 불교를 쓰곤 하던 관례 때문이었던 것으로 생각한다. 이번 개신교가 1등이 된 것도 비슷한 맥락에서 이해할 수 있다는 주장이 있다. 특별히 젊은이들을 중심으로 자신의 종교란에 부모님들의 종교인 개신교라고 기입을 하였지만 정작 이들이 과연 5년이나 10년 후에 개신교 신앙인으로 남아있을지는 미지수라는 것이다. 2005년 조사에 비해 이번 인구조사에서 불교 인구는 무려 300만 명 가까이 감소한 것으로 조사되었고 가톨릭은 100만 명 이상이 감소한 것으로 조사되었는데 10년 후에 어떤 결과가 나타날지 우리의 다음 세대에 대한 지대한 관심이 요청되는 대목이다.

글을 마치며

    2011년 나란히 개봉되어 각각 530만과 460만 명의 관객을 동원한 영화 "완득이"와 "도가니". 개인적으로 "완득이"는 보았는데 "도가니"는 보지 않았다. 둘 다 어찌 보면 무거운 주제를 다루고 있고 원작인 소설을 영화화한 것이지만 완득이는 보다 허구적인 장치를 통해 우리 시대의 문제를 다루고 있다면 도가니는 세간에 널리 알려진 어떤 사건을 배경으로 하고 있다는 점에서 차이라면 차이가 있을 것이다. 또 한 가지 차이점을 들라면 소설 『완득이』는 김려령이라고 하는 많이 알려지지 않은 소설가의 작품이라고 한다면 소설 『도가니』는 공지영이라고 하는 지명도 있는 작가가 쓴 것이라는 점이다. 공지영 작가는 가톨릭 신자로 알려져 있다. 다소 진보적 성향이 있는 사람으로 알고 있는데 앞에서 말한 것처럼 『수도원 기행』으로 유명하다.

    조금은 개신교에 대한 편견이 있는 가톨릭 신자라는 생각이 나도 모르게 입력이 되어 있었는데 이번에 이 글을 쓰면서 『수도원 기행』을 다시 읽고 그런 나의 생각이 잘못된 것임을 확인하고 그런 편견을 버리게 되었다. 하지만 도가니의 내용에는 일부 사실의 왜곡이 의도적이지 않다고 할지라도 존재한다는 것은 널리 알려져 있다.

    도가니라는 소설과 영화는 광주광역시에 소재해 있는 청각장애인학교인 인화학교에서의 성폭행 사건을 다루고 있다. 이 음침하고 추악한 사건이 세간에 알려지게 된 데에는 조규남이라고 하는 당시 인화학교 학생의 학부형과 전응섭이라고 하는 인화학교 교사, 그리고 김용목이라고 하는 인화학교 성폭력대책위원회 대표의 공이 컸다고 한다. 그런데 이 가운데 김용목 대표는 목사이다. 이런 내용들이 객관적으로 기술되어 있지 않고 교장과 행정실장, 그리고 교사 등 이 사건에 연루된 6명이 소설이나 영화에서는 모두 독실한 개신교 신자들로 그려져 있다고 한다. 실제사건을 모델로 하고 있지만 구체적인 내용은 다를 수 있다는 것을 인정하고 도가니라는 소설과 영화를 보더라도 이런 사실은 개신교에는 치명적이라고 할 수 있다.

가해자들 중에 가톨릭 신자나 불신자도 있는데 이 부분을 왜곡하고 있다는 점에서 나는 빈정이 많이 상했다. 이런 이야기는 도가니에서 다루고 있는 사건의 본질과는 별반 관계가 없을지 모르지만 사실 관계가 그러하다면 바로잡을 필요가 있다.

"가해자로서의 그리스도인도 있었지만, 치유자로서의 그리스도인도 존재했다. 그러나 영화는 중요한 한쪽을 빠뜨린 채, 오직 권력화된 교회와 그리스도인의 왜곡된 실상을 고발하는 데만 힘을 쏟아부었다."[1]

『완득이』는 일종의 성장 소설과도 같다. 18살 고등학생 완득이는 키가 작고 까무잡잡한 얼굴에 가정환경이 별로 좋지 않아 싸움만 잘하는 공부 못하는 문제아이다. "완득이"는 노골적으로 기독교를 홍보하는 영화가 아니다. 하지만 소설이나 영화의 바탕에 녹아있는 교회의 모습은 어려운 사람들과 동거동락하는 모습이다. 세간의 지탄을 받고 있는 대형교회의 모습이나 왜곡된 기독교에 대한 시각도 없다. 교회는 어려운 달동네

---

[1] 강진구, "영화 〈도가니〉의 그늘, 한국교회의 역할." 「목회와 신학」 2011년 11월호, 143.

에 위치하여 이주노동자들의 안식처가 되어 주고 있는 모습으로 나온다. 전통적인 교회의 모습이라기보다는 사람 냄새 물씬 풍기는 교회의 모습이다. 글쎄 완득이를 통해 나름 위기에 처한 한국교회의 희망의 작은 불꽃을 보았다고 하면 지나친 비약일는지 모른다. 하지만 기존의 목회에 대한 뼈아픈 반성이 필요한 것만은 분명하다. 교회를 세워놓고 교회 안으로 사람들을 불러 모으는 것도 필요하겠지만 보다 더 민중 속으로 깊이 스며드는 성육신적인 선교가 요청되는 시대라고 할 수 있다.

책을 쓰는 가운데 분당에 있는 종고서점 알라딘 서현점을 방문할 기회가 있었다. 기독교 코너를 둘러보다가 박영선 목사의 『하나님의 열심』이라는 책을 발견하여 구입하였다. 1985년 처음 발행된 초판은 아니고 1999년 2판 38쇄의 중고책이었다. 우리가 좌절할 수 없는 이유는 우리가 하나님의 손에 있다는 것 때문이다. 부산행 열차를 타고 거꾸로 앉아 있어도 부산 가는데 아무 문제가 없다.

"멍멍이는 짖어도 경부선은 달린다."

과도하게 하나님의 주권을 강조하다보니 인간의 책임에 대한 것이 약하지 않느냐는 비판도 있었지만 우리 한 사람 한 사람을 향한 하나님의 열심, 그리고 한국교회를 향한 하나님의 열심을 생각하면 마음에 위로가 되고 은혜가 된다.

존 파이퍼의 책 중에 『하나님의 영광을 위한 하나님의 열심』이라는 책이 있다. 이 책은 두 부분으로 이루어져 있는데 첫 번째 부분에서는 자신이 조나단 에드워즈에게서 받았던 은혜를 다루고 있고 두 번째 부분에서는 조나단 에드워즈의 『천지창조의 목적』이라는 책을 싣고 있다. 처음 나는 책 제목이 잘못된 것 아닌가 생각했다. "하나님의 영광을 위한 우리의 열심"이라고 해야 책 제목이 맞을 것 같았기 때문이다. 우리는 때로 하나님을 믿는다 하면서 정작 우리의 믿음을 믿는 경우가 많다. 우리는 하나님의 영광을 위해 열심을 품고 주님의 몸된 교회를 섬기고 세상 가운데 하나님의 영광을 드러내야 한다. 그러나 하나님께서 자신의 영광을 위하여 열심 있는 분으로 우리는 하나님을 생각하지 못할 수도 있다. 지금의 시대는 교회의 영광이 땅에 떨어져버린 시대이다. 교회의 지체된 우리들의 모습 때문에 하나님의 이름이 조롱을 받고 있다.

칼 바르트의 『교회교의학』 I-2권에는 맨 앞 머리에 "서문을 대신하여" 루터의 글이 실려 있다. 루터는 말한다. 교회를 유지해 가는 것은 우리가 아니며, 우리의 선조도 아니었으며, 또한 우리의 후손도 아니다. 교회를 교회되게 하고 교회를 유지하는 것은 오히려 "내가 세상 끝 날까지 너희와 함께 하리라"고 말씀하신 바로 그분이다. 우리는 우리의 삶을 통하여 또한 우리의 죽음을 통하여도 교회를 유지할 수 없으며, 교회는 우리에 의해서 유지되는 것이 아니다. 우리는 교황(Papst), 군대(Rotten), 그리고 악한 사람들 안에 있는 마귀에 저항할 수 없기 때문이다.

"또한 만일 교회와 우리들 모두를 확실히 살아 있게 만드시는 저 다른 한 분이 계시지 않는다면, 우리의 교회는 우리의 눈앞에서 당장 멸망할 것이며, 우리도 또한 그 교회와 함께 (우리가 매일 경험하는 것처럼) 멸망하게 될 것이다."

"곤경에 빠진 우리를 도와주소서, 사람의 구원은 헛되니이다"(시 60편).

"우리의 사랑하는 하나님이시며, 자신의 보혈로써 [우리를] 사신 우리 영혼의 주교이신 그리스도께서는 당신의 작은 무리를 자신의 거룩한 말씀 옆에 두어 보호하시며, 그래서 그것이 은혜 안에서, 그분에 대한 인식과 믿음 안에서 커지고 자라나도록 하신다."[2]

앞에서 언급하였던 마크 놀과 나이스트롬의 『종교개혁은 끝났는가?』

---

2 Martin Luther, W.A. 54, 470; 474f. 칼 바르트, 『교회교의학 I-2』, 이형기 옮김 (서울: 기독교서회, 2010), 7f.

라는 책의 추천사에서 새물결플러스 김요한 대표는 개신교가 가톨릭에 대해 가지고 있는 적대감이나 불편하고 거북한 마음가짐을 대할 때마다 구약성경 사무엘하 2장에 나오는 한 전투 장면이 떠오른다고 말한다. 사울이 죽은 후 다윗은 헤브론에서 왕이 되어 7년을 다스리게 된다. 사울의 집과 다윗의 집의 싸움이 이어진다. 사무엘하 2장에 기록되어 있는 전투가 특별히 참혹한 이유는 다윗의 심복 요압과 사울의 집안의 심복 아브넬이 먼저 어린 청년들을 내세워 서로 상대방의 머리를 잡고 칼로 상대방의 옆구리를 찔러 집단 학살극을 벌리고 있기 때문이다. 그리고는 이성을 잃고 서로 광분하여 심히 맹렬한 싸움을 하게 된다.

마치 가톨릭과 개신교가 벌이고 있는 서로를 향한 반목과 적대가 그렇지 않은가?

김요한은 이러한 적대감의 결과는 필경 양쪽 모두의 막대한 손실 밖에 없을 것임을 지적하고 있다.

"우리는 꼭 필요한 만큼의 싸움만 해야 할 터인데, 혹 그 이상의 싸움을 하고 있는 것은 아닐까?

종교개혁의 유산이 완전한 것만은 아닐진대, 우리는 그 유산을 너무 교조적으로 만들어 500년의 시간의 흐름을 진공 상태로 만든 채 여전히 너무 광기 어린 싸움을 하고 있는 것은 아닐까?"

그러면서 김요한은 나름의 대안을 제시한다.

"확실히 우리는 종교개혁적 유산을 성실하게 간수한 채, 그러나 가톨릭과 만나서 대화할 수 있어야 한다."

어설픈 상대주의적 태도는 아무에게도 도움이 되지 않는다. 그런 면에서 우리가 물려받고 있는 신앙적인 유산과 전통의 장단점을 바로 이해하고 파악하는 것은 매우 중요하다. 김 대표는 나아가 가톨릭과 개신교가 서로 이해하고 화해해야 할 이유에 대해서도 도전하고 있다. 그렇게 될 때 우리는 "사회의 공동선을 위하여 함께 힘을 합하는 사회적 화해"도 경험할 수 있을 것이고, "무서운 속도로 확장하고 있는 이슬람 진영에 대응하는 선교적 화해"도 경험할 수 있을 것이다.

"분명한 것은 호전적인 영성으로는 얻을 것보다는 잃을 것이 훨씬 더 많다는 사실이다. 우리는 땅밟기는 할 줄 알지만 마음 얻기는 못하고 있기 때문에 우리 스스로 게토화를 자초하고 있다는 사실을 잊어서는 안 된다."[3]

나는 마틴 로이드 존스에게 많은 영향을 받은 사람이라고 자처하는 사람이다. 로이드 존스의 『전도설교』, 『산상설교』, 『로마서 강해』, 『에베소서 강해』 등을 다 읽었으니 로이드 존스의 설교집만 20여 권 이상을 읽은 것이다. 이쯤 되면 로이드 존스 매니아라고 할 수 있을 것이다. 하지만 나는 로이드 존스의 생각을 그대로 따라가면 조금은 편협한 생각에 갇히기 쉽다고 학생들에게 경고하곤 한다. 그래서 존 스토트를 함께 보라고 학생들에게 권한다. 로이드 존스는 가톨릭에 대해 매우 비판적이다. 빌리 그래함과는 대립의 각을 세웠던 사람이다. 이렇듯 보수적인 로이드 존스이지만 우리가 청교도들의 설교를 그대로 반복하거나 그들의 설교 작성법과 설교태도를 사용하는 것은 오늘날 현대 전투를 성공적으로 싸울 수 없다라고 주장하고 있다. 로이드 존스가 보기에 청교도들을 그냥 답습하는 것은 쓸데없는 일이다. 우리는 청교도들에게서 배울 것이 있다. 그들에 대해 공부하는 것이 필요하다. 하지만 우리는 그들을 오늘날의 방식으로 사용해야 한다.[4]

우리의 옛 습성이 항상 우리를 유혹한다. 우리들은 옛 습성을 맹목적으로 고수하는 데 주의해야 된다. 로이드 존스는 제1차 세계대전 때 영

---

[3] 마크 놀·나이스트롬, 『종교개혁은 끝났는가?』, 9ff.
[4] 로이드 존스, 『에베소서 강해 8: 영적 군사』, 지상우 옮김 (서울: CLC), 375.

국이 당면했던 어려움 중의 하나는 장군과 지도자들이 옛날 기병대 출신이기 때문에 전쟁은 필연적으로 기병대로 싸워야 한다는 생각을 없앨 수 없었다는 것이었다고 지적하고 있다.[5]

2차 세계대전 때에 가장 골치아픈 어려움 중의 하나는 프랑스군의 정신 자세였는데, 그것은 마지노선(Maginot Line)과 관련 있다. 프랑스의 파멸과 패배를 가져오고 전 자유세계를 거의 파멸시킬 뻔 했던 것이 바로 마지노선이라고 로이드 존스는 말하고 있다. "다음 전쟁은 움직이는 전쟁이 되어야 한다. 마지노선에 대한 사고방식은 치명적이다. 탱크와 충분히 무장된 차량으로 움직이는 전쟁이 되어야 한다. 이것을 깨닫지 못하면 그들은 패배하게 된다"고 지적한 드골장군의 말을 프랑스 정부와 장군들은 들으려 하지 않았다는 것이다.[6]

마지노선은 프랑스 국방장관 앙드레 마지노(André Maginot, 1877-1932)가 1차 세계대전의 경험을 통해 독일군의 전차공격을 효율적으로 방어하기 위해 국경을 따라 만든 긴 요새선을 말한다. 북서부 벨기에 국경에서 남동부 스위스 국경에 이르는 총연장 약 750km의 요새를 만들었는데 1927년에 착공하여 10년 뒤인 1936년에 완성되었으며 총공사비는 160억 프랑이 들었다. 당시 최고의 축성기술을 총동원하여 주거지역 보급품 창고 방어선을 연결하는 지하철도망까지 연결되어 있도록 만들어졌다. 하지만 정작 1940년 5월 독일 기갑병단은 마지노선을 우회하여 벨기에를 침공하여 프랑스로 진격함으로써 엄청난 기술과 인력과 자금이 들어간 이 마지노선은 무용지물로 전락하고 말았다고 한다.[7]

---

5 로이드 존스, 『영적 군사』, 373.
6 로이드 존스, 『영적 군사』, 374.
7 http://terms.naver.com/entry.nhn?docId=934239&cid=43667&categoryId=43667

"개신교는 가톨릭을 이길 수 있을까?"

이런 질문으로 시작된 이 글은 처음 시작할 때 부정적인 답변을 전제하고 있었다. 당시 내 눈에 비친 한국교회 개신교의 모습이 그만큼 소망이 없어 보였기 때문이다. 하지만 책을 써가는 과정에 이런 부정적이고 비관적인 대답은 조금씩 긍정적으로 바뀌기 시작했고 글을 마무리하는 시점에서는 보다 긍정적으로 이 질문에 대답할 수 있게 되었다. 아마도 정답은 "하나님만이 아십니다"일 것이다. 분명 개신교에는 고치고 보완해야 할 부분이 많이 있다. 이런 저런 부분들을 바로 잡지 않으면 개신교에는 소망이 없다라고 외쳤지만 지나온 개신교의 역사를 돌아보니 역설적으로 이런 저런 부분들 때문에 개신교가 오늘에 이르게 되었다는 것이다.

어찌해야 할까?

개신교는 유럽 대륙에서 시작되었다. 도버해협을 넘어 영국으로 가면서 개신교는 변형을 경험했고 다시금 대서양을 건너 북미로 가서 또 변화하였다. 그리고는 태평양을 건너 우리나라에 건너와 또 엄청난 변화와 성장을 경험하였다. 아프리카와 남미에서 개신교는 오순절이라는 공통요소를 통해 엄청난 성장을 이루었다. 이러한 아시아 아프리카 남미에서의 개신교의 성장은 서구 선교사들이 생각했던 것과는 다른 방식으로 일어났다. 가뜩이나 개신교의 정체성이 희미했던 상황이 더 강화된 것은 아닌가 싶다. 하지만 루터파와 개혁파 교회만이 아니라 성공회도 재세례파도 감리교회나 성결교회도 오순절교회도 심지어 세계 곳곳의 독립교회들도 개신교는 개신교다.

가톨릭과 개신교는 같은 기독교 신앙이지만 그 표현방식에 있어 서로 많은 차이가 있다. 때로 우리가 속해 있는 개신교의 문제를 보며 가톨릭이 그 부분에서는 더 낫지 않은가 생각하기도 하고 때로 우리가 이해할 수 없는 가톨릭의 문제를 보며 어깨를 으쓱이며 그래도 개신교 신앙이 그 부분만큼은 더 옳아 보인다는 생각을 하기도 한다. 오랜 전통과 조직에서 오는 안정성과 힘이 가톨릭의 장점이라면 그렇기 때문에 다소 경직되고 형식에 매여있는 듯한 것이 가톨릭의 단점이라고 할 수 있다. 그래서 가톨릭은 성경에 전통을 첨가한 것 때문에 비판을 받는다.

개신교는 "오직 성경"을 외치지만 실제로는 경쟁적인 성경 해석 사이에 어느 해석이 옳다는 결정을 할 수 없는 근본적인 난관에 봉착해있다. 달리 방법은 없어 보인다. 어떤 하나의 해석을 강제하는 것은 개신교 정신에 위배되는 것이다. 다양성을 인정할 수밖에 없다. 이러한 다양성 또는 신앙의 민주화를 통해, 권위의 다원화를 통해 개신교는 오늘에 이르게 된 것이다. 우리가 가톨릭의 장점을 배워야 한다는 것도 개신교의 개신교됨이라고 하는 부분을 포기하지 않는다는 전제에서이지 가령 교황이 가톨릭에 있는 것 괜찮아 보인다고 우리 개신교도 교황과 같은 존재를 뽑아 세우자는 것은 실제로 가능하지도 않을뿐더러 이론적으로 아무런 도움이 되지 않는다. 맥그래스가 다소 강하게 표현한 것처럼 그런 시도는 개신교 신앙에 있어서는 "지적인 폭력"에 불과하다.

"개신교는 가톨릭을 이길 수 있는가?"

가톨릭에 대한 적대주의로는 이기지 못한다. 미국을 중심으로 한 필리핀 개신교 선교의 결과가 보여 주는 결론이다. 개신교의 그 위험한 사상으로만이 개신교는 가톨릭을 이길 수 있다. 헤르만 바빙크(Herman Bavinck, 1854-1921)는 성경의 명료성(perspicuitas)에 대해 토론하면서 개신교의 자유에 대한 강조가 분열의 성향을 조장할 수 있는 측면이 있다는 것을 인정하면서 그럼에도 그것은 감내할만한 가치가 충분히 있는 것임을 분명히 하고 있다.

"방종과 독단의 위험 없이는 얻을 수도, 소유할 수도 없는 자유란 항상 모든 자유를 억압하는 독재보다 선호된다."[8]

이 책은 마크 놀과 알리스터 맥스래스의 책에서 많은 영향을 받았다. 먼저 마크 놀이 캐롤린 나이스트롬과 공저한『종교개혁은 끝났는가?: 현대 가톨릭 신앙에 대한 복음주의의 평가』라는 책을 통해 가톨릭의 달라진 모습을 접할 수 있었다. 물론 어느 부분은 여전히 가톨릭과 개신교 사이에 화해할 수 없는 감정의 골이 남아 있음도 사실이지만 이제는 가톨릭과 개신교의 차이는 가톨릭 내부에서의 차이나 개신교 내부에서의 차이만큼 크지 않다는 데 공감대가 형성되고 있다고 한다.

그 다음 맥그래스의『기독교, 그 위험한 사상의 역사』는 사실은 "개신교, 그 위험한 사상의 역사"라고 해야 더 정확할 것 같은데 개신교 500년의 역사를 추적한 책이기 때문이다. 하지만 종래의 개신교 역사를 다룬 책들과는 달리 얼마나 개신교가 500년 동안 커다란 변형을 겪어왔는지를 보여 주는 책이다. 이러한 변형을 통하여 개신교의 다양성은 더욱 커졌으며 이러한 변형된 개신교의 유형은 특별히 남반구에서 놀라운 적응력을 보여 주고 있다.

마지막으로 마크 놀의『복음주의와 세계 기독교의 형성』이라는 책은 미국 유형의 기독교가 어떻게 지금의 세계 기독교(world christianity)의 지형을 형성하게 되었는지를 추적하고 있는데 유럽에서 형성된 개신교가 미국에서 개인의 회심과 자발성을 강조하는 형태의 기독교로 변형을 겪은 복음주의 개신교가 되었으며 이런 유형의 기독교가 전 세계적으로 확산되었다는 것을 우리나라뿐 아니라 아프리카의 예를 들어 설명하고 있다.

---

[8] 헤르만 바빙크,『개혁교의학 I』, 박태현 옮김 (서울: 부흥과개혁사, 2011), 628f. 이 부분에 대해 아이디어를 제시해 준 한재구 목사에게 감사한다.

결국 이 책은 "개신교는 가톨릭을 이길 수 있을까?"라는 질문을 가지고 위의 책들을 읽고 생각하는 가운데 얻어진 결론을 제시하고 있다고 보면 좋겠다. 사실 한국교회 현장에 몸담고 있는 사람 입장에서는 질문에 보다 부정적으로 대답할 수밖에 없을 것이다. 하지만 500년의 개신교 역사를 추적해 보고 또 현재 세계 기독교의 형성 과정을 살펴보고 나서는 조금 긍정적으로 대답할 수 있게 되었다. 우리자신의 좁은 시야에 갇혀 있을 때는 도무지 소망이 보이지 않았는데 조금 시각을 넓히고 나니까 꼭 그렇게 부정적으로 생각할 것만은 아니라는 결론에 도달하게 된 것이다. 감사한 일이다. 그리고 그것은 한국교회뿐 아니라 나 개인적으로도 다행이라 생각한다. 그러나 그렇다고 교만한 마음을 먹거나 방심하거나 안심하면 안된다. 종교개혁자들의 후예답게 지속적인 개혁에 마음을 두어야 한다.

"개혁교회는 항상 개혁되어야 한다."

구호로만이 아니라 교회적으로 개인적으로 자신을 바꾸는 일에 열심을 내야 한다. 칼빈이 『기독교 강요』 3권에서 그리스도인의 삶으로 말하고 있는 내세를 묵상하며 자기 부인과 십자가를 지는 삶을 실천해야 한다.

운전을 하며 내가 주로 듣는 방송은 기독교 방송 FM이다. 출퇴근 시 대중교통을 이용하느라 자가용을 이용하지 않지만 내 차 라디오 주파수는 기독교 방송 FM에 고정되어 있다. 배미향의 "저녁스케치"라는 방송에서 정일관 시인의 "먼 곳"이라는 시가 소개되었다. 마치 이 책에서의 주제를 담고 있는 듯하여 화들짝 놀랐다.

핸드폰이나 티브이를 볼 때
자주 먼 곳을 바라보라고 한다.
눈이 나빠지지 않으려면

가까운, 작은, 세밀한, 손바닥만 한
이 지독한 근접을 벗어나
멀리 먼 곳을 보라고 권유한다.
이 의학적 권유는 삶의 지침.
먼 곳 너머 그 너머에는
산등성이가 굽이지고
하늘 구름이 흐르고
나무와 숲의 언저리가 있다.
바람이 불어오는 들판의 끝으로 가자.
까마득히 새들은 날아가는데
가닿을 수 없는 곳으로 눈을 두어야
조리개가 균형을 잡는다는 것.
사람도 사람의 먼 곳을 봐야겠지.
가까운 것만 보면 보이지 않아
눈앞에 가려져서 그저 놓치고 사는
그 먼 곳을 보아야 제대로 보이지.
먼, 그대의 먼 곳
멀어서 가물거리는 희미한 빛이지만
멀어지고 나서야 비로소 보이는
저, 사람의 빛.

김찬호 목사님은 1923년 평안북도 선천에서 태어나셨다. 1948년 신앙의 자유를 찾아 홀홀단신 월남하셔서 대한예수교장로회 신학교(남산신학교)에 입학하셨다. 1952년부터 해방교회를 시무하시다 1961년 12월 31일 12명의 성도와 함께 구로동교회를 개척하셨다. 노회장은 하셨지만 총회장은 하지 못하셨다. 아니 안하셨다고 하는 것이 정확할 것 같다. 대신 장로회신학대학교 이사장을 역임하셨다. 평생 성경구락부 운동에 열심이셨으며 1993년 구로동교회 원로목사로 추대되었다. 2015년 93세를 일기로 하나님의 부르심을 받으셨는데 추모비에는 이렇게 쓰여 있다.

> 기독교 정신으로 희망을 준 사랑의 교육자
> 어려운 이 약한 이를 섬긴 청빈한 목회자
> 순종의 삶으로 복음을 외친 순결한 설교자

누가 되지 않는다면 이 책을 목사님의 영전에 바치고 싶다. 나의 나된 것은 하나님의 은혜다. 하지만 처음 교회에 나가 김찬호 목사님과 같은 목회자를 만났기에 오늘의 내가 있는 것 또한 분명한 사실이다. 이 땅에 이름 없이 빛도 없이 밀알처럼 자신을 드려 주의 몸된 교회를 섬긴 분들이 끊어지지 않는 한 우리는 한국교회의 앞날을 낙관할 수 있을 것이다.

추천도서

본서는 전문적인 학술서는 아니다.
"개신교는 가톨릭을 이길 수 있을까?"
이런 질문을 가지고 전문적인 책들을 읽은 결과를 나누고 있는 책이다. 개신교 역사를 통시적 공시적으로 읽은 결과물이다. 최대한 짧게 쓴다는 것이 다소 길어졌다. 처음 생각보다 2배는 길어진 것 같다. 어쩔 수 없이 깊이 있는 학술적인 토론보다는 개관하는 정도에 그치고 있다. 보다 전문적인 학습을 원하는 독자들은 내가 이 책을 쓰는 가운데 도움을 받은 다음과 같은 책들을 읽으면 좋으리라 생각한다. 루터의 종교개혁 3대 논문(1520년)이나 멜란히톤의 『신학총론』(초판 1521년), 그리고 츠빙글리의 『참된 종교와 거짓된 종교에 대한 주해』(1524년)와 칼빈의 『기독교 강요』(초판 1536년)와 같은 책은 그 중요도로 말하면 이 모든 책들을 능가하지만 여기에서는 생략하였다.

1 알리스터 맥그래스, 『기독교, 그 위험한 사상의 역사』, 서울: 국제제자훈련원, 2009.

이 책은 분량으로 보면 매우 방대한 책이다. 800쪽을 넘는 분량이기에 큰 맘 먹지 않고는 읽기가 쉽지 않다. 그러나 전체적인 내용이 평이하게 쓰여 있어 난해하지 않다. 잘 읽힌다. 또한 번역과 편집 작업도 잘 되어 있어 보는데 불편함이 없다. 이 책은 3부로 구성되어 있는데 1부는 "기원"이다. 개신교의 기원을 설명하고 있는데 16세기 종교개혁에서 19세기까지의 개신교 역사를 설명하고 있다. 2부는 "표현"인데 개신교 신앙의 특징적인 요소들을 5장에 걸쳐 설명하고 있다. 3부는 "변형"인데 20세기 개신교가 겪은 변형을 소개하고 있다. 오순절주의의 출현 그리고 남반구에서의 기독교의 부흥을 설명하고 있고 다음 세대에서의 기독교의 지형이 어떻게 변모할지 조심스럽게 예측하고 있다.

2 이성덕, 『종교개혁 이야기』, 파주: 살림, 2006.

"살림지식총서" 가운데 한 권인 이 책은 책의 분량(94쪽)으로 보면 매우 작지만 다른 전문적인 책들에서 다루고 있지 않는 내용들이 곳곳에 있어 매우 유용하다. 16세기 종교개혁을 간략하게 잘 설명하고 있는 매우 탁월한 책이다. 본문뿐 아니라 책 뒷부분에 있는 미주도 잘 살펴볼 필요가 있다. 참고로 이 책 전문이 인터넷상에 제공되어 있다.

3 기쿠치 요시오(菊池良生), 『결코 사라지지 않는 로마 신성로마제국』, 서울: 다른세상, 2010.

종교개혁을 이해하는 데 신성로마제국에 대한 선이해는 필수적이라 할 수 있다. 작센 선제후 현자 프리드리히의 도움이 아니었으면 루터의 종교개혁은 초기에 진압되었을 것이다. 종교개혁뿐 아니라 서구의 역사를 이해하는 데 있어서 신성로마제국에 대한 이해는 불가결한 부분이다. 종교개혁과 관련이 있는 부분은 8장 "카를 5세와 환상의 합스부르크 세계제국"이지만 전체적으로 읽어보면 서구의 역사에 대한 기본줄기가 잡히게 되고 과거의 로마제국과 지금의 유럽공동체(EU)에 대한 것까지 연결점을 찾게 해 준다.

4 마크 놀, 캐롤린 나이스트롬, 『종교개혁은 끝났는가?: 현대 로마 가톨릭 신앙에 대한 복음주의의 평가』, 서울: CLC, 2005.

이 책은 미국을 중심으로 복음주의 개신교와 가톨릭의 서로를 향한 달라진 태도를 소개하고 있다. 제목 자체에서 주는 도전과 함께 논란의 여지가 많은 부분들을 소개하고 있는데 특별히 우리나라와 같은 정황에서는 더욱 그럴 것 같다. 아직도 가톨릭과의 대화에 대해서는 의심의 눈초리로 바라보는 사람들이 많은 것은 우리나라뿐 아니라 미국도 마찬가지이다. 빌리 그래함, 제임스 패커 등이 대표적으로 가톨릭에 대해 우호적인 사람들로 거명이 된다. 하지만 그렇다고 가톨릭과 개신교의 차이에 대해 분별력이 없는 것은 아니다. 어쨌거나 이 책을 통해 가톨릭의 달라진 모습을 접하는 것은 나름 충격이 된다.

5 마크 놀, 『복음주의와 세계 기독교의 형성』, 서울: IVP, 2015.

이 책의 원래 제목은 "세계 기독교의 새로운 형태"이다. 21세기 기독교는 한 마디로 서구의 기독교로 정형화할 수 있는 기독교가 아니라는 것이다. 특별히 20세기의 전 세계적인 개신교의 확산은 16세기 유럽에서의 개신교 유형이 아니라 19세기 미국에서의 복음주의 개신교의 유형을 따라가고 있다. 이러한 미국에서의 개신교 부흥은 한국적인 상황과도 여러 면에서 비교할 가치가 있다. 20세기 초중반에 있었던 동아프리카의 부흥에 대한 설명도 흥미로운 내용이다. 마크 놀의 주된 관심은 평가가 아니라 서술이기에 이런 세계 기독교의 형성에 대한 보다 상세한 평가를 위해서는 다른 책의 도움을 받아야 한다.

6 스카이 제서니, 『하나님을 팝니다: 소비자 지상주의에 물든 기독교』, 서울: 죠이출판사, 2011.

미국제 복음주의에 대한 비판을 담고 있는 책은 여러 가지가 있지만 조금은 편향되고 일방적이다. 제서니의 이 책도 그런 범주에 속한다고 비판할 수 있겠지만 나름 탁월한 면이 단연 돋보이는 것은 다른 책들과 달리 고흐의 그림을 소재로 하여 그런 일을 하고 있다는 것이다. 그래서 이 책을 읽는 내내 고흐의 그림을 감상하는 재미를 느낄 수 있다. 아울러 이 책과 함께 빈센트 반 고흐를 주제로 한 Starry Starry Night 팝송을 들어도 좋겠다.

7 레슬리 뉴비긴, 『다원주의 사회에서의 복음』, 서울: IVP, 2007.

서구 사회를 위한 선교사로 유명한 레슬리 뉴비긴의 이 책은 기독학생회(IVP) 모던 클래식 4권으로 출판되었는데 종교다원 사회를 살아가는 우리들이 어떤 자세를 가져야 하는지를 논하고 있다. 기독교 과학철학자 마이클 폴라니(Michael Polanyi, 1891-1976)의 영향을 많이 받은 것으로 알려져 있는데 하나의 도그마로서의 다원주의의 이면을 파헤치며 기독교 복음에 대한 자심감을 회복할 것을 호소하고 있다. 서구 기독교의 몰락에 대해 더 많은 열매를 맺게 하시려는 전지(剪枝, 가지치기, 요 15:2) 작업으로 보고 있는 뉴비긴의 시각은 오늘의 한국교회에도 그대로 적용되는 듯하여 위로가 된다.

개신교는 가톨릭을 이길 수 있을까?
Can Protestantism Win over Catholicism?

2017년 9월 10일 초판 발행

지 은 이 | 박찬호

편　　집 | 정희연
디 자 인 | 신봉규, 박슬기
펴 낸 곳 | 사)기독교문서선교회
등　　록 | 제16-25호(1980. 1. 18)
주　　소 | 서울시 서초구 방배로 68
전　　화 | 02) 586-8761~3(본사) 031) 942-8761(영업부)
팩　　스 | 02) 523-0131(본사) 031) 942-8763(영업부)
홈페이지 | www.clcbook.com
이 메 일 | clckor@gmail.com
온 라 인 | 기업은행 073-000308-04-020, 국민은행 043-01-0379-646
　　　　　　예금주: 사)기독교문서선교회

ISBN 978-89-341-1705-6 (03230)

* 낙장 · 파본은 교환해 드립니다.

이 도서의 국립중앙도서관 출판시 도서목록(CIP)은 서지정보유통지원시스템 홈페이지(http://seoji.nl.go.kr)
와 국가자료공동목록시스템(http://www.nl.go.kr/kolisnet)에서 이용하실 수 있습니다.
(CIP제어번호: CIP2017019981)